仲間と
ともに

人体の構造と機能

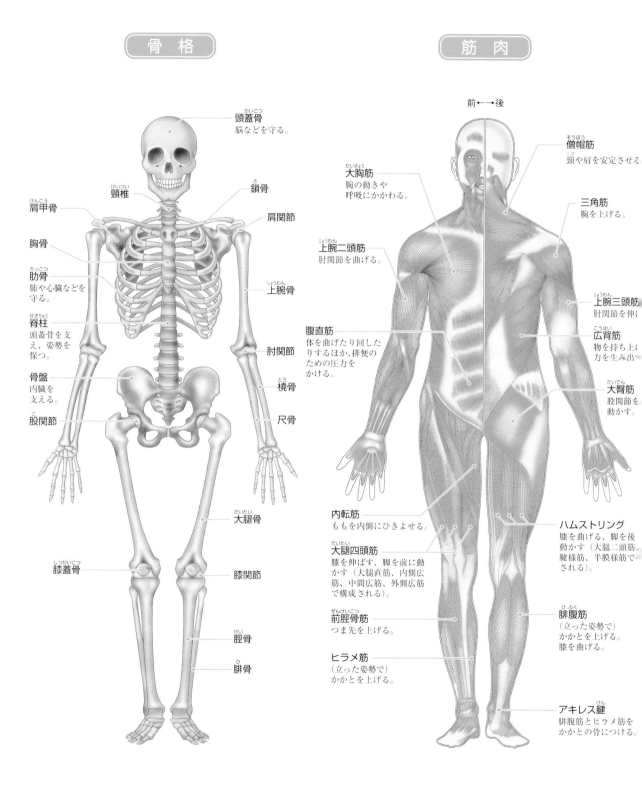

骨格

頭蓋骨（がいこつ）
脳などを守る。

頸椎（けいつい）

鎖骨（さ）

肩甲骨（けんこう）

肩関節

胸骨

肋骨（ろっこつ）
肺や心臓などを
守る。

上腕骨（じょうわん）

脊柱（せきちゅう）
頭蓋骨を支
え、姿勢を
保つ。

肘関節

骨盤
内臓を
支える。

橈骨（とう）

股関節（こ）

尺骨

大腿骨（だいたい）

膝蓋骨（しつがいこつ）

膝関節

脛骨（けい）

腓骨（ひ）

筋肉

前←→後

大胸筋（だいきょう）
腕の動きや
呼吸にかかわる。

上腕二頭筋（じょうわん）
肘関節を曲げる。

腹直筋
体を曲げたり回した
りするほか、排便の
ための圧力を
かける。

僧帽筋（そうぼう）
頸や肩を安定させる

三角筋（さ）び）
腕を上げる。

上腕三頭筋（じょうわん）
肘関節を伸

広背筋（こうはい）
物を持ち上
力を生み出

大臀筋（だいでん）
股関節を
動かす。

内転筋
ももを内側にひきよせる。

大腿四頭筋（だいたい）
膝を伸ばす、脚を前に動
かす（大腿直筋、内側広
筋、中間広筋、外側広筋
で構成される）。

前脛骨筋（ぜんけいこつ）
つま先を上げる。

ヒラメ筋
（立った姿勢で）
かかとを上げる。

ハムストリング
膝を曲げる、脚を後
動かす（大腿二頭筋
腱様筋、半膜様筋で
される）。

腓腹筋（ひふく）
（立った姿勢で）
かかとを上げる。
膝を曲げる。

アキレス腱（けん）
腓腹筋とヒラメ筋を
かかとの骨につける。

内　臓

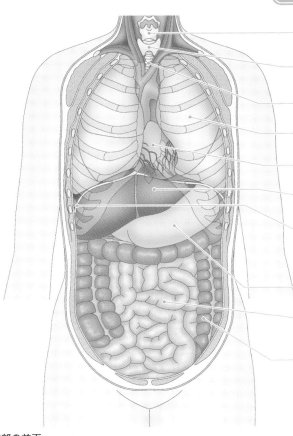

喉頭（こうとう）
声をつくる。

甲状腺（こうじょうせん）
新陳代謝（しんちんたいしゃ）をうながすホルモンを分泌する。

気管
空気の通り道となる。

肺
空気中の酸素と血液中の二酸化炭素を交換する。

心臓
血液を全身に送り出す。

肝臓（かんぞう）
体に有害な物質を分解したり、体に必要な様々な物質をつくる。

横隔膜（おうかくまく）
胸部と腹部とを隔てる膜状の筋であり、呼吸にかかわる。

胃
食べ物を胃液でどろどろにして、十二指腸へ送る。

小腸
十二指腸から送られてきた食べ物を腸液でさらに消化し、吸収する。

大腸
小腸で消化・吸収された残りから水分を吸収して、大便をつくる。

➚腹部の前面

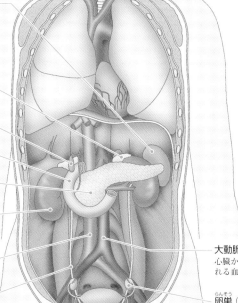

脾臓（ひぞう）
古くなった赤血球を壊す。リンパ球をつくる。

副腎（ふくじん）
ストレスに抵抗するホルモンを分泌する。

胆嚢（たんのう）
肝臓でつくられた胆汁をためて、濃縮する。

十二指腸
胃から送られてきた食べ物を膵液や胆汁で消化し、小腸に送る。

膵臓（すいぞう）
膵液をつくる。糖代謝に働くホルモンを分泌する。

腎臓（じんぞう）
血液中の老廃物を濾過して尿をつくる。

大静脈
心臓に戻ってくる血液を運ぶ。

尿管
腎臓でつくられた尿を膀胱に運ぶ。

膀胱（ぼうこう）
尿をためる。

大動脈
心臓から送り出される血液を運ぶ。

卵巣（らんそう）（女性）
卵子を育て、排出する（排卵）。

精巣（せいそう）（男性）
精子をつくる。

➡胃，肝臓，腸を取り除いた状態

④

健康・
フィットネスと
生涯スポーツ

四訂版

東海大学スポーツプロモーションセンター・体育学部　編

大修館書店

編集・執筆者紹介

編集代表（東海大学スポーツプロモーションセンター　教授）
陸川　章

編集委員長（東海大学体育学部競技スポーツ学科　教授）
田村　修治

執筆者（執筆順）

体育学科　教授
森　良一

東海大学国際文化学部地域創造学科　教授
○**山田　秀樹**

競技スポーツ学科　教授
武田　大輔

生涯スポーツ学科　教授
久保田　晃生

健康学部健康マネジメント学科　准教授
岡本　武志

健康学部健康マネジメント学科　助教
遠藤　慎也

スポーツ・レジャーマネジメント学科　教授
萩　裕美子

生涯スポーツ学科　講師
松下　宗洋

生涯スポーツ学科　教授
野坂　俊弥

体育学科　教授
○**内山　秀一**

生涯スポーツ学科　教授
八田　有洋

スポーツプロモーションセンター　准教授
西出　仁明

健康学部健康マネジメント学科　教授
有賀　誠司

競技スポーツ学科　准教授
小山　孟志

競技スポーツ学科　教授
栗山　雅倫

競技スポーツ学科　准教授
花岡　美智子

武道学科　教授
宮崎　誠司

東海大学文理融合学部経営学科　講師
笠井　妙美

体育学科　教授
●**小河原　慶太**

競技スポーツ学科　准教授
植村　隆志

体育学科　教授
山田　洋

体育学科　教授
阿部　悟郎

スポーツ・レジャーマネジメント学科　准教授
大津　克哉

生涯スポーツ学科　教授
●**吉岡　尚美**

スポーツプロモーションセンター　准教授
●**川邊　保孝**

スポーツ・レジャーマネジメント学科　准教授
Andrew Roomy

生涯スポーツ学科　准教授
○**知念　嘉史**

体育学科　教授
内田　匡輔

スポーツ・レジャーマネジメント学科　教授
○**恩田　哲也**

生涯スポーツ学科　准教授
田巻　以津香

体育学科　准教授
高尾　将幸

スポーツ・レジャーマネジメント学科　講師
秋吉　遼子

スポーツ・レジャーマネジメント学科　教授
松浪　稔

スポーツ・レジャーマネジメント学科　准教授
押見　大地

体育学科　教授
●**松本　秀夫**

スポーツ・レジャーマネジメント学科　教授
伊藤　栄治

スポーツプロモーションセンター　教授
陸川　章

スポーツプロモーションセンター　特任教授
今川　正浩

スポーツプロモーションセンター　特任講師
浅田　忠亮

競技スポーツ学科　教授
○**木村　季由**

スポーツプロモーションセンター　准教授
八百　則和

競技スポーツ学科　教授
藤井　壮浩

スポーツプロモーションセンター　講師
小澤　翔

競技スポーツ学科　教授
●**田村　修治**

東海大学文理融合学部経営学科　准教授
○**田中　靖久**

東京都立大学人間健康科学研究科　准教授
西島　壮

武道学科　教授
上水　研一朗

スポーツプロモーションセンター　教授
井上　康生

武道学科　准教授
大川　康隆

スポーツプロモーションセンター　准教授
塚田　真希

生涯スポーツ学科　特任准教授
谷木　龍男

武道学科　准教授
笹木　春光

武道学科　准教授
天野　聡

武道学科　准教授
大塚　真由美

競技スポーツ学科　教授
高野　進

スポーツプロモーションセンター　教授
両角　速

東海大学　名誉教授
植田　恭史

競技スポーツ学科　准教授
與名本　稔

体育学科　教授
大越　正大

健康学部健康マネジメント学科　准教授
西垣　景太

スポーツプロモーションセンター　准教授
●**吉原　さちえ**

スポーツプロモーションセンター　教授
北濱　幹士

体育学科　教授
中村　なおみ

体育学科　教授
●**大塚　隆**

神奈川学園中学・高等学校教諭
了海　諭

東海大学国際文化学部地域創造学科　教授
相原　博之

東海大学海洋学部海洋生物学科　准教授
加藤　讓

東海大学海洋学部海洋生物学科　准教授
鉄　多加志

東海大学人文学部人文学科　准教授
○**村山　勝**

スポーツプロモーションセンター　非常勤講師
小林　俊

（東海大学体育学部所属者は学科名のみ）〔但し、●編集幹事　○編集委員〕

四訂版によせて

　本書『健康・フィットネスと生涯スポーツ』は、大学の「一般体育」において健康スポーツ科目で取り扱う内容を網羅しています。内容は「健康・フィットネス」と「生涯スポーツ」の2部構成となっています。「健康・フィットネス」では日常生活と健康について学び、フィットネスの実践について紹介しています。また、「生涯スポーツ」においては、日常生活とスポーツについて学び、それぞれが興味関心のあるスポーツの実践ができるよう詳細に紹介しています。ぜひ、理論と実践を通じてスポーツに関わる教養を学んでほしいと考えています。

　さて、東海大学では2022年4月より、"教職協働"をテーマに「スポーツプロモーションセンター（SPC）」が新たにスタートし、「一般体育」を運営することになりました。これまでの授業における「する」スポーツだけでなく、学内外のスポーツイベント情報を多く発信し、「見る」スポーツの楽しさを伝えたり、それらを「支える」スポーツの喜び味わえたり、いろいろな角度からスポーツを「知る」ことができるよう企画・運営していきたいと考えています。そして、多様化したスポーツに関わることにより、スポーツの楽しさや生きがいを発見し、人生を豊かにしてほしいと考えています。

　本書は、初版の発刊より、授業の中で学生にとってわかりやすい内容であり、かつ教員にとって使いやすいテキストづくりを目指してきました。その後も2013年の改訂版、2020年三訂版とより良いテキスト作りに努め、この度四訂版が発行されることとなりました。本書の出版にあたっては、大修館書店および錦栄書房の皆様に多大なるご尽力をいただきました。心より御礼申し上げます。

2023年2月
『健康・フィットネスと生涯スポーツ　四訂版』編集委員会
編集代表　陸川　章

● はじめに ●

　学生の皆さん、あなたは体を動かすことが好きですか。学生生活を送る中で健康について考えていますか。さらに、生涯を通して楽しめるスポーツを身につけたいと思いませんか。

　これらの質問に対する答えは、人によって違うでしょうが、私たちは肯定的な答えであっても否定的な答えであっても、すべての学生と向かい合って、体を動かすことの大切さ、健康の重要性、そしてスポーツを楽しむことが人生を豊かにすることを伝えたいと思っています。なぜなら、今やスポーツはすべての人々が共有する文化であるからです。運動・スポーツが人々に健康と豊かな暮らしをもたらし、社会の発展や世界の平和に貢献することを、多くの人々が知っています。

　本テキストは、大学の体育科目で使用する「一般体育」のテキストです。内容は、「健康・フィットネス理論実習」、および「生涯スポーツ理論実習」の2科目の授業内容を網羅したものです。今回の発刊にあたり、体育授業としての新たな工夫を加え、学生にとって、さらには教員にとっても授業で使いやすい内容にしました。

　運動は、食事・睡眠とともに子どもの発育発達に欠かせません。昔から「よく遊び、よく食べ、よく眠る子は丈夫に育つ」と言われていますが、まさにその通りで、この生活習慣を大人になっても継続することが健康の維持・増進の秘訣ではないでしょうか。しかしながら、一般的に青年期になると運動する時間が少なくなる傾向にあります。学習活動の多忙化や生活の利便化などによって屋外で遊ぶ時間やスポーツに親しむ機会が減り、運動・スポーツが遠い存在になっているようです。私たちは、このような現状を案じています。何はともあれ生活様式の変化をよく認識し、運動・スポーツの大切な点と効用を広く知らせたいと思います。

　本テキストは、「健康」を軸に、日常生活の視点を重視して編集しました。この内容で、熱意あふれる授業を展開し、フィットネスとスポーツを通して教員と学生が、そして学生同士がコミュニケーションを図ってもらいたいと願っています。「心に響く授業を！」──これが私たちの目標です。もちろん、体育のあり方や偏ったスポーツ活動に対していろいろな意見があることも承知しています。私たちの実践に対して、ぜひとも忌憚のないご意見、ご批判をお寄せいただければ幸いです。

　本テキストの出版にあたっては、大修館書店の皆様、とくに編集の加藤順氏に多大なるご尽力をいただきました。心から御礼申し上げます。

2010 年 2 月
『健康・フィットネスと生涯スポーツ』編集委員会
委員長　山下　泰裕

もくじ

I 健康・フィットネス

1 日常生活と健康

2 フィットネスの実践

II　生涯スポーツ

1 日常生活とスポーツ

健康・フィットネス　I

1 健康とQOL

1 健康とは何か考えてみよう

誰かに健康について伝えようとしたら、あなたはどのように説明するだろう。「病気ではない状態」と説明したり、WHO（世界保健機関）憲章（1946年）「健康とは、身体的、精神的、社会的に完全に良好な状態であり、単に病気あるいは虚弱でないことではない」を引用して説明したりするかもしれない。

一方で、病気や障害があっても、人生の目標をもち、生きがいをみつけたり満足感を得られたりする生活ができれば、それこそ健康であると考える人もいるであろう。

このように健康の考え方は多様であり、どれが正解ということではない。まずは自分の健康の考え方を整理してみよう。次に、他者のおかれている状況を踏まえて、それぞれの考え方を尊重し、健康の価値を共有してみよう。それらが健やかで心豊かに生活できる活力ある社会の実現につながるであろう。

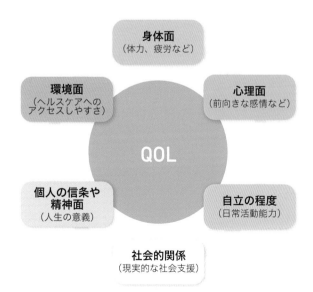

図1　QOLのイメージ
(The WHO QOL Group;What Quality of Life? : In World Health Forum,Vol.17,354-356 ,Geneva,1996 より作成)

2 QOLを重視した健康づくり

1 QOLとヘルスプロモーション

QOL（Quality Of Life）とは、「生活の質」「人生の質」などとも訳され、主観的・客観的にもまた身体面・精神面・社会面からも人間のよりよい状態のことを意味している。

図1のように、WHOはQOLの概念の根幹をなす部分を身体面や心理面などに分類している。そこには健康に関わることが多く含まれている。健康で充実した人生を送るために、QOLを重視する必要があるのである。

QOLの向上した生活をするためには、運動・食事・睡眠・喫煙・飲酒などの生活習慣の改善をはじめとした個人の取組が重要である。保健医療サービスや適切な健康情報を利用できるなど、健康に関わる環境づくりも考える必要がある。

2 健康寿命を延ばす

私たちは、どれくらい生きることができるかを考える際に、平均寿命を参考にすることがある。

しかし、単に長生きするだけでなく、QOLを踏まえた生き方を重視すると、健康寿命という指標が重要になってくる。

健康寿命とは、平均寿命から日常的・継続的な医療・介護に依存して生きる期間を除いた期間のことである。平均寿命と健康寿命との差は、日常生活に制限のある「不健康な期間」を意味するので、この差を埋めるような社会的な対策と個人の取組が求められる。

健康寿命を延ばすため、国においては、図2のような国民健康づくり運動を展開している。すなわち、個人の生活習慣の改善及び個人を取り巻く社会環境の改善を通じて、生活習慣病の発症予防・重症化予防を図るとともに、社会生活機能低下の低減によるQOLの向上を図る。また、健康のための資源へのア

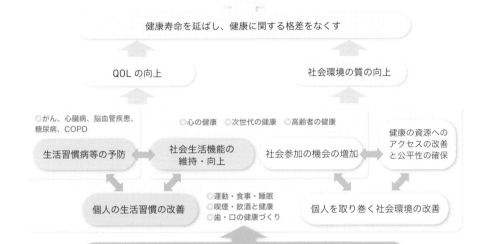

国民がともに支え合い、健やかで心豊かに生活できる活力ある社会

健康寿命を延ばし、健康に関する格差をなくす

QOL の向上　　　　　　　　　　社会環境の質の向上

◎がん、心臓病、脳血管疾患、　　　◎心の健康　◎次世代の健康　◎高齢者の健康　　健康の資源への
糖尿病、COPD　　　　　　　　　　　　　　　　　　　　　　　　　　　　　　アクセスの改善
　　　　　　　　　　　　　　　　　　　　　　　　　　　　　　　　　　　　と公平性の確保

生活習慣病等の予防　←→　社会生活機能の維持・向上　　社会参加の機会の増加

◎運動・食事・睡眠
個人の生活習慣の改善　◎喫煙・飲酒と健康　　個人を取り巻く社会環境の改善
◎歯・口の健康づくり

国民健康づくり運動による取組

図2　国民健康づくり運動（健康日本21［第二次］）の推進に関する参考資料
（図説国民衛生の動向、2018年、森［一部改変］）

クセスの改善と公平性の確保を図るとともに、社会参加の機会の増加による社会環境の質の向上を図る。これらの結果として、健康寿命の延伸・健康格差の縮小を実現するというものである。

　この運動を推進するには、国などの対策とともに、国民がその意義を理解し、自らが主体的に取組に参加することが必要となる。そのためには、子どもた ちを含む国民への適切な健康教育の提供が鍵となるのである。

【参考文献】
・「図説 国民衛生の動向2018/2019」厚生労働統計協会、2018年
・「関係省庁と連携したスポーツ行政の総合的な推進」スポーツ庁 HP（www.mext.go.jp/sports）
・The WHO QOL Group;What Quality of Life? : In World Health Forum,Vol.17,354-356 ,Geneva,1996

（森　良一）

Column　健康とスポーツ行政施策

　2015年の10月に発足したスポーツ庁では、スポーツ基本法の理念である、「スポーツを通じて『国民が生涯にわたり心身ともに健康で文化的な生活を営む』ことができる社会の実現」を目指し、様々な施策を展開しています。具体的には、これまで文部科学省が行っていた地域スポーツの推進、学校体育・武道の振興、国際競技力の向上、スポーツ界のガバナンス強化、オリパラムーブメントの推進等に加えて、他省庁等とも連携して健康増進に資するスポーツ機会の確保、障害者スポーツの充実、スポーツによる地域おこしへの支援、Sport for Tomorrow の実施、産業界との連携によるスポーツ普及と競技力強化等の多様な施策を展開するようになりました。

　健康との関連でいうと、スポーツ基本法の前文には、「スポーツは、心身の健康の保持増進にも重要な役割を果たすものであり、健康で活力に満ちた長寿社会の実現に不可欠」であると規定されています。スポーツ庁では、スポーツによる地域活性化推進事業（運動・スポーツ習慣化促進事業）やスポーツ・レクリエーション活動を通じた健康寿命延伸事業などに取組んでいます。スポーツを通じて生活習慣病の予防・改善や介護予防、さらには健康寿命の延伸や社会全体での医療費抑制への貢献を目指しているのです。　　　　　　　　　　（森　良一）

2 こころの健康

1 こころの健康とは

　現代社会はストレス時代と言われ、こころの健康を維持増進させることの難しい時代である。21世紀における国民健康づくり運動として展開されている健康日本21（第2次）では、こころの健康を生き生きと自分らしく生きるための条件として位置づけ、「情緒的健康（自分の感情に気づいて表現できること）、知的健康（状況に応じて適切に考え、現実的な問題解決ができること）、社会的健康（他人や社会と建設的でよい関係を築けること）、人間的健康（人生の目的や意義を見出し、主体的に人生を選択すること）」の四つの観点から整理している。

2 精神疾患について

　精神疾患を有する総患者数の推移（図1）を見ると、精神疾患の治療を受けている人は年々増加している。平成11年に約200万人であった患者数が、平成29年には400万人を超え、最新の調査（令和2年）では614.8万人に急増している。今や30人に1人が罹患すると考えられ、生涯にわたっては5人に1人が何らかの精神疾患にかかると言われている。

　「高等学校学習指導要領（平成30年告示）解説保健体育編体育編」には「精神疾患は、誰もが罹患しうること、若年で発症する疾患が多いこと、適切な対処により回復し生活の質の向上が可能である」「精神疾患の予防と回復には、身体の健康と同じく、適切な運動、食事、休養及び睡眠など、調和のとれた生活を実践すること、早期に心身の不調に気づくこと、心身に起こった反応については体ほぐしの運動などのリラクセーションの方法でストレスを緩和することなどが重要である」と記載されている。

3 ストレスとうまく付き合う

　ストレスとは、「刺激や変化に適応しようとする反応とプロセス」である。ストレスはない方が良いと思われがちだが、そうではない。過度なストレスは、心身に悪影響を及ぼすが、ストレスがなさすぎ

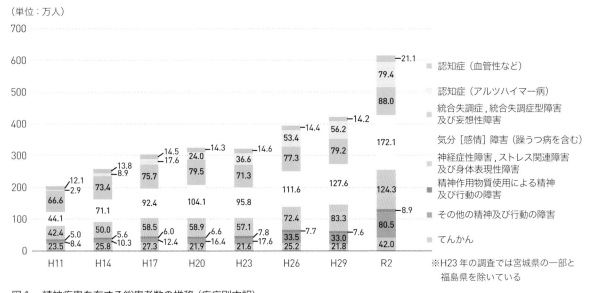

図1　精神疾患を有する総患者数の推移（疾病別内訳）
（厚生労働省「患者調査」より 厚生労働省障害保健福祉部で作成された図にR2年を加え、一部山田改変）

ても退屈・倦怠となり、活気のない人生となる。適度なストレスは、生活に活気を与え、心身に良い影響を与えるのである。

大学生の多くは、希望や目標を持って入学してきた半面、新しい生活への不安、新しい人間関係の構築、これからの進路や将来への不安などを抱えている。また、アイデンティティの確立が要求され、子どもと大人の狭間で迷い悩むことも多いであろう。日頃からストレスに気づき、上手に対処することが重要である。次の対処法を学生時代に身につけ、こころの健康の維持増進に役立ててほしい。

① **ストレスに耐える**

私たちにはもともと、ストレスに耐える力（ストレス耐性）が備わっている。しかし、これには個人差があり、限界もある。ある程度のストレスには我慢も大切だが、ほどほどにして他の対処法を試みることを勧めたい。

② **ストレスの原因に働きかける（原因を取り除く）**

ストレスの原因を正しくとらえ、それを克服したり、合理的に解決したりする。例えば、友人と喧嘩をして人間関係が気まずくなったとしたら、もう一度良く話し合い、自分を理解してもらうとともに相手の立場も尊重するといった方法である。

③ **物事のとらえ方を変える（積極的に物事を考える）**

物事を積極的に考えるようにする。例えば試合で負けたとして「もうだめだ、実力がない」と考えるか、「もう一度練習して、次は必ず勝つ」と考えるかによって、その後の行動も大きく変わる。

④ **スポーツや運動などで解消する**

とらえ方をうまく変えることができなかった場合、何らかの方法でストレスを軽減しなければならない。趣味に興じたり、好きなスポーツや運動をしたりして、気分転換を図ることも有効である。ヨガやリラクセーションも効果がある。

⑤ **休息をとる**

頑張りすぎず、疲れたと思ったら立ち止まることも重要である。ビタミン剤などを摂取したり、ゆっくりと入浴したり、心地よい音楽を聴いたりする。良い睡眠を確保することも忘れてはならない。

⑥ **人に相談する**

信頼のおける友人や家族、教師などに相談する。1人では解決できないストレスも人に話を聞いてもらったり、アドバイスを受けたりすることで解決の糸口が見えることも少なくない。

激動の社会の中でこころの健康を保ち、ストレスとうまく付き合って行くためには、対処法を豊富に持ち、柔軟に使い分けることが必要である。

【引用・参考文献】
- 健康日本21（http://www.kenkounippon21.gr.jp/index.html）
- 高等学校学習指導要領（平成30年告示）解説/保健体育編　体育編　pp.202-203
- e-Stat/患者調査/厚生労働省（https://www.e-stat.go.jp）

（山田秀樹）

Column スポーツカウンセリング−アスリートの心身の成熟

一般的にはアスリートは明るくて爽やかといった印象を持たれるのだと思います。しかし、彼らの生きる世界は、心身共に限界を超えるほどのトレーニングを課さない限り、勝てないだけでなく、パフォーマンスの向上も望めないものです。すなわち、明るく爽やかになどとは言えないほどの環境に身を置き続けているのです。身体的故障や病気だけでなく、こころも何らかの問題を生じることが常です。例えば、競技意欲の低下、指導者や仲間などとの対人関係上の軋轢、繰り返される怪我、食行動問題、不眠、神経症など多岐にわたる諸状況・症状に苛まれることがあります。これらは一見するとネガティブなこととととらえられます。しかし実際はそうではなく、ネガティブな出来事をきっかけにアスリートはさらなる成熟を遂げることになります。ここでの成熟とは、ネガティブな状況が好転する、パフォーマンスに変化がみられることだけでなく、こころの奥深くにある課題の解決も含みます。全人的な成熟と言ってもよいかも知れません。その成熟を彼らの傍らから見守り支援するのがスポーツカウンセリングです。アスリート達が、競技生活を通じて体験する困難をカウンセラーの前で言葉にしていく様子は、自身の体験を唯一固有のものとして自らの中に沈殿させ、自身が生きる物語を深化させていくように感じられます。

昨今、熟考のない安易なポジティブ思考が流行っていますが、本来人間の成熟には苦しみや悲しみや怒りなどのネガティブな体験も必要です。アスリートは競技生活での困難を通じて、人として成熟するのです。（武田大輔）

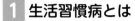

3 生活習慣病

1 生活習慣病とは

「成人病」という言葉を聞いたことがあるだろうか。1955年頃から、働き盛りの中高年で発症することが多い脳血管疾患、心疾患、糖尿病、悪性新生物、痛風などの病気の総称として使われていた。これらの病気の発症には様々な要因が影響をおよぼすが、当時は年をとればやむを得ない病気とされた。そのため、誰もが避けられないことから、病気の早期発見、早期治療が重要だという"二次予防"の考え方が中心に進められた。しかし、中高年だけではなく若者や子どもも類似した病気を発症し、成人病自体を発症する人も年々増加してきたことから、早期発見、早期治療に加えて、病気の発症を予防する必要性が生じた。一方、その頃、成人病に関連する疫学研究が進み、加齢だけではなく、偏った食事、運動不足、多量飲酒、喫煙などといった日常の不摂生や不規則な生活習慣が、病気の発症に大きく関与することが明らかとなった。

そこで、1997年に厚生省（現在の厚生労働省）は、好ましい生活習慣を過ごして病気の発症の予防を図る"一次予防"の概念を国民に広く普及するため成人病は、現在良く耳にする「生活習慣病」という言葉に置き換えられた。その際、生活習慣病は「食習慣、運動習慣、休養、喫煙、飲酒等の生活習慣が、その発症・進行に関与する疾患群」とされ、食習慣や運動習慣の関与が強い、インスリン非依存糖尿病、肥満症、高血圧症、脂質異常症、痛風（高尿酸血症）、大腸がん、歯周病などと、喫煙や飲酒の関与が強い、肺扁平上皮がん、慢性気管支炎、肺気腫、アルコール性肝臓病などを含む疾患群とした。

2 生活習慣を考える

生活習慣はどのように構築されるのであろうか。1日だけ節制して規則正しく行動したとしても、こ
れは日常の生活習慣とは言えない。何か月、あるいは何年もの間、繰り返される日常の行動で、われわれの生活習慣は構築される。生活習慣病も同様であり、1日だけ不摂生や不規則な生活をしたとしても、おそらく発症することはなく、何か月、あるいは何年もの間の不摂生、不規則な生活の積み重ねにより、発症へつながる。生活習慣病の恐ろしいところは、自覚症状を伴わない場合が多く、長年の不摂生、不規則な生活の積み重ねにより、気が付いたら発症しているところで、取り返しのつかない状態に進行していることも少なくない。したがって、日々の行動が重要となるが、大学生は中学生や高校生のように時間の制約は少なく、生活の自由度が高い。生活の自由度が高いとは、例えば、授業の時間割の組み方によっては、1時限目を空けて深夜までアルバイトする生活や、身体を動かすような科目を履修せずに、ほとんど動かない生活をすることも可能である。また、一人暮らしであれば、毎日好きな物を好きな量だけ食べ、許可される年齢になれば、飲酒や喫煙も制限されない。身体的にも心理的にも丈夫な時期である大学生にとって、多少の不摂生や不規則は何も感じないかもしれないが、ここで不摂生、不規則な生活習慣を構築してしまうと、生活習慣病の準備を自らしていることになる。

3 生活習慣病の危険因子（リスクファクター）

危険因子とはリスクファクターとも呼ばれ、病気の発症を高める可能性がある要因のことである。病気によってリスクファクターは若干異なるものの、生活習慣病のリスクファクターは、食事、運動、休養、喫煙、飲酒などの毎日の生活習慣にある。生活習慣病は、これらの中の単一の因子が原因となって発症するのではなく、いくつかの因子が複雑に組み合わさって発症する。また、運動不足、喫煙、多量飲酒のように、いくつかのリスクファクターが重なること

で、生活習慣病の発症を高める可能性がある。加えて、運動を実践しているから食事は気にしなくてよいといった偏りのある生活習慣も望ましくない。生活習慣病のリスクファクターを少なくするような生活を送ることが、最大の生活習慣病の予防となる。なお、生活習慣病のリスクファクターの中でも、喫煙は様々な病気の発症に強く影響をおよぼすため「予防可能な最大の危険因子」と言われている。たばこの煙には4000種類以上の化学物質が含まれ、その中で200種類以上が有害とされる。また、40〜60種類の発がん物質も含まれている。さらに、たばこを吸うと一酸化炭素も体内に取り込まれるが、一酸化炭素は酸素に比べ240倍も赤血球にあるヘモグロビンと結合しやすく、体内組織で酸素欠乏が起こり動脈硬化へと進むことになる。結果、脳血管疾患、急性心筋梗塞、大動脈解離などの循環器疾患を発症する危険度が高くなる。

4 生活習慣病の予防

日本人の主要死亡原因である悪性新生物、心疾患、脳血管疾患は生活習慣病であり、死亡者数の半数以上を占める（表1）。この予防方法で最優先するべきは、好ましい生活習慣の実践である。とくに、運動、栄養、休養といった健康づくりの重要な要素から、生活習慣を改善するとよい。運動に関しては、定期的な運動・スポーツの実践に加えて、通学でよく歩くように心掛けるといった日常生活の中で身体を動かす工夫をして、身体活動を高める視点も重要である。栄養に関しては、栄養素のバランスの良い食事を心がけ、食べ過ぎに注意することなどが必要である。休養に関しては、睡眠時間や休養時間をしっかり確保すること、ストレスをためないことなどが大切である。これらに加えて、たばこを吸わないこと、多量・多頻度飲酒をしないことを、生活習慣病予防として心がけるべきである。生活習慣病は、恐ろしい病気ではあるが、自分自身の現在の心がけや努力によって、発症の可能性を低くすることが可能な病気でもある。20年、30年後も元気で過ごすためにも、好ましい生活習慣の実践が望まれる。

表1　日本人の主な死亡原因（2020年）

死因	割合（%）
悪性新生物	27.6
心疾患	15.0
老衰	9.6
脳血管疾患	7.5
肺炎	5.7
誤嚥性肺炎	3.1
不慮の事故	2.8
腎不全	2.0
アルツハイマー病	1.5
血管性及び詳細不明の認知症	1.5
その他	23.7

【参考文献】
• 渕上博司他『わかりやすい公衆衛生学（第6版）』三共社、2019年
• 厚生労働省人口動態統計『令和2年人口動態統計（確定数）の概況』2020年

（久保田晃生）

Column　健康診断を受けましょう

　健康診断の目的は何でしょうか。健康診断は、自分の健康の保持増進を図るために、健康状態を調べ（血液検査やレントゲン検査など）、からだ全体の情報を得ることが主な目的です。しかし、健康診断は健康の保持増進を図る最大の方法にもかかわらず、受診に消極的な人が多数いるのも事実です。例えば「健康診断で病気を発見されるのが怖い」「時間が無い中、待ち時間の多い健康診断は面倒だ」「健康診断をしなくても元気だ」などと、考え方は人それぞれです。しかし、このような考え方で、健康診断を受けずに病気を見過ごすと、既に病気が進行しており、発見された時に取り返しのつかないケースになることも、少なくありません。大学生は、健康に自信がある人が多いと思います。しかし、人間は必ず老化します。老化に伴い、からだには変化が起きます。変化を知る意味でも、健康診断は必要です。また、身近な家族（祖父母、父母、兄弟姉妹など）に高血圧や糖尿病の人がいる場合は、遺伝的な要因なども考える必要がありますので、健康診断で早めに状態を調べることも重要になります。さらに、もう1点、健康診断で、再検査が必要と判断されても、再検査を実施しない人がいる点も注意が必要です。健康診断は、からだ全体を広く浅く調べているため、異常の疑いのある人とない人を、ふるい分けする検査でもあります。異常の疑いがあった場合、再度検査や精密検査を実施し、正しい判断をすることが重要です。　　（久保田晃生）

4 運動・休養と健康

1 アクティブライフが健康をつくる

1 運動不足が健康に及ぼす影響

交通手段の発達、家事の自動化、Eメールや SNS によるコミュニケーションの増加、ネットショッピングの利用、オンラインゲームや音楽・動画配信といったデジタルコンテンツを利用した余暇活動等、私たちの生活は快適でより充実したものとなった。しかし、これらの活動は従来、身体活動を伴い行っていたものであるため、結果的に日常生活における身体活動の機会が著しく減少してしまった。

このような身体活動の不足、いわゆる運動不足の状態が長く続くと、筋肉量の減少、筋力の低下、骨密度の低下、心臓の容積の減少による全身持久力の低下等が引き起こされる。また、基礎代謝量の低下やインスリン抵抗性の増大等も引き起こされ、運動不足は肥満や種々の生活習慣病発症の重大な危険因子の1つと言える。さらに、世界保健機関（WHO）は、高血圧（13%）、喫煙（9%）、高血糖（6%）に次いで、身体活動不足（6%）を全世界の死亡に対する危険因子の第4位として位置づけ、その対策を進めていることからも、日々をアクティブに過ごし、運動習慣を身につけることがいかに重要か理解できるであろう。

2 「健康づくりのための身体活動基準」の活用

健康の維持・増進を目的とし、自身の身体活動の質と量を見直す際に、2013年に厚生労働省が打ち出した「健康づくりのための身体活動基準2013（以下、身体活動基準）」を活用するとよい。

身体活動基準（18〜64歳）では、「3メッツ以上の強度の身体活動を毎日60分」および「3メッツ以上の強度の運動を毎週60分」といった質（強度）と量（時間）の両面を含んだ基準値をクリアしていると、生活習慣病の予防や改善に効果的と唱っている（図1）。ここで言う「身体活動」とは、日常生活における労働、家事、通勤・通学などの生活活動と、体力の維持・向上を目的として意図的に取り組むスポーツなどの運動を合わせたものを指し、「メッツ」とは、身体活動時のエネルギー消費量が安静時の何倍にあたるかという身体活動の強度を表している。基準値を満たしている人は、満たさない人と比較して、生活習慣病や生活機能低下のリスクが約20%低く、約2〜4年寿命が長いことが推測されている。また、基準値に加えて、「+10（プラステン）：今より10分多く体を動かそう」という大きな方向性を示している。今よりも10分余分に動くことで、3〜4%のリスク低減が期待できる。あなたが+10できるのは、通学や家事そして余暇活動等も含めて、「いつ」「どこ」なのか、自身の生活を振り返ってみよう。大学生活において身体活動基準や+10をクリアするためには、運動系実技科目の履修、キャンパス内の運動施設の利用、キャンパス内の散策等も有効な手段と言える。

2 運動効果は適切な休養によって得られる

1 運動による疲労と睡眠

強度の高い運動でトレーニングを行うと、糖質な

身体活動 （＝生活活動＋運動）	運動
3メッツ以上の 強度の身体活動を （歩行又はそれと同等以上） **毎日60分**	**3メッツ以上の 強度の運動を** （息が弾み汗をかく程度） **毎週60分**
今より少しでも 身体活動量を増やす （例）10分多く歩く	運動習慣をもつ （例）30分以上・週2日以上
生活習慣病・生活機能低下の リスクの低減	体力の向上・運動器の 機能向上

（健康づくりのための身体活動基準2013［18〜64歳］）
図1　健康づくりのための身体活動基準

どのエネルギー源の消耗や、筋肉の微細な損傷が引き起こされる。しかし、この状態はトレーニング後に適切な栄養摂取と休養をとることで、単に元のレベルに回復するだけでなく、トレーニング前の水準を上回る「超回復」を引き起こす（図2上）。トレーニングによって損傷した筋肉の修復・肥大を担うのが、骨や筋へのタンパク質を合成する作用をもつ成長ホルモンである。しかし、24時間絶えず分泌されているわけではなく、ややきつめの運動後や睡眠時にその分泌量が増加する。成長ホルモンは、ノンレム睡眠（深い眠り）に入る時にのみ分泌量が増加するので、睡眠の質の確保が超回復には重要である。

2 超回復効果を得るためには

トレーニング後の休養が不十分であれば超回復は起こりにくく、一方で、休養が長すぎるとせっかく現れた超回復効果は消失してしまう。そのため、トレーニング強度と休養期間をうまく調節することが、超回復効果を継続的に得るために重要となってくる（図2上）。個人差やトレーニングの内容によって異なるが、目安として損傷した筋肉の修復には24〜48時間の休養が必要と言われている。

このトレーニングと休養のバランスが崩れると、疲労の蓄積によって慢性的な疲労状態に陥り、運動パフォーマンスの低下に加え、日常生活での意欲低下、自覚的疲労度の増加や食欲不振、睡眠障害、月

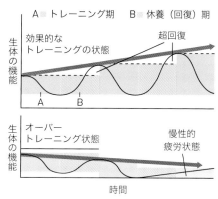

図2　運動効果と休養

経障害といった様々な不定愁訴の症状が現れることがある（図2下）。このようなオーバートレーニングの状態になるのを防ぐには、定期的に体調を評価し、トレーニング条件（強度、時間、頻度等）が過度にならないように調整し、適宜休養をとることが重要である。

本項の学習により、運動不足の危険性を認識し、アクティブライフへの初めの一歩を踏み出してもらえることを願う。

【参考文献】
・厚生労働省『健康づくりのための身体活動基準2013』2013年
・赤間高雄 編『スポーツ医学【内科】（はじめて学ぶ健康・スポーツ科学シリーズ）』化学同人、2014年

（岡本武志）

Column　からだを温めて心身ともに疲労回復

あなたは日々の生活の中で、うまく「疲労」と向き合えていますか？

適度な疲労は、達成感や爽快感、食欲の増進や睡眠の質の向上にもつながることから必要とされています。しかし、皆さんも経験があるように疲労が溜まりすぎると、パフォーマンスの低下や怪我、モチベーションの低下につながり、心身ともに悪循環が生まれます。

そのような心身の疲労を回復させる方法として、日常生活では欠かせない「入浴」が効果的です。入浴時に38〜40℃のお湯に10分程度浸かることで、毛細血管が拡張し、全身の血流が促進され、老廃物を代謝することができます。また、水の浮力により筋肉の緊張がほぐれ、さらに副交感神経が優位に働くことにより心も身体もリラックスすることができます。余裕がある場合は、好きな音楽やアロマとともに入浴を楽しむことで、さらなるリラクセーション効果が期待できます。また少し熱めのお湯に浸かると、体内で熱ショックタンパク質という免疫力の高いタンパク質が作られ、病気になりにくい体づくりにも役立ちます。多忙で「湯船に浸かる時間がない！」という声もあるかと思いますが、どんなに忙しい状況でも、自分のからだを労わる時間を作ることが疲労回復への第一歩になるでしょう。

（遠藤慎也）

5 食事と健康

1 食事は健康のかなめ

1 生きる源

　人間はその体を維持し、活動するためには様々な栄養素を外から摂る必要がある。特に体の構成要素であるたんぱく質は、体を維持していくためには必要である。これは他の栄養素では代用できず、必ず動植物のたんぱく質を摂取しなければならない。当然、生きていくためにはエネルギーも必要で、そのための糖質や脂質の摂取は欠かせない。これらを「3大栄養素」という。しかし、これだけでは人間の体を健康に保つことはできない。筋肉以外の体の構成要素も随時補給していかなければならないからである。カルシウムや鉄、その他のミネラルも微量であるが必要である。また、体の中ではエネルギー生産をはじめさまざまな代謝が起こる。これらの代謝にはビタミンは欠かせない。ビタミンは、不足したことによって様々な症状や病気を引き起こし、その結果、発見された栄養素である。これらのミネラル、ビタミンを合わせて5大栄養素という。その他に水と食物繊維も健康な体を維持するためには欠かせないので、栄養素として位置づけられている（図1）。

2 健康な生活のリズムをつくる

　食事は栄養素を摂るだけではなく、健康な生活のリズムをつくることに大いに貢献している。私たち

の体には時計遺伝子というものがあり、1日25時間のリズムを持っている。しかし、地球上では24時間で昼夜が入れ替わっているので、朝、光を浴びたり、朝食を摂ることによって25時間を24時間のリズムに調節していることがわかってきた。これが朝食の重要性が強調される理由である。また、消化吸収の面でも、4～6時間間隔で食事を補給することは、消化器官や内臓に負担がかからない。生活の中で仕事と休養のメリハリをつける意味でも、食事が生活のリズムをつくっていると考えられる。

3 リラクセーションの場

　食事は楽しみの場であるべきで、食事がストレスになったり、食事をストレス発散の手段にすると、結果的に摂食障害になることがある。また、栄養素やエネルギーのコントロールを意識しすぎたり、逆に何も考えずに好きなものだけを食べたりすれば、食事が危険な因子にもなる。ストレスを適度に解放し、楽しくおいしく食べる工夫を演出したい。

　近年、単身赴任や独居老人をはじめ、一人暮らしが増加している。また家族がいても生活時間が合わず、1人で食事をする場面も増えているが、その中でも特に子どもの孤食（1人で食事をすること）については問題視されている。一人暮らしの大学生でも、食事は友人や仲間と楽しく食べるように工夫すれば、体の栄養補給だけでなく心の滋養にもなる。

2 バランスの良い食事が健康をつくる

1 2つのバランス

① 栄養素のバランス

　生きるために必要な栄養素を、食事で過不足なく摂ることは重要である。栄養素はどれが不足しても健康上の問題を引き起こす。毎回の食事ですべての栄養素が摂れることが理想であるが、現在の社会情勢の中ではなかなか難しい。せめて1日の中ですべての栄養素の必要量が摂れるように工夫したい。

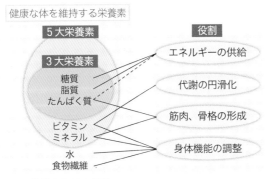

図1　栄養素とその役割

② エネルギーのバランス

食事のバランスには栄養素だけではなく、エネルギーのバランスを考える必要がある。座業中心でほとんど動かない日は、エネルギーを抑えた食事をするなどの配慮が必要である。国家的課題となっているメタボリックシンドロームの原因は、運動不足と食べ過ぎであると考えられている。したがって、食事で摂ったエネルギーに見合った運動をするなど、エネルギーのバランスを考える必要がある。

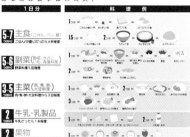

図2　食事バランスガイド
(農林水産省ホームページ：http://www.maff.go.jp/j/balance_guide/b_abut/guide.htmlより)

2 食事の質と量を確認する

① 1日分の目安と質の検討

1日分の食事バランスを確認するには、「食事バランスガイド」を活用するとよい(図2)。ここには、1日に何をどれだけ食べたらよいかが示されている。バランスが悪いとコマが倒れてしまうと想定し、自分自身で過不足を確認し改善策も検討できるようになっている。

② 1回分の目安量の確認

1回分の目安量を覚えておくと食べ過ぎを防ぐことができる。食事バランスガイドを参考に、食事の分量を確認すると良い。

③ サプリメントの活用の考え方

今日では様々なサプリメントが宣伝・発売されている。しかし、食事をきちんと摂っていれば必要な栄養素が不足することはない。基本は食事であることを踏まえて、どうしてもきちんとした食事が摂れない場合に、サプリメントの活用をするのが有効であろう。しかし、過剰摂取による弊害も報告されているので、利用する際には専門家の指導を受けることが望ましい。

【参考文献】
- 樋口満『新版コンディショニングのスポーツ栄養学』市村出版、2007年
- 香川泰雄『時間栄養学　時計遺伝子と食事のリズム』女子栄養大学出版部、2009年
- 石田良恵、萩裕美子他『女性とスポーツ』サンウエイ出版、2010年
- 香川明夫『七訂食品成分表2019』女子栄養大学出版部、2019年

(萩　裕美子)

Column 「プロテイン」は太る？　やせる？

栄養科学が進歩して各栄養素の働きが明らかになるだけでなく、栄養素を抽出して製品化される技術も進化してきました。その結果、様々なサプリメントが出てきています。その中の代表選手であるプロテインについて考えてみましょう。みなさんはプロテインを飲むと太ると思いますか？　それとも痩せると思いますか？　答えはどちらも正解です。太るためにプロテインを飲んでいる人は、恐らく筋肉を増やしたいのだと思いますが、プロテインを飲めば筋肉がつくのではなく、トレーニングすることが重要で、さらに休養も大切です。休まないと筋肉をつくることはできません。また食事をしっかり摂ることも重要で、食事がお粗末な場合には、プロテインを飲んでも太れないかもしれません。体重は増えたけれど体脂肪ばかりが増えたのでは、健康上にも問題が出ます。

一方、「プロテインを飲んで痩せる」というロジックは、たんぱく質を食事から摂ると油脂も合わせて摂ることになり、結果的にエネルギー過剰になることが考えられます。その点、プロテインには脂肪は含まれませんので、たんぱく質はしっかり摂れてエネルギーを抑えられることから、痩せることにも活用できるということです。しかし、どのような食事を摂っているのかが大前提になりますので、これも単純に「プロテインを飲めば痩せる」という考え方は危険と言えます。

サプリメントはあくまでも補助食品ですので、まずは自分の食事の現状をきちんと認識したうえで、目的を明確にして活用していきましょう。

(萩　裕美子)

6 喫煙・飲酒・薬物乱用と健康

1 喫煙の健康影響

1 喫煙者の健康影響

　たばこの煙には、人体に有害な物質が200種類以上含まれているため、喫煙をすることで体へ様々な悪影響が生じる。この悪影響には、喫煙が習慣化して短期間で生じる急性影響と、喫煙習慣が長期の継続により生じる慢性影響がある。

　急性影響の代表例に挙げられる運動時の息切れは、たばこの煙に含まれる一酸化炭素がヘモグロビンと結合し、酸素運搬能力が低下することで生じる。また肌の老化が早まることも急性影響の一つとして知られ、喫煙による毛細血管の収縮が引き起こす血行不良等が原因とされる。

　慢性影響には、がん、動脈硬化、慢性閉塞性肺疾患（COPD）などの様々な健康への悪影響が挙げられる（図1）。喫煙（原因）と慢性影響（結果）の因果関係には、十分な科学的根拠があるとされている。これらの健康影響は、1日あたりの喫煙本数が多く、喫煙年数が長くなるほど生じやすい。たばこには、喫煙行動の依存性を高めるニコチンが含まれ、喫煙習慣をやめる（禁煙）ことが、非常に困難である。

2 非喫煙者への影響

　喫煙者が吐き出した煙やたばこの点火部からの煙（副流煙）を、周囲の人が吸い込んでしまうことを「受動喫煙」という。受動喫煙が及ぼす健康への悪影響についても、十分な科学的根拠によって因果関係があるとされている。したがって、喫煙の健康影響は、喫煙者だけではなく非喫煙者の問題でもあり、受動喫煙の防止は極めて重要である。

　また、妊娠期の喫煙は、妊婦自身への悪影響だけではなく、胎盤を通じて胎児にも影響がある。例えば、早産や流産、低出生体重児、乳幼児突然死症候群発生の危険性が高まる。よって、わが国では妊婦の喫煙率をゼロにすることが目標に掲げられている。

3 新型たばこ

　従来のたばこは、葉たばこを燃焼させ喫煙するタイプであった。しかし現在では、新型たばことして、葉たばこを加熱して喫煙するもの（非燃焼・加熱式たばこ）や、液体を加熱して喫煙するもの（電子たばこ）がある。

　これらの新型たばこは、「従来の燃焼式たばこと比較して健康影響が少ない」などの誤認によって、急速に普及している。しかし実際には、新型たばこにも健康への悪影響があるため、注意が必要である。

2 飲酒の健康・社会的問題

1 飲酒（アルコール）の短期的作用

　お酒に含まれるアルコールは人体に有害な物質であり、諸器官に様々な悪影響を及ぼす。お酒を飲んで、気分が高揚したり、気持ちが悪くなったりするのはアルコールの中枢神経（脳や脊髄）に対する作

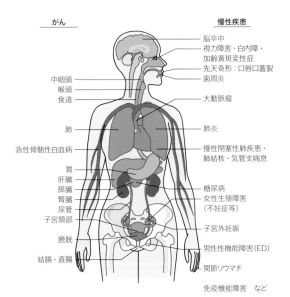

がん　　　　　　　　　　　　　　　　慢性疾患

脳卒中
視力障害・白内障・加齢黄斑変性症
先天奇形：口唇口蓋裂
歯周炎
中咽頭
喉頭
食道
大動脈瘤
肺
肺炎
急性骨髄性白血病
慢性閉塞性肺疾患・肺結核・気管支喘息
胃
肝臓
膵臓
腎臓
尿管
糖尿病
女性生殖障害（不妊症等）
子宮頚部
子宮外妊娠
膀胱
男性性機能障害(ED)
結腸・直腸
関節リウマチ
免疫機能障害　など

図1　科学的根拠が十分にあるとされた喫煙の健康影響（一部抜粋）
（松崎道幸［翻訳解説］「2014年米国公衆衛生局長官報告-50年間の進歩」日本禁煙学会雑誌）

用である。体内に吸収されたアルコールは、その量が多くなるほど、その影響は大きくなり、体のバランスを崩した転倒事故、嘔吐による窒息、呼吸抑制など命にかかわる事故につながる可能性がある。

2 飲酒（アルコール）の長期的作用

習慣的な多量飲酒は、肝機能障害、がん、糖尿病、高血圧などの60以上の慢性疾患に関与していることが知られている。また、飲酒をしないといられない状態であるアルコール依存症（飲酒による精神及び行動の障害）となってしまう。「適正飲酒の10か条」を、飲酒時には参考にされたい（**表1**）。

3 妊娠期・授乳期における女性の飲酒

妊娠期・授乳期における女性の飲酒は、胎児や乳児に出生時低体重、成長の遅れなどの悪影響（胎児性アルコール症候群）を及ぼす。この胎児性アルコール症候群のリスクが高いのは、母親の多量飲酒、妊娠早期の飲酒である。妊娠早期は妊娠自体に気づきにくく、また妊娠後期の飲酒においても胎児性アルコール症候群が発症する危険性があるため、妊娠期および妊娠を計画している場合には完全禁酒が望まれる。

3 薬物乱用は「ダメ。ゼッタイ。」

「薬物乱用」とは、医薬品や医薬品ではないものを、治療等の本来の目的ではなく、精神的な効果を狙って使用することである。乱用される薬物には、大麻、覚せい剤、シンナー、MDMAなどがある。近年では、新たな薬物を開発して、法律で規制されるまでの期間を悪用し「脱法ドラッグ」や「合法ハーブ」と呼ばれる「危険ドラッグ」の存在も知られている。

表1　適正飲酒の10か条

> 1. 談笑し 楽しく飲むのが基本です
> 2. 食べながら 適量範囲でゆっくりと
> 3. 強い酒 薄めて飲むのがオススメです
> 4. つくろうよ 週に二日は休肝日
> 5. やめようよ きりなく長い飲み続け
> 6. 許さない 他人（ひと）への無理強い・イッキ飲み
> 7. アルコール 薬と一緒は危険です
> 8. 飲まないで 妊娠中と授乳期は
> 9. 飲酒後の運動・入浴 要注意
> 10. 肝臓など 定期検査を忘れずに

（公益社団法人アルコール健康医学協会「適正飲酒の10か条」http://www.arukenkyo.or.jp/health/proper/pdf/tekisei10.pdf）

薬物乱用は、情緒不安、知的レベルの低下、幻想および妄想など心身に悪影響を及ぼし、1回の使用でも呼吸困難や心臓発作などで死に至る場合がある。また薬物は、脳に直接作用することで一時的な快感をもたらすが、その効果が切れたときにイライラなどの不快な症状（精神依存）や、発汗や震えなどの激しい身体的苦痛（身体依存）が現れるため、再び薬物乱用の強い衝動に襲われる。また、薬物依存に陥ると、薬物を入手し乱用することが最優先となり、家庭生活や社会生活に問題が生じる。

この薬物の依存性は非常に強く、一人で解決することは極めて困難であることから、好奇心や興味などで決して薬物に手を出してはならない。

【参考文献】
- 『現代高等保健体育改訂版教授用参考資料』大修館書店、2018年
- 厚生労働省HP（https://jyudokitsuen.mhlw.go.jp/）
- 日本呼吸器学会HP（http://www.jrs.or.jp/uploads/uploads/files/photos/hikanetsu_kenkai.pdf）

（松下宗洋）

Column　あとを絶たない大学生における飲酒事故

飲酒事故の予防に取り組むNPO法人「アスク」によれば、2009〜2018年の10年間における飲酒にかかわる死亡事故で大学生29人が亡くなりました。その死因の多くは、急性アルコール中毒や吐しゃ物による窒息死です。

「お酒の飲み過ぎは命にかかわる」ということを知らない大学生はおそらくいないでしょう。このような事故が起きてしまう背景には、イッキ飲み・回し飲みの強要などで断りたくても断れずに（いわゆる"空気を読んでしまう"）ということがあります。もし、あなたがイッキ飲みなど飲酒を強要されたときには、キッパリと断りましょう。あなたが雰囲気にのまれやすく、お酒を断ることができない性格であれば、飲み会などには参加しないという判断も必要です。無論、自らお酒の強要やアルコールハラスメントをすることはあってはなりません。　（松下宗洋）

7 大学生の健康

1 大学生の健康を再考する意味

　大学に入学する時点では、成人し選挙権も与えられていることから、大学生の社会的立場はそれまでに比べて著しく変化する。加えて、生活の自由度は大きく拡大することから、大学生の行動や言動に伴う責任は格段に増大する。そのため、大学時代は人生におけるモラトリアム（社会参加の猶予期間）ではなく、社会人としてのトレーニング期間として自覚されるべきであり、自己の健康についても同様に責任を持つべきだろう。しかしながら、大学生を対象にした生活習慣に関する研究によれば、大多数の大学生が、自分の生活習慣は望ましくないものであることを自覚しているという調査結果も数多く示されている。

2 健康と生活習慣

　運動や休養、食生活などの生活習慣が健康と深くかかわっていることはすでに述べた。では、そのような生活習慣はライフスパンにおいて、どのように変革されていくのだろうか。

　われわれの体力や身体諸機能は20歳頃にピークを迎えるので、大学時代は人生で最も身体的健康度が充実している時期にあると言えるだろう。しかし、

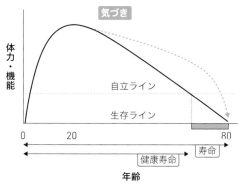

図1　体力・身体機能と寿命・健康寿命のイメージ

　その体力等は加齢とともに徐々に低下し、やがて自立した生活が可能な程度を下回ると、何らかの援助や介護を必要とする状況に陥る（図1）。誕生してから死亡するまでの期間は「寿命」であるが、誕生してから自立ラインを下回るまでに相当する「健康上の問題で日常生活が制限されることなく生活できる期間」は「健康寿命」として定義されている。

　より健康的で充実した人生を送るためには、体力等が低下していく過程のどこかで自分の生活習慣の現況に気づき、必要な修正をすることによって、援助や介護を必要とする期間をなるべく短縮することが重要だろう。そのような寿命と健康寿命との差がない、あるいは極めて小さい生き方はPPK（ピンピンコロリ：病気に苦しむことなく、元気に長生きし、最後は寝付かずにコロリと死ぬこと、または、そのように死のうという標語）とも称され、個人だけでなく社会全体を「健幸」にすることが期待されている。また、生活習慣を修正する必要性になるべく早い時期に気づき、健康的な生活習慣を早期に獲得することにより、比較的少ない努力で生涯を通じたQOLの維持向上が可能になるだろう。すべての若者の生活習慣が聖人君子のようである必要はないが、睡眠不足や暴飲暴食など、心身に過度の負担を与える生活習慣を継続することは、生涯を通じた健康に少なくない悪影響をおよぼす危険性があることは容易に想定できる。充実した有意義な人生を送るためには、健康的な人生の量（健康寿命）と質（QOL）の両方が重要なのである。

3 生活習慣の変革

　多くの大学生は自分の生活習慣が望ましいものとは言えないとの自覚を持っているが、それを変革させるような行動はなかなか発現しない。例えば、習慣的な運動が心身の健康の維持・増進に寄与することを知りながら、運動に参加する人は少ない。ある

いは、スナック菓子やカップラーメンといったジャンクフードは健康に悪影響をおよぼす可能性が示されているものの、摂取制限することには困難が伴う。

しかし、性・年齢階級別に観察した朝食の欠食率について検討すると、生活習慣の一様でない変革の様子が窺える（図2）。すなわち、男女ともに20歳代において欠食率が最高値を示しているが、60歳代以降は低値を示すことから、年齢階級によって摂食行動が変革されていることが考えられる。また、男性においては20歳代から50歳代にかけて高値を示しているが、女性においては30歳代以降が男性よりも低値を示している。

その違いの原因には、結婚や退職といったライフイベントの影響が考えられるものの、その一方で①積極的な行動、②安定した感情、③楽観的な認知、といった資質が生活習慣に影響を与える可能性があると考えられている。

したがって、健康教育による健康関連知識の獲得だけでなく、友人・家族・教師といった支援的ネットワークの構築や、それに伴うコミュニケーション能力や自己効力感の獲得により、生活習慣の変革が誘起されることが期待できるだろう。すなわち、大学生であっても前述のような資質や環境の獲得や変化があれば、現在の望ましくない生活習慣を変革することが可能になると言えるだろう。

そのようなことから、大学生の健康は、措定され

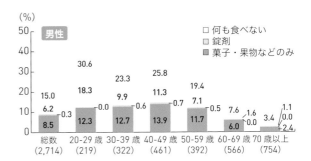

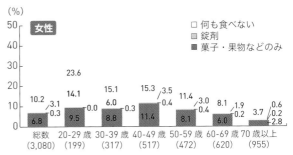

図2　朝食欠食率

た状態としての健康だけでなく、今後の人生に向けて時間とともにダイナミックに変化する「価値」や「過程」として認識されるべきだろう。

【引用・参考文献】
- 野崎康明『ウエルネスの理論と実践』メイツ出版、1994年
- 徳田完二『わが国の大学生の生活習慣と精神健康に関わる研究の動向と課題』立命館人間科学研究、2014年
- Travis J & R Ryan "Wellness Workbook" Celestial Arts, 2004年
- 厚生労働省『平成29年国民健康・栄養調査』2018年

（野坂俊弥）

Column スマホ・インターネット依存への警鐘―「ながらスマホ」はやめよう

　スマートフォン（スマホ）・インターネットゲームの依存症が大きな社会問題になっており、今後もさらに拡大することが危惧されています。2017年12月には、スマートフォンを操作しながら自転車を走行していた20歳の女子大学生が、歩行者の女性に衝突して死亡させるという痛ましい事故が川崎市で起きました。その学生は大学を退学し、翌年には重過失致死罪の有罪判決を受けました。その刑事罰には執行が猶予されることになりましたが、加害者は社会的な制裁を受けていることに加え、民事的責任問題においては多額の支払いが想定されます。また、2018年には、つくば市で19歳の男子大学生が夜に無灯火でスマートフォンを操作しながら自転車を走行し、62歳の男性に衝突して死亡させたり、静岡市では駅のホームで「歩きスマホ」をしていた中学生が列車と接触し、ホームとの間に挟まれて死亡するなど、「ながらスマホ」に関連する事故が後を絶ちません。

　東海大学湘南キャンパスでは、自転車の衝突による傷害事故がほぼ毎月のように発生しています（健康推進センター調べ）。そのすべてが「自転車スマホ」によるものではありませんが、「歩きスマホ」による接触事故も含めると、看過できる状況にはないでしょう。「事故を起こすような人は不注意なんだ」とか「自分は大丈夫」といった慢心こそが最大のリスクであると自覚することが求められています。インターネット上には「インターネット依存症」や「スマホ依存症」のスクリーニングテストができるサイトがいくつかあるので、ゲーム等の合間に時々チェックしてみてはどうでしょう？

（野坂俊弥）

1 | トレーニングとは

1 フィットネスの実践

1 トレーニングとフィットネス

「トレーニング（Training）」とは、様々な刺激に対して身体が適応していくことを利用して身体機能をより発達させようとするものである。一方、「フィットネス（Fitness）」とは「健康増進のための各種身体運動」を指すことが多いことから、特に健康や体力の保持増進を目的として行う「トレーニング」を「フィットネス」と言う。また、「体力」とは、自らの生命を守り生活や運動の基本となる身体能力であるから、生涯にわたって健康で活力ある生活を送るためには、「トレーニング」や「フィットネス」などによって「体力」を高めておくことが望ましい。現在、日本は世界一の長寿国であるが生活習慣病の増加や低年齢化、高齢化社会における国民医療費の増加などが社会問題となっている。したがって、特に「フィットネス」による健康の回復、維持、増進は、個人にとっても社会にとっても重要である。

2 筋肉（骨格筋）について

「トレーニング」や「フィットネス」によって、身体は機能的・形態的に変化する。人体の筋は、骨格筋、心筋、平滑筋の三種類に分類されるが、中でも骨格筋は体重の約40〜50%を占め、人が動くことは勿論、呼吸運動や熱産生により恒常性の維持にも関わっている。骨格筋は、筋線維、筋原線維が集まってできており、収縮タンパクであるミオシンとアクチンの滑り込みによって収縮し、力を発揮している（図1）。また、骨格筋は、様々な刺激に対しての適応力が高く、可塑性に富んでいる。

骨格筋は、見かけ上、全体的に赤色の濃い「赤筋」と、それに比べてやや白っぽい「白筋」に分類することができる。この色の違いは、ミオグロビン（鉄色素タンパク）の含有量の違いによるものである。また、各筋線維は遅筋（赤筋）線維、速筋（白筋）線維、中間筋線維に分けることができる。遅筋（赤筋）線維は発揮する力は比較的弱いが疲れにくく、速筋（白筋）線維は発揮できる力が大きいが疲労しやすいという特徴を持っている。

例えば、瞬発的な力発揮を要する短距離や跳躍種目、投擲種目などの選手では、速筋線維の割合が高く、持久的な能力を必要とする長距離種目などの選手では、遅筋線維の割合が高いとされる。また、サッカーやバスケットボールなどの球技系の選手では、

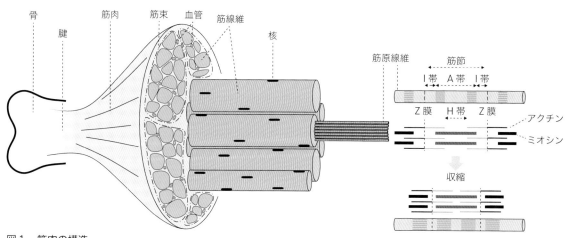

図1　筋肉の構造

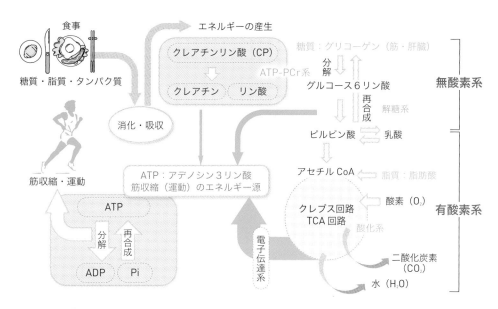

図2　運動エネルギーの供給

中間筋線維の割合が高くなる傾向があり、筋肉の特徴はスポーツ種目の運動特性の影響を受けている。

③ 運動のエネルギー源

　運動のエネルギー源は、食物中の炭水化物や脂質などの栄養素から代謝過程を経て作り出されるATP（Adenosine triphosphate）である（図2）。運動時のエネルギー供給過程には、無酸素系エネルギー供給機構と有酸素系エネルギー供給機構とがある。無酸素系のエネルギー供給機構には、数秒間しかエネルギー供給できない「ATP-PCr系」と約30秒間エネルギー供給できる「解糖系」がある。一方、有酸素系エネルギー供給機構は、「酸化系」と言われ、解糖系で生じたピルビン酸や脂質に十分な酸素を供給しながら、エネルギーを産生する。また、無酸素系の運動で過剰に生じたピルビン酸の酸化系への移行が滞ると、乳酸として血中に放出され血中乳酸濃度が上昇する。

④ ルーの法則とトレーニングの基本原則

　「トレーニング」を安全かつ効果的に行うためにはいくつかの法則や原則がある（図3）。これらは、健康の保持増進を目的とした「フィットネス」のみならず、トレーニング全般、すなわちスポーツ選手の専門的なトレーニングや機能の回復を目的とするリハビリテーションなどにも共通するものである。

　運動刺激と身体機能との関係を示す基本的な法則は、「ヒトの身体機能は適度に使うと発達し、使わなければ萎縮（退化）し、過度に使えば障害を起こす：ルーの法則」である。

　この基本法則に基づき、トレーニングの基本原則は「①オーバーロード（過負荷）の原則」「②特異性の原則」「③個別性の原則」「④可逆性の原則」である。

① オーバーロード（過負荷）の原則

　「オーバーロードの原則」とは、普段の日常生活よりも高い（きつい・重い）負荷でトレーニングを行い、トレーニング効果に応じて負荷を漸増していく必要があることを示している。

② 特異性の原則

　「特異性の原則」とは、トレーニング内容によってその効果が異なることを示している。例えば、ジョギングやウォーキングなどのエアロビクス運動は呼吸・循環器系の働きに対する刺激となり、バーベルや各種の抵抗負荷による筋力トレーニングは筋機能への刺激となる。

③ 個別性の原則

　「個別性の原則」とは、個人の年齢、性別、体力レベル等に応じたトレーニングを行うということであ

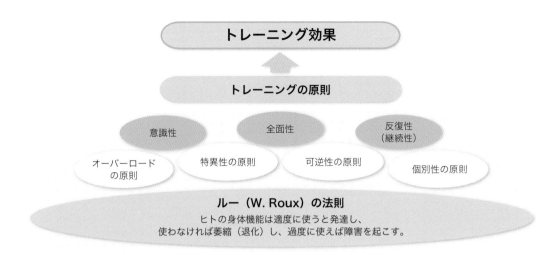

図3　トレーニングの原則

図中のテキスト：

トレーニング効果

トレーニングの原則

意識性　　全面性　　反復性（継続性）

オーバーロードの原則　　特異性の原則　　可逆性の原則　　個別性の原則

ルー（W. Roux）の法則
ヒトの身体機能は適度に使うと発達し、
使わなければ萎縮（退化）し、過度に使えば障害を起こす。

る。また、トレーニング効果の現れ方も各個人によって異なることから、定期的な健康診断や体力テストによって各個人の発育発達段階や体力レベル、トレーニングの進み具合などを把握し、それぞれに適した目的や目標を設定する。

④ 可逆性の原則

「可逆性の原則」とは、トレーニングで得られた能力はトレーニングを行っている間は維持されるが、止めてしまうと徐々に消失していくということを示している。また、トレーニング効果の消失はトレーニング期間が長ければ緩やかで、その期間が短ければ効果の消失も速いと言われている。また、刺激が強すぎる場合にはケガや障害を引き起こし、逆に機能の低下を引き起こすこととなる。

⑤ トレーニング効果を高めるための配慮事項

さらに、より効果的なトレーニングを行うためには、これらの基本原則に加えて「意識性」「全面性」「反復性（継続性）」について配慮することが望ましい。

① 意識性

「意識性」とは、どんな機能を高めるためのトレーニングか、どの部位のトレーニングかなど、その意義や目的をよく理解して意識しながらトレーニングを行うということである。

② 全面性

「全面性」とは、トレーニングは特定の刺激や部位に偏らず全身的にバランスよく鍛えていくことが望ましいということである。特に、フィットネスにおいては極端な偏りを避け、全身的な運動種目と局部的な運動種目を質的・量的に変化をつけてバランス良く行うことが必要である。

③ 反復性（継続性）

「反復性（継続性）」とは、トレーニングの刺激に身体が適応し健康や体力レベルを向上させるためには、そのトレーニングをある期間継続することが必要であるということである。トレーニング効果が自覚できるまでには2〜3か月を要すると言われいる。

このように、そのトレーニングが適切であれば、身体の各組織・器官がその刺激に特異的に適応し、身体機能を向上させることができる。健康や体力の保持増進を目的とした「フィットネス」においては、エアロビクス運動と筋力トレーニングとのバランスを考慮しながら、全身的な身体機能の向上を意図することが望ましい。トレーニングの原則を無視して無理なトレーニングを行うことは、トレーニング効果が得られないばかりかケガや障害を起こすことも少なくないので十分な注意が必要である。

2 トレーニングの効果とその確認

運動によって身体は、急性的、慢性的に変化（適応）する。急性的な変化は、心拍数や体温、呼吸数などの上昇、筋への血流量や筋の活動量の増加などがあげられる。

一方、慢性的な適応は、トレーニングの継続により、その刺激（負荷）に身体が適応していくことである。安全で効果的なトレーニングを計画的にかつ継続的に行うためには、定期的に健康診断や体力テストによって自分の健康状態や体力レベルを把握しておくことが重要である。

また日常、簡単に体調やトレーニング効果を確認する簡便な指標の１つは「体重」である。体重の変化は、基本的に摂取エネルギー量（食事の量）と消費エネルギー量（生活や活動・運動などの量）のバランスによるものである。日常生活でもできるだけ歩いたり、階段を利用することを心がけて活動量を増やしたり、エアロビクス運動などによって消費エネルギーを増やすことが、体重や体脂肪量の減少には有効である。体脂肪が減少して筋肉が増え、体重に変化がはっきりと現れるのには６週間以上を要するので、運動習慣を身につけ運動を継続することが大切である。

3 トレーニングの計画と形式

実際のトレーニングでは、その運動の負荷の程度（運動強度：Intensity）、運動時間（Duration）、１週間に何日運動するかといったトレーニングの頻度（Frequency）を決め、トレーニングの計画（「運動処方」あるいは「トレーニング処方」とも言う）を立案して行うことが望ましい。また、トレーニングを行う際には、計画を遂行しなければならないという強迫観念にとらわれることなく、計画を随時変更しながら無理なく継続的に運動を続けると良い。

トレーニングの方法には、目的や期待されるトレーニング効果によって様々な形式がある。例えば、筋力やパワー、筋持久力などの向上を目的とした場合、「レジスタンス・トレーニング」が有効である（「筋力トレーニング」の項参照）。

一方、全身の持久力の改善向上を目的とした場合には「インターバル・トレーニング」や「サーキット・トレーニング」などが用いられる。インターバル・トレーニングは、運動中に短い休息を取りながら繰り返し行うものである。サーキット・トレーニングは、６〜10種類の運動を15秒程度の休息やジョギングを挟んで一定時間（30秒程度）、あるいは一定回数できるだけ速く行うものである。

特に「フィットネス」では、全身的なコンディションの調整や体重や体脂肪の減少などに効果的な「ロング・スローディスタンストレーニング（無理のないゆっくりとしたペースで長時間運動する）」形式が推奨されている（「エアロビクス運動」の項参照）。

【参考文献】
- アメリカスポーツ医学会『運動処方の指針』日本体力医学会体力科学編集委員会監訳、南江堂、2001年
- Wilmore, J.H・Costill, D.L『Physiology of Sports and Exercise』Human Kinetics, 1994年
- 小澤治夫・西端泉『Fitness Handy Notes 30』補訂版（社）日本エアロビックフィットネス協会、2001年

（内山秀一）

Ｃolumn 中高年者に安全な「スロトレ」

筋肥大の効果を得るには、1回最大拳上重量（IRM: one-repetition maximum）の約65％（65％ IRM）以上の高負荷強度筋力トレーニングが必要です。高負荷強度筋力トレーニングは、若年者には適していますが、腰痛や関節痛などの整形外科的疾患の発症リスクが高まり、血圧も著しく上昇するため、中高年者には推奨されません。そこで、低負荷強度（30〜50％ IRM）でも筋肥大効果が得られる「スロートレーニング（スロトレ）」が注目されています。スロトレは、低負荷で行われ、また急な加速の局面がないので関節への負担が小さく、呼吸法を取り入れて行うため急激な血圧の上昇も生じません。つまり、スロトレは中高年者や低体力者、女性にとって安全で効果的な筋力トレーニングと言えます。特に、自体重負荷によるスクワットが効果的であり、中腰の姿勢から3〜4秒かけて息を吸いながらゆっくり腰を落とし、3〜4秒かけて息を吐きながら中腰までゆっくり立ち上がります。この動作を5〜10回で1セットとし、1日3セットを週3日、3か月継続すると下肢の筋量と筋力の増加が期待できます。ポイントは、①正しいフォームで行い、鍛えている筋の緊張を緩めない、②呼吸を止めない、③鍛えている筋に意識を向ける、ことです。また、スロトレが終わったら疲労回復を促進させるために鍛えた筋のストレッチングを行いましょう。

若い頃から活動的なライフスタイルを心がけ、下肢筋と大臀筋など足腰・体幹の筋量と筋力を保持することができれば、サルコペニア（加齢性筋肉減弱症）やロコモティブシンドローム（運動器症候群）の予防に加えて、健康寿命の延伸につながります。

（八田有洋）

2 エアロビクス運動

1 エアロビクス運動とは

　人間は骨格筋の収縮の組み合わせによって、多様な運動や活動を行っている。骨格筋の収縮にはエネルギーが必要であり、そのエネルギー供給機構は、酸素を取り込んで行うエアロビック（aerobic ＝ 有酸素）系と酸素を必要としないアネロビック（anaerobic ＝ 無酸素）系との2つに大きく分かれている。エアロビック系によるエネルギー供給を主とする運動がエアロビクス運動であり、米国のケネス・クーパーによって1967年に提唱された。

1 エアロビクス運動の効果と目的

　エアロビクス運動では、肺で取り込んだ酸素が、心臓のポンプ作用で循環される血液を通じて、全身の骨格筋へと運搬される（図1）。エアロビクス運動を行うと心肺持久力や筋持久力、全身持久力が向上し、さらには呼吸循環器系機能も改善される。また、肥満予防、生活習慣病の予防、メンタルヘルスの改善にも効果的である。

　エアロビクス運動には、ウォーキング、ジョギング、サイクリング、水泳、エアロビック・ダンスなどがある。エアロビクス運動を行う場合、「強度」「時間」「頻度」が重要な要素となる。特に運動強度は、3要素の中でも一番重要な要素であるが、「強度を高くすれば効果が高く出る」ものではない。目的に合わせた運動強度を設定することが必要である。目的として、スポーツ選手の持久力の向上、一般の人の持久力向上、生活習慣病の改善または予防、スポーツ選手のウォーミングアップなどがある。次に時間は、可能であれば30分以上の継続が望ましいが、30分だと効果があり、15分であれば効果がないというものではなく、細切れでも構わないので、無理なく自分の持続可能な時間で運動を継続すると良い。頻度は、週に3～5回が望ましいが、週1回や2回でも効果は期待できる。

図1　酸素の経路
（原案：ティム・ノックス『ランニング事典』人修館書店）

図2　最大酸素摂取量測定の様子

表1　運動強度（%）の指標

運動強度	効果
70%	持久力向上
60%	脂肪燃焼
50%	運動不足の解消、ウォーミングアップ
40%	体力の回復

表2　主観的運動強度（RPE）

RPE	きつさの度合い	心拍数の目安
6		60
7	非常に楽	
8		80
9	かなり楽	
10		100
11	楽	
12		120
13	ややきつい	
14		140
15	きつい	
16		160
17	かなりきつい	
18		180
19	非常にきつい	
20	限界	200

2 運動強度の設定方法

運動強度を決定する正確な方法は、運動負荷テストを用いて最大酸素摂取量（VO2max）を測定し、そのパーセンテージ（% VO2max）を用いる。

あるいは、血中乳酸濃度から無酸素性作業閾値を推定し、運動強度を設定する。しかし、これらの方法は専門的な施設（図2）が必要であり、コストや時間などの制約もあり、一般の人が用いることは困難である。そこで、比較的測定が容易である「心拍数」や「主観的運動強度（RPE：Rate of Perceived Exertion)」から運動強度を設定することが多い。

① 目標心拍数

心拍数は、酸素摂取量と密接な関係があるため、最も広く用いられている指標である。心拍数からエアロビクス運動の強度を推定する方法として「目標心拍数」がある。

次の式で、1分間の目標心拍数を計算する。

（220−年齢−安静時脈拍数）×運動強度（表1）＋安静時心拍数

＊運動強度は、運動実施者がねらう効果を目安として入れる。

② 主観的運動強度（RPE）

運動強度を推定するためには、RPE（表2）もよく用いられる。RPEは、器具等を使わず個人の「きつさ」の度合いを点数化する方法である。エアロビクス運動の強度としては、「楽である」から「ややきつい」程度と言われている。

2 エアロビクス運動の実際

1 ウォーキング

ウォーキングは、特別な場所、特別な道具を必要

としない運動であることから、最も手軽に実践しやすいエアロビクス運動の1つと言える。ウォーキングは、運動不足を解消し、肥満予防、生活習慣病予防に効果的である。

① 動作のポイント

ウォーキングの基本フォームは、背筋を伸ばし大きく腕を振りながら、なるべく大きい動作で歩く。接地はかかと着地で、親指から離地する。初めは速く歩くことより、正しいフォームでゆっくり長く歩くことから始め、ウォーキングに慣れたら、ストライドを伸ばし歩行速度を上げていく。

② 注意点

過体重の人は、膝を痛めることもあるため、水中ウォーキング、エアロバイクなどで体重を減らした後に、陸上のウォーキングを行うとよい。

2 ノルディックウォーキング

ノルディックウォーキングは、ウォーキング専用にデザインされた2本のポールを使用してウォーキングを行うエアロビクス運動である。ノルディックウォーキングでは、ポールを突きながら歩くため、下半身だけではなく上半身や体幹筋群も使い、通常のウォーキングに比べてエネルギー消費量が20〜30%アップする。

① 動作のポイント

ノルディックウォーキングのフォームは、踏み出

①やや後方にポールを突く　②ポールでしっかり地面を押す
図3　ノルディックウォーキング（動作のポイント）

図5　理想的なフォーム　図6　リラックスして走る

図4　ポールの長さ

した足と逆の手のポールを、足幅の真ん中あたりにやや斜め後ろに向けて突く（図3①）。その時にひじはなるべく曲げず、延ばした角度を保ち、ポールでぐっと地面を押し、体を前進させ、地面を押し出し始めたらグリップから手を離す（図3②）。
②ポールの長さの選択
　ポールの長さは、ポールを地面に垂直に立て、グリップを握った時にひじの角度が90度になるような長さが推奨されている（図4）。

3　ジョギング

　ジョギングはゆっくり走る運動で、ウォーキングと並ぶエアロビクス運動の代表格である。ジョギング中のエネルギー消費量は、走速度に関係なく1km当たり約1kcal/kgで、短時間でウォーキングよりも多い消費エネルギーを得ることができる。

① 動作のポイント

　ジョギングの基本フォームは、背筋を伸ばし直立姿勢を保つ。腕振りは90度程度にひじを曲げ、肩に力を入れずリラックスして行う。着地は自然な着地を心がけ、ストライドはやや狭めで、ピッチを強調して長く走れるフォームで走るとよい（図5）。
　他人と競い合うのではなく、リラックスした状態で友人と軽く話ができる程度のペースで、楽しく走るとよい（図6）。

② 注意点

　ジョギングは体重の2～4倍の着地衝撃がかかる。ジョギングを行う際には、クッション性の高い専用のジョギングシューズを着用する。また、過体重の人、下肢の関節（膝や足首など）に故障を持っている人は、膝、足首、腰などに大きな負担となるため行わない方がよい。

4　エアロバイク

　エアロバイクは、膝、腰などへの体重負担を和らげて、室内でエアロビクス運動を行うためのトレーニングマシンである。過体重者でも効果的にトレーニングが実施でき、着地衝撃がかからないため、体力の低い人でも気軽に始められる利点がある。

① 動作のポイント

　エアロバイクを行う際のフォームは、ペダルが一番下で足を置いた時、膝が軽く曲がり（図7）、ペダルが一番上にある時、太ももが床と平行になるように（図8）、サドルの高さを調節する。運動時のペダルの回転数は、60～100回転の範囲でなるべく一定のリズムで漕ぐようにする。ペダルは足首を固定し、太ももを中心に楕円を描くように漕ぐ。

② 注意点

　サドルの高さが合っていないと、局所的な筋疲労が起こり、運動の維持や適切な運動強度を保つことが困難になるので注意する。

図7　軽く膝が曲がる

図8　太ももと床を平行に

表3　エアロバイクのトレーニング例

目的	トレーニング種類
負荷、時間を設定する トレーニング	マニュアルトレーニング
減量のための運動強度の トレーニング	ファットバーントレーニング
持久力向上の運動強度の トレーニング	カーディオトレーニング
一定の運動強度を維持する トレーニング	ワットトレーニング
推定最大酸素摂取量を測定	フィットテストトレーニング

③ トレーニングの実施

　エアロバイクの多くは、マシンの画面上でトレーニング内容、体重、年齢、性別などを設定することで、コンピューターが制御を行い運動強度が調節される（表3）。

【引用・参考文献】
- 横浜市スポーツ医科学センター『新版 図解スポーツトレーニングの基礎理論』西東社、2017年
- NPO法人日本トレーニング指導者協会『トレーニング指導者テキスト 実技編』大修館書店、2011年
- 日本ノルディックフィットネス協会監修『ノルディックウォーキング ―効果的な健康運動』アイオーエム、2015年

（西出仁明）

Column　箱根駅伝優勝とスポーツ科学

　東海大学は、2019年第95回東京箱根間往復大学駅伝競走（通称：箱根駅伝）において10時間52分09秒で走り、悲願の総合初優勝を果たすことができました。箱根駅伝は全長217.1kmを10人でタスキを繋ぐ競技です。この距離を大会記録となった10時間52分09秒で走るには、1kmあたり3分00秒（時速20km/h）で走り続けることが必要です。一般の人にとっては全速力ともいえるペースですが、箱根駅伝を走る選手にとって、このペースで1人あたり約20kmを走ることはエアロビクス運動と言えるのです。ただし、彼らが最初からこのペースで走れていたわけではありません。1日30km以上を走る、日々のトレーニングの継続によって持久力を向上させてきました。

東海大学スポーツ医科学研究所 低圧室

　さらに陸上競技部では、「東海大学スポーツ医科学研究所」の協力のもと、定期的に最大酸素摂取量や乳酸性作業閾値を測定し、測定したデータから効果的なトレーニング強度を設定して練習したことが、優勝に大きく貢献しました。また、スポーツ医科学研究所には、大学にいながら標高3000mの高地トレーニングを行える「低圧室」があり、箱根駅伝に出場した多くの選手も、低圧室を利用した「低酸素トレーニング」を実施しています。低酸素トレーニングでは、人工的に作られた酸素の薄い環境でトレーニングを行うことで、酸素運搬能力を高め持久力が向上するとともに、動脈血酸素飽和度（SpO_2）が下がることを利用して、高強度のトレーニングを行うことで、ラストスパート能力が向上しました。

　箱根駅伝初優勝を東海大学のスポーツ科学が陰で支えていました。　　　　　　　　（西出仁明）

3 筋力トレーニング

1 筋力トレーニングとは

筋力トレーニングとは、バーベルやダンベル、トレーニングマシンなどの「負荷抵抗」を用いて、身体の機能（特に筋力、パワー）や形態（筋肉、骨など）の改善を図ることを目的としたトレーニングの総称である。他に、「ウエイトトレーニング」や「レジスタンストレーニング」と呼ばれることもある。

2 筋力トレーニングの効果

筋力トレーニングには、生活習慣病の危険因子を軽減する効果があり、筋肉量を増やすことによって、エネルギー消費量の増加や肥満予防の効果も期待できる。

運動不足や不適切な食事が続くと、筋肉が衰えるとともに体脂肪が蓄積し、見栄えの悪い体型になってしまう。筋力トレーニングを有酸素性運動や食事のコントロールと並行して行えば、必要な部位に筋肉をつけるとともに脂肪を減らすことができ、効率

よく体型を改善することが可能となる。

一方、運動不足による筋力低下は、姿勢の悪化や肩こり・腰痛などを招くことがある。また、筋力が低下すると、長時間立ち続けることや階段を昇ることがつらくなったりする。筋力トレーニングは、これらの日常生活動作の機能改善にも有効である。

その他、筋力トレーニングは、高齢者の介護予防や転倒予防、生活の質の改善、骨密度の低下による骨粗鬆症の予防にも活用されている。また、スポーツ活動に必要とされる体力の養成や体づくり、ケガの予防にも効果的である（図1）。

3 筋力トレーニングのプログラム

1 筋力トレーニングの負荷の手段

バーベルやダンベル（フリーウエイトと呼ばれる）のようなおもりを使用する方法、トレーニングマシン（おもり式、空気圧式など）を使用する方法、自分の体重やチューブを負荷として利用する方法などがある（図2）。

2 トレーニングの順序

胸部・背部・大腿部などの大きな筋肉（大筋群）を使用する種目は、肩部・腕部・下腿部・腹部などの小さな筋肉（小筋群）を動員する種目よりも先に

筋力トレーニングの実施

↓

一次的効果
- 筋力の向上
- 筋持久力の向上
- パワーの向上
- 筋肥大　　　　など

↓

二次的効果
- 生活習慣病の予防
- 肥満の予防
- 骨密度低下の予防
- 整形外科的傷害（肩こり、腰痛など）の予防
- スポーツ、仕事、日常生活動作の機能改善
- 高齢者の介護・転倒予防、生活の質の改善
- 体型の改善
- 姿勢の改善
　　　　　　　　　　など

図1　筋力トレーニングの主な効果

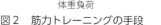

フリーウエイト
（左：バーベル、右：ダンベル）

トレーニングマシン

体重負荷

チューブ

図2　筋力トレーニングの手段

行うと効果的である。また、筋力やパワー（瞬時に大きな力を発揮する能力）を向上させたい種目については先に行うと良い。

3 負荷の設定方法

① RM法

反復可能な最大の回数（最大反復回数：Repetition Maximum）を基準にして負荷を決定する方法を「RM法」と呼ぶ。「RM」の前に数字をつけて「〜RM」と表記した場合、「〜回反復できる最大の負荷」を意味する。

② パーセント法

最大挙上重量（1RM）を100%とし、これに対する割合（%）を基準にして負荷を決定する方法である。最大挙上重量を把握するためには、実際に最大挙上重量の挙上を試みる方法と、最大より軽めの重量を用いた反復回数から換算表を用いて推定する方法がある（表1）。

4 目的に応じたトレーニング条件

① 筋肥大（筋肉量を増やす、筋肉を太くする）

軽めの負荷で数セットのウォームアップを実施した後、1RMの70〜85%（6〜12RM）の負荷を用いて、6〜12回の最大限の反復（最大反復）を、30〜90秒間の休息時間をはさんで3セット以上行う。成長ホルモンの分泌や筋の損傷と修復のサイクルが活発になり、筋肉の同化作用を高める効果が期待できる。

② 筋力向上（より重いウエイトを持ち上げる）

軽めの負荷で数セットのウォームアップを実施した後、1RMの85%（6RM）以上の負荷を用いて、1〜5回の反復を、2〜5分の休息時間をはさんで2セット以上行う。挙上動作はできるだけすばやく全力で行う（表2、表3）。

4 筋力トレーニング実施上のポイント

正しい姿勢を保持し、上げる動作と下ろす動作をそれぞれ2〜3秒の一定スピードで行う。血圧の急上昇を避けるため、動作中には息を止めないように心掛けることが望ましい。また、フリーウエイトを使用する際には、挙上できなくなった場合やバランスを崩した場合などに備えて、補助者をつけることが必要である。

表1 最大挙上重量（1RM）に対する割合（%）と反復回数の関係

1RMに対する割合（%）	反復回数	1RMに対する割合（%）	反復回数
100%	1回	77%	9回
95%	2回	75%	10回
93%	3回	70%	12回
90%	4回	67%	15回
87%	5回	65%	18回
85%	6回	60%	20回
80%	8回	60%以下	20回以上

表2 目的に応じたトレーニング条件の目安

目的	筋肥大	筋力向上
負荷	6〜12RM	1〜6RM
	70〜85%	85%以上
反復回数	6〜12回（最大反復）	1〜5回
休息時間	30〜90秒	2〜5分

※〜RM：〜回反復できる重さ

表3 筋力トレーニングの初心者向けプログラム例

No	トレーニング種目（マシンが利用できる場合）	トレーニング種目（自宅などで軽いダンベル、チューブ、体重負荷を利用する場合）	使用部位	負荷	回数	セット数	セット間と種目間の休息時間
1	シーティッドチェストプレス（マシン）	腕立て伏せ（体重負荷）	胸部	12〜15RM（12〜15回反復できる重さ）	10回	各種目2セット	1〜2分
2	レッグプレス（マシン）	片脚スクワット（体重負荷）	大腿前部・臀部				
3	ラットプルダウン（マシン）	ワンハンドダンベルロウ（ダンベル）	上背部				
4	レッグカール（マシン）	ヒップリフト（体重負荷）	大腿後部				
5	ショルダープレス（マシン）	サイドレイズ（ダンベル）	肩部				
6	シットアップ（体重負荷）	シットアップ（体重負荷）	腹部				

5 筋力トレーニングの実際

1 体重負荷による代表的なトレーニング種目

① プッシュアップ

使用部位 胸（大胸筋）、肩（三角筋）、腕（上腕三頭筋）

動作 肩幅よりやや広めの手幅で両手を床につけて開始姿勢をとり、肘を曲げて胸を床に近づけながらからだを下ろし、肘を伸ばしてからだを押し上げる動作を反復する。

呼吸 下ろす動作：吸う、上げる動作：吐く

② スクワット

使用部位 太ももの前側（大腿四頭筋）、おしり（大臀筋）

動作 両足を肩幅または肩幅より広めに開き、つま先はやや外側に向ける。太ももの上端部が床と平行になるところまでしゃがんで立ち上がる動作を反復する。

呼吸 しゃがむ動作：吸う、立ち上がる動作：吐く

③ ヒップリフト

使用部位 太ももの後ろ側（ハムストリング）

動作 仰向け姿勢で片側の膝を立て、反対側の足を伸ばす。曲げた膝を伸ばしながら、おしりと足を持ち上げて下ろす動作を反復する。

呼吸 持ち上げる動作：吸う、開始姿勢に戻る動作：吐く

④ トランクカール

使用部位 腹部（腹直筋）

動作 みぞおちにへそを近づけ、上背部だけを床から浮かせて背中全体を丸めてから開始姿勢に戻る動作を反復する。

呼吸 上半身を起こす動作：吐く、開始姿勢に戻る動作：吸う

2 トレーニングマシンによる代表的なトレーニング種目

① シーティッドチェストプレス

使用部位 胸（大胸筋）、肩（三角筋）、腕（上腕三頭筋）

動作 マシンのシートに座り、ハンドルを正面に押した後、戻す動作を行う。

呼吸 押す動作：吐く、戻す動作：吸う

② バーティカルフライ

使用部位 胸（大胸筋）

動作 肘を軽く曲げた状態でハンドルを握り、肩を中心にハンドルが大きく弧を描くように胸の前まで押した後、戻す動作を行う。

呼吸 胸の前に押す動作：吐く、戻す動作：吸う

③ シーティッドロウ

使用部位 背中（広背筋）

動作 ハンドルを握り腹部をパットにあて上半身を固定する。胸を張って肘を後方に引いてハンドルを腹部に引きつけた後、戻す動作を行う。

呼吸 ハンドルを引く動作：吸う、戻す動作：吐く

④ ラットプルダウン

使用部位 背中（広背筋）

動作 肩幅より広めの手幅でバーを握ってマシンのシートに座り、バーを下ろした後、開始姿勢まで戻す動作を行う。

呼吸 バーを下ろす動作：吸う、バーを戻す動作：吐く

⑤ **ショルダープレス**

使用部位 肩（三角筋）、腕（上腕三頭筋）

動作 マシンのシートに座ってハンドルを頭上に上げた後、下ろす動作を行う。

呼吸 上げる動作：吐く、下ろす動作：吸う

⑥ **ラテラルレイズ**

使用部位 肩（三角筋）

動作 マシンのシートに座ってハンドルを握り、肘をわずかに曲げたまま肘のパットを真横に肩の高さまで持ち上げた後、下ろす動作を行う。

呼吸 上げる動作：吸う、下ろす動作：吐く

⑦ **レッグプレス**

使用部位 太ももの前側（大腿四頭筋）、おしり（大臀筋）

動作 マシンのシートに座って両足をボードに置き、足でボードを押した後、戻す動作を行う。

呼吸 ボードを押す動作：吐く、ボードを戻す動作：吸う

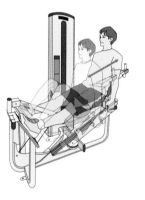

⑧ **レッグカール**

使用部位 太ももの後ろ側（ハムストリング）

動作 マシンのシートにうつぶせになってパッドに足を固定し、膝を曲げた後、伸ばす動作を行う。

呼吸 膝を曲げる動作：吐く、膝を伸ばす動作：吸う

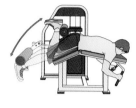

⑨ **レッグエクステンション**

使用部位 太ももの前側（大腿四頭筋）

動作 マシンのシートに座ってパッドに足を固定し、膝を伸ばした後、曲げる動作を行う。

呼吸 膝を伸ばす動作：吐く、膝を曲げる動作：吸う

⑩ **スタンディングカーフレイズ**

使用部位 下腿部（腓腹筋）

動作 台に足の前側をのせ、膝をしっかりと伸ばしたまま、かかとを上げる。

呼吸 上げる動作：吐く、下ろす動作：吸う

【参考文献】
- 有賀誠司『基礎から学ぶ！筋力トレーニング』ベースボール・マガジン社、2008年
- 有賀誠司『自宅筋トレ 続ける技術』日本文芸社、2018年

（有賀誠司・小山孟志）

Column 筋トレを続ける

「これはマズい…」「そろそろ筋トレ始めないと…」

高校時代に運動部に入っていた人も、大学生になって運動せずに半年も過ぎると、筋肉が落ち、体脂肪が増えてきたことに気づき始めます。

一念発起して筋力トレーニング（筋トレ）を開始すると、数か月の間に回数や重量の向上や、体型の変化が実感できるようになります。でもしばらくすると、筋トレが「負担」に感じられるようになり、続けることに「義務感」を抱く人が増えてきます。また、筋トレの継続が滞ると、「失敗感」や「罪悪感」を感じてしまう人も少なくないようです。

筋トレの前にどうも気持ちが乗らない時は、「1種目でもいいからやって帰ろう」「気分転換のつもりで軽めにやろう」と自らに言い聞かせて行動に移します。いったん筋トレがスタートできればしめたもの。筋トレによる負荷刺激によってアドレナリンが分泌され、次第にテンションが上がっていきます。

筋トレ予定日にできなかった時には、「いい休養になった」と思い、久しぶりに再開する時は「からだの反応が楽しみ！」などと期待感を膨らませましょう。

筋トレを続けていくと、効果が頭打ちになってしまうことがあります。そんな時には、思い切って種目や器具を変えてみるとよいでしょう。どんなに好きな種目でも一年中行っていたのではマンネリ化して、からだが反応しにくくなってしまうからです。種目の順番を変えてみる方法もお勧めです。

筋トレは一生モノ。筋トレを続けるための自分なりの手法を、楽しみながら見つけてみてください。（有賀誠司）

4 コンディショニング運動

1 ストレッチング

日常生活で歩いたり、運動をしたり、「身体を動かす」という行為は、筋肉が伸縮し関節を動かすことで成り立つ動作である。そもそも筋肉は伸び縮みをする性質があり、その程度によって身体を動かす範囲が決められている。一般的にこの収縮の程度を「柔軟性」と言い、日頃の運動量や姿勢などによって影響を受ける。柔軟性が低下してくると、身体を動かす範囲が狭くなり、いわゆる身体が硬いという状態になる。それによって身体を動かすために多くの力が必要になったり、無理に動かそうとして関節や腱、筋肉を傷めたりすることもある。このような事態を防ぐ上で有効な手段の1つがストレッチングである。

1 ストレッチングの目的と効果

ストレッチングは、現在ではスポーツ経験の有無を問わず幅広い世代において実施されているが、その目的は「ケガの予防」と「コンディショニング」の大きく2つに分けられる。

ストレッチングの効果は以下の通りである。

① 血液の流れを改善する

適度に筋肉を動かすことで血流の改善が認められ、それによって筋肉内に蓄積されている疲労物質を排除し、酸素などの供給がスムーズに行われる。その結果、疲労を早く取り除くことができる。

② スムーズな動きを獲得する

筋肉の疲労や過度の緊張を取り除くことで、筋肉を効率よくスムーズに動かすことができる。大きい力や瞬発的な動きを行う際に、スムーズな筋収縮と筋弛緩を繰り返すことができ、肉離れや腱炎などのケガの予防に貢献できる。

③ 柔軟性を拡大させる

ストレッチングによって、筋温が上昇し筋肉の柔軟性が拡大する。それに伴って身体が柔らかくなり運動範囲が広がる。

④ リラクセーション

ストレッチングを行うことで、筋疲労が緩和され、興奮を抑えることができる。また精神的にも適度なリラクセーションがもたらされる。

2 ストレッチングの方法

ストレッチングには、1人で行う「セルフストレッチング」と、2人で行う「ペアストレッチング」がある。セルフストレッチングは1人で気軽に実施できるという利点があり、ペアストレッチングは1人では伸ばしきれない部位をリラックスしてストレッチングすることができるという利点がある。

最近では「ストレッチポール」など、効果的にストレッチングをすることができるアイテムも豊富に見られ、ストレッチングはスポーツ選手だけでなく、一般にも広く浸透してきていると言える。

① スタティックストレッチング

反動や弾みをつけずに、筋肉をゆっくりと伸ばし、伸展した状態で姿勢を維持するストレッチング方法で、静的ストレッチングとも言われる。筋肉への負担が少なく安全に柔軟性の拡大などの効果が得られる方法である。そのため、ケガをした後、運動範囲を確保するためのリハビリテーションや、日頃筋肉を使うことが少ない一般の人が行うストレッチングとして有効である。スポーツ場面においては、運動後のクーリングダウン時に使用されることが多い。

② ダイナミックストレッチング

反動や弾みをつけて伸ばしたい筋肉をダイナミックに繰り返し収縮させるストレッチング方法で、動的ストレッチングとも言われる。スタティックストレッチングと比べて筋肉の伸張度が強く、柔軟性を拡大させる効果が高い反面、急激な伸張による筋肉への負担が大きく、使用する際には安全面への配慮が必要となる。スポーツ場面においては、運動を始める前のウォーミングアップ時にスムーズな動きの

獲得を目的として使用されることが多い。

2 ストレッチングの実際

1 スタティックストレッチング

　スタティックストレッチングを行う際のポイントは①ゆっくりと呼吸をしながら、②狙っている筋肉を意識して、③反動や弾みをつけないようにすることである。また、姿勢に注意して最も筋肉が伸張した姿勢で息を止めずに20～30秒程静止する。

　ストレッチポールを使用する場合も、ゆっくりと呼吸を行いながら、手足を動かしリラックスして実施する。

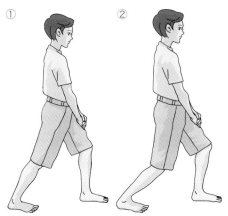

図1　下腿後面（下腿三頭筋）のストレッチング
①後ろにある足の膝を伸ばした状態では腓腹筋が伸ばされる
②膝を曲げた状態ではヒラメ筋が伸ばされる

図2　大腿後面（ハムストリングス）・背部のストレッチング

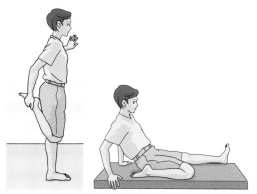

図3　大腿前面（大腿四頭筋）のストレッチング

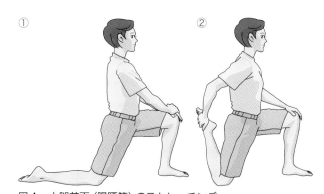

図4　大腿前面（腸腰筋）のストレッチング
①股関節を伸ばして骨盤の前側を伸ばす
②膝関節を曲げるとストレッチ感が強調される

図5　大腿内側（内転筋）のストレッチング
①両側の足底を合わせて上体を前方へ倒していく
②片足を外に伸ばし、体重をかけて股関節を開くように伸ばしていく

図6　大腿外側部・臀部のストレッチング

図7　腰部のストレッチング

図8　胸部のストレッチング

図9　①ストレッチポール　②胸郭のストレッチング：低い位置で手で床に円を描くように回す　③胸郭のストレッチング：手を床につけたまま腕を上下に動かす

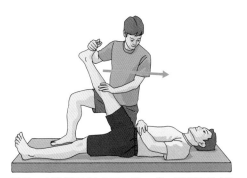

図10　大腿後面（ハムストリング）、下腿後面（下腿三頭筋）のペアストレッチング

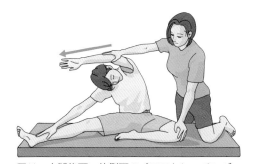

図11　大腿後面、体側面のペアストレッチング

■2 ダイナミックストレッチング

　ダイナミックストレッチングを行う際のポイントは、①始めは狭い可動範囲から、徐々に運動範囲を広げていき、②狙っている筋肉とその拮抗筋を交互に収縮させていくことである。また反動や弾みをつけて行うため、靱帯損傷や肉離れ等のケガをしている場合には実施しないよう気をつける。

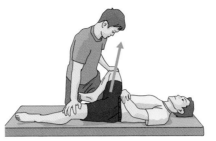

図12　内転筋のペアストレッチング

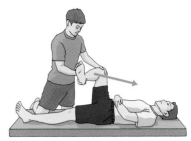

図13　外旋筋のペアストレッチング

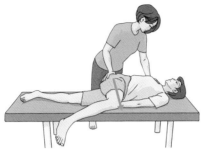

図14　腰部のペアストレッチング

図15　大胸筋のペアストレッチング

図16　股関節（屈曲－伸展）のダイナミックストレッチング

【参考文献】
・財団法人日本スポーツ協会『公認アスレティックトレーナー専門科目テキスト6 予防とコンディショニング』文光堂、2017年

（花岡美智子）

> ## Column　ストレッチングブーム到来
>
> 　一昔前は、ストレッチングには「スポーツ選手が行う専門的な運動」というイメージがありました。しかし最近では、様々な目的のもとに「ヨガ」や「ピラティス」など、体を伸ばしたり、ある姿勢を維持しながら、リラックスを促したり、体の調子を整えるような教室が多く開かれています。また、マッサージではなくストレッチングを専門に行うお店も現れ、一般の人にとってもストレッチングという行為は浸透してきているように思います。
>
> 　実際、ストレッチングには、スマホやパソコンを見ることで生じる首回りや肩周りのコリや、授業でずっと座った姿勢でいたり、移動で長時間立ったり歩いたりすることで起こる足のむくみなど、日常生活の中で生じる体の不具合を改善してくれる効果があります。特にお風呂の中やお風呂上がりなど、体が少し温かくなった状態で、疲れた部位をゆっくりと伸ばしていくと、強ばって縮んでいた筋肉がほぐれて血液の循環が良くなり、体が軽くなった感覚を得られると思います。
>
> 　日頃の生活の中で、動かしている関節の範囲は自分で思っているよりも狭いものです。知らないうちに筋肉が衰えてしまわないよう、定期的にストレッチングを行う習慣をつけてみましょう。是非やってみてください。
>
> （花岡美智子）

3 コーディネーショントレーニング

1 目的

"コーディネーション（Coordination）"とは「物事を調整してまとめ上げること」[1]とか「（作用などの）調整、（筋肉運動の）協同」[2]と定義づけられている。したがってスポーツの場面におけるコーディネーションとは、「各個人の有する筋能力、運動能力を調整し協調させること」と定義づけられるだろう。すなわち、"巧みに動くこと"と言い換えられる。

どのスポーツ種目のどのようなレベルにおいても、筋力、パワー、柔軟性などの要素はどれも必要であるが、種目によって各要素の重要性は異なってくる。しかしながら、巧みに動けること、効率よく各要素を使いこなせることは、いずれのスポーツのあらゆるレベルにとっても必要不可欠である。ドイツの高名なサッカー指導者であるペーター・シュライナーは、その著書『サッカーのコーディネーショントレーニング』のなかで、以下の能力が必要であるとしている[3]。

- 定位能力（例：味方選手や相手選手との関わりのなかや、自らが方向変換するなかで、フィールドにおける自分の位置を把握する能力）
- 識別能力（例：ボールリフティングなど）
- バランス能力（例：相手選手の妨害を受けながらも、ボディバランスを保つ能力）
- 反応能力（例：ゴールキーパーがシュートを防ぐ際の素早い反応）

サッカーのゲームを考えると、上の例に示す内容がいかに重要であるかがわかる。ということは、サッカーにおいてコーディネーショントレーニングがきわめて重要であることを意味しており、それは他のスポーツ種目においても同様であろう。

また、日常生活においてもこれらの諸能力は重要な機能を持っており、定位能力でいえば、的確に他の車両との位置関係を把握し、安全に自動車等を運転できることに関わってくるであろうし、識別能力ならば、巧みに道具を使いこなし、料理等の日常生活にも深く関わりを持つと考えられる。

2 方法

① トレーニングの構成

コーディネーショントレーニングは、巧みな動きを獲得することを目的とするトレーニングであるため、より複雑な動きができることが望ましい。しかしながら、誰もが初めから巧みな動きができることは望めない。したがって、コーディネーショントレーニングの構成は、図17のように、単純から複雑へ、単一的な運動から複合的な運動へ、といった経路をとるべきである。

単純 図18などのステップ	複雑 図19などのステップ
単一的運動 ステップワークのみなど	**複合的運動** ボール＋ステップワークなど

図17　トレーニング構成の考え方

② 基礎的なトレーニング

基礎的なトレーニングとしては、先述したように、単純で単一的な運動を導入すべきである。したがって、アジリティ（敏捷性）トレーニング、バランストレーニング、ステップワークトレーニングなど、単一的な運動をより単純な動きからはじめ、徐々に複雑な動きへと高めていくような設定が望ましい。

図18・図19は、ラダーを用いたアジリティトレーニングの例であるが、図18は単純なステップの繰り返しで、図19はより複雑なステップとなっている。

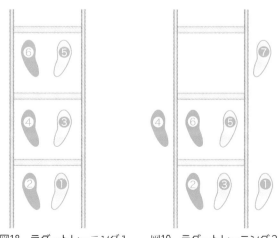

図18　ラダートレーニング1　　図19　ラダートレーニング2

図20　バランストレーニング

図21　ステップワークトレーニング

図18のような単純な動きを緩やかな動きから徐々にスピードを高めて動けるようにし、さらには図19のような複雑なステップへ高めていくことで、コーディネーション能力の基礎となる部分の確立を図る。

その他、基礎的なトレーニングの例として、図20にバランストレーニングの例、図21にステップ台を用いたステップワークトレーニングを示した。

いずれにしても、トレーニング構成の基本的な考え方を考慮しつつ、バリエーション豊かに実施していくことで、より巧みな動きを獲得していけると考えられる。

③ **ボールコーディネーショントレーニング**

球技に代表されるような、道具をともなう種目にとって、身体と道具を同時に巧みに操る能力は重要である。まさに"ボールと友達"になるためには、ボールを身体の一部のように扱える必要があるが、これもトレーニング構成の基本的考え方に即して、段階的にトレーニングしていきたい。

④ **複合的コーディネーショントレーニング**

先述したようなトレーニングを複合的に組み合わせていくことによって、より巧みな能力の開発を図ることができる。球技などでは、より大きな力や、よりスピーディーな動きを発揮すると同時に、効率的に、状況に応じた動きが求められる。具体的な組み合わせとしては、ラダーを使ったアジリティトレーニングにボールを用いた動きを加えるなどの運動が考えられる。

3 効果

コーディネーショントレーニングによって得られる効果は、すでに触れたように、"巧みな動き"の獲得ということに集約される。しかし、いくら巧みに動けるようになっても、スポーツパフォーマンスなどへのポジティブな影響を及ぼすことが主な目的であるため、ただコーディネーショントレーニングとしてのドリルが実践できればよいわけではない。したがって、それぞれのスポーツ種目への実質的な効果を高めるには、種目特性をしっかりとふまえたトレーニング構成が鍵となってくる。

また、コーディネーショントレーニングの効果は、スポーツ種目への影響だけにとどまらない。例えば日常生活においても、巧みに動けることがプラスの効果をもたらすことは言うまでもない。例えば自動車をよけたり、水たまりをさっと回避したりなど、巧みに動けることでとっさの危険を回避することができる。長寿が当たり前になった今、巧みに動ける能力を若いときに十分に備えておきたい。

4 コーディネーショントレーニングの実際

コーディネーショントレーニングは、様々な種目で、バリエーション豊かに実施されているが、ここでは基礎となるトレーニングとして、アジリティトレーニングの数例と、ボールを使ったコーディネーショントレーニングの数例を示す。

① ラダーを用いたアジリティトレーニング（例）　　② ステップ台を用いたアジリティトレーニング（例）

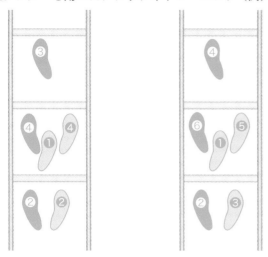

台の上、台の間を 2 ステップずつ

■ ボールを用いたコーディネーショントレーニングの実施例

① 1 人でボールを 1 つ使って

② 1 人でボールを 3 つ使って

③ 3 人でボールを 2 つ使って　　　　　　　　　　　　　④ 2 人でボールとラダーを使って

図22　バランスボールを用いて

3 その他のバリエーション

　バリエーション豊かにコーディネーショントレーニングを実施することは、より幅広い動きへの対応につながる。したがって、多彩なトレーニングメニューを準備することが望ましい。メニュー作成のポイントは、様々な種目の特徴的な動きに着目することが挙げられる。例えば、ハンドボールやバスケットボールのように、手でボールを扱うような球技種目に適したコーディネーショントレーニングなら、先にも紹介したような基本的なラダートレーニングにボールを扱う動きを伴わせるなどして、バリエーションを広げることが考えられる。

　また、他にもいろいろな道具を活用することによって、さらにバリエーションを広げることが可能である。バランスボール（図22）はその代表例であり、様々な活用例がすでに多く紹介されている。その他、メディシンボールやクレージーボール、コーンやポール（図23）など、身近に活用できそうな道具は少なくない。創造性豊かにバリエーションを広げてもらいたい。

4 実施上の留意点

　コーディネーショントレーニングを実施する際、巧みな動きを求めるがあまり、難易度が高くなることがしばしばある。そして、トレーニングの難易度が上がった結果、障害につながるような危険な動き

図23　ストレッチポールを用いて

になることも考えられる。そもそも動きの巧みさを身につけることを目的とするトレーニングにおいて、障害を引き起こすようでは本末転倒である。したがって、安全性の配慮を十分に施したい。道具を使う際には、不具合がないかをよく確認する他、補助者の活用など、対応策をしっかり立ててトレーニングを実施する必要がある。コーディネーショントレーニングに不慣れな指導者や実践者は、特にこのような配慮を心がけてもらいたい。

【引用・参考文献】
1）『広辞苑 第六版』、岩波書店、2008年
2）『ジーニアス英和大辞典』、大修館書店、2001年
3）『サッカーのコーディネーショントレーニング』、大修館書店、2005年

（栗山雅倫）

5 運動中のケガと応急手当

1 運動中のケガと応急手当

　ケガには、捻挫、打撲から皮膚の外傷(いわゆる「キズ」)まであるが、皮膚表面の損傷と内部の損傷では処置の目的と方法が異なる。

1 皮膚表面のケガ

　すり傷、切り傷などにより皮膚が損傷している場合は、感染の予防(細菌などが中に入らないようにする)と早期治癒が目的となる。皮膚の表面に対して皮下は、皮膚というバリアで外敵(細菌やウイルスなど)から防御されているが、その皮膚が損傷することで、外敵は皮膚の中に入ってくる。また、異物(石や砂など)が入ることで炎症が強くなり治癒までの時間を遅らせたり、皮膚が治るときのひきつれを起こしたりする。そのため、皮膚のケガに対しては水でよく洗って、異物を除去することが重要である。菌に対しても消毒液をつけるよりも早期の水洗い(水道水で十分)が重要とされている。また、皮膚のケガは出血をすることがあるので、清潔な(滅菌されていなくてよい)ガーゼやハンカチで覆い、圧迫する。市販の消毒液や傷に塗る薬などは、傷の治りを遅らせたり、浸出液や菌が体外に出て行くのを妨げたりするので使用しない。

　持続的な出血がみられる場合は止血をする。体内の血液の10%(体重50kgの人で400ml)以上が体外に出ると様々な症状が出ると言われ、20%以上の場合はショック症状が現れる。基本的には、直接圧迫止血法を行う。ただし、血液に不用意に触れるとウイルスや細菌感染を引き起こす可能性があるので、手袋やポリ袋、レジ袋を使う。大抵の出血は、この直接圧迫止血法によって止めることができる。傷の種類や大きさ、出血の程度により圧迫時間は異なる。また、小さな傷でも止血に10分はかかることを知っておく。

2 皮下のケガ (肉離れ、靭帯損傷や骨折など)

① RICE 処置

　皮下のケガには、捻挫や打撲などによる関節の靭帯損傷や筋損傷、骨折や脱臼などが含まれる。これに対しては、RICE 処置を行う。RICE とは、Rest(安静)、Ice(アイシング)、Compression(圧迫)、Elevation(挙上)という、ケガの応急手当に必要な4つの処置の頭文字をとった名称である。RICE 処置を損傷直後に適切に行うことで、治癒を早め、生活や競技への復帰を早めることができる。

①Rest(安静)——運動の停止

　患部では、受傷直後から損傷した部位の修復作業が始まる。しかし、患部を安静させずに運動を続けると、修復作業の開始が遅れ、損傷の程度をひどくする。また、神経や血管損傷などの二次的な合併症を引き起こすこともある。それらが結果的に治癒を遅らせ、またリハビリテーションに必要な時間を長引かせることになる。

②Ice(アイシング)——患部の冷却

　冷やすことで痛みを減少させることができ、また血管が収縮することによって腫れや炎症をコントロールすることができる。また、冷却により患部の細胞の活動性を抑えることで、治癒に必要な酸素の欠乏を防ぐという意味もある。凍傷を防ぐため10～15分で行う。その後、60分くらい間をあけて再開する。コールドゲルパックは氷よりも温度が低いため、凍傷の恐れがあるので注意する。霜が付いている氷を使用する場合には、一度水をかけて霜をとってから使用するようにする。また、アイシングをしたままの睡眠は、凍傷の危険があるので注意する。

③Compression(圧迫)——患部の圧迫

　適度な圧迫を患部に与えることで、腫れや炎症を抑えることができる。筋肉や皮膚の中に余分な空間をなくすことで腫れを抑えることができる。

④Elevation(挙上)——患部の挙上

心臓より高い位置に挙上をすることで、心臓に血液やリンパ液が戻りやすくなり、腫れや炎症を抑えることができる。

② 骨折や脱臼時の全身症状

捻挫や打撲と思われても、骨折や脱臼などのケガをしている可能性は否定できない。骨折や脱臼の一般的症状及び病態は、以下のようであるので、これを参考に判別することができる。

①ショック（shock）

化学的、物理的または精神的な刺激によって神経系が激しく興奮したり、機能が低下することで、全身の血液循環が偏った状態になるために発生する。ほとんどは数時間で消失するが、もし全身状態がさらに悪化するときには合併症（脳外傷、肺の脂肪塞栓、腹腔骨盤内の内臓損傷、大血管の損傷等）を疑う必要がある。ショック症状としては、顔面蒼白で口唇はチアノーゼになり、手足は冷たく、全身に冷汗が出て、脈拍は小さく速くなり、ときには触れなくなる。血圧は低下し、目は虚ろになり、生あくびが出て、気分が悪くなり、意識が朦朧となり、昏睡になることもある。ショックに対する処置は、頭を低くし足を高くして寝かせる（ショック体位）。衣服は胸腹部を開いてゆったりさせる。寒冷にさらすと悪化するため、全身を毛布などで包み、特に手足の保温に努める。

②発熱（吸収熱）

骨折の数時間後に37〜38℃の発熱がある。これを吸収熱といい、骨折による血腫や組織の分解物を吸収するために発生するものであり、ほとんどの場合、数日で平熱に戻る。

③ 骨折の一般的症状

①骨折の痛み

骨折した場合は動かさなくても痛みが生じる（自発痛）。傷めた箇所を指で押すと、骨折部位に限って圧迫痛を感じる（限局性圧痛）。傷めた部位の骨を押してみて、骨の上にだけ強い痛みを感じたら骨折の可能性が高い。また、骨折部以外に力を加えても骨折部位が痛い「介達痛」があれば、打撲などとの区別をつけることができる。具体的には、骨折部の末梢側から圧力を加えると骨折部位に痛みを感じる

（軸圧痛）、同じ骨の損傷していない場所を叩くと痛い（叩打痛）、引っ張ると痛い（牽引痛）等がある。

②軋轢音（あつれきおん）

骨折により変形、あるいは強い腫れが起こったとき、その部位を押すと「ぎしぎし」「ぼきぼき」「ぐずぐず」といった音が感じられる。この音は「軋轢音」といい、骨折して割れた骨どうしがこすれて起こるもので、骨折特有の症状である。

③転位と変形、異常可動性

骨折を起こすと、1つの骨が2つ以上の骨に分かれ、骨による支持性を失う。そのため、関節ではない部分に関節のような可動性（異常可動性）を生じることがある。また、痛みにより、関節運動ができなくなる場合もある。

④皮下出血・腫脹

骨折を起こすと、折れた部分より出血が起こる。このため、骨折部を中心に皮下出血や強い腫れが現れる。この出血や腫れは、初めは骨折部分に限って起こるが、次第に浸潤して広がっていく。

④ 脱臼の一般的症状及び病態

①脱臼の痛み

脱臼を起こしたときにも、まず自発痛で圧迫感のある持続性疼痛を覚える。その他、圧痛・運動痛および介達痛があるが、骨折ほど激しくはない。整復されると疼痛は著しく減少される。

②弾発性固定（弾発性抵抗）

脱臼固有の症状で、他動的に運動を試みると弾力性の抵抗が感じられる。ある程度は可動できるが、力をゆるめると再び戻ってしまう状態になる。

③転位と変形、異常可動性

関節運動時の運動の異常（関節軸異常）、脱臼した四肢の長さの変化、関節腔に何もない状態がみられ、骨の位置関係が異常になる。

④皮下出血・腫脹

腫脹は、骨折の際にみられるようには早急に現れず、また骨折ほどはっきりしない。

⑤ 骨折や脱臼が疑われるときの応急処置

①重症（意識レベルの低下、ショック症状、脊髄損傷など）の場合は、全身処置を優先する。局所の外傷だけに目を奪われてはいけない。

②骨折や脱臼により変形が認められる場合は、それらの処置を優先するが、骨折や脱臼などを無理に戻さないようにする。簡単に整復できればよいが、無理な場合はそのまま動かないように固定する。

⑥ **固定方法**

捻挫や打撲で痛みが強いときに、骨折や脱臼が疑われる場合は固定する必要がある。基本的には、損傷部位をはさんで体に近い方と遠い方の２つの関節を固定する（２関節固定）。固定の際には、損傷部位の体に近い方から副木にタオルや包帯で固定する。この順番を間違えると、変形を強め、合併症が出やすい。

2 熱中症と応急手当

1 熱中症とは

熱中症とは、暑さによって生じる障害の総称で、「熱失神」「熱けいれん」「熱疲労」「熱射病」などの病型がある。運動をすると大量の熱が発生する。一方で、皮膚血管の拡張と発汗によって体表面から熱を放散し、体温のバランスを保とうとするが、暑いと熱放散の効率は悪くなる。このような状況で、生理機能の調節や体温調節が破綻して熱中症が起こる。暑い時期のスポーツ活動では熱中症が起こりやすいので、熱中症の兆候に注意し、適切に対処する必要がある。

2 熱中症の症状

熱中症の初期の症状としては、めまいや吐き気、嘔吐、脱力感、手足や口の周りのしびれがみられる。多くの場合、皮膚は発汗し、冷たく蒼白に見える。また、手足や腹筋、背筋などがつるようになる。熱が38℃以上、ひどいときには40℃にも上がることがある。

3 熱中症の手当

暑い時期の運動中に熱中症が疑われるような症状がみられた場合、まず、重症であるかどうかを判断する必要がある。高体温（直腸温40℃以上）と意識障害（応答が鈍い、言動がおかしいなど）がみられる場合には救急車を要請し、涼しいところに運び、速やかに身体冷却を行う。意識が正常な場合でも涼しい場所に移動し、衣服をゆるめて寝かせ、水分と塩分を補給する。吐き気などで水分が補給できない場合には、医療機関での点滴などの治療が必要である。大量の汗をかいたにもかかわらず、水だけしか補給していない状況で、熱けいれんが疑われる場合には、スポーツドリンクに塩を足したものや、生理食塩水（0.9％食塩水）など濃い目の食塩水で水分と塩分を補給する。このような処置をしても症状が改善しない場合には、医療機関に搬送する。現場での処置によって症状が改善した場合でも、当日のスポーツ参加は中止し、少なくとも翌日までは経過観察をする。

4 熱中症の予防

予防としては、暑さを避ける、服装を工夫する、こまめに水分を補給する、急に暑くなる時期は気をつける（暑さに慣れていないため）などの注意が必要である。特に、運動時は大量の熱が産生されるため、高温多湿の環境下での運動は中止するか、行うとしても十分な予防対策が必須である。

水分補給としては、運動前にしっかり摂った上で、運動中には30分に１回程度補給する。スポーツドリンク（100ml中にナトリウムが40〜80mg含まれているもの）か、１リットルの水に食塩１〜２gを混ぜたものを飲用するとよい。

環境温度に応じてどのように運動したらよいかの予防指針があるので参考にする。

運動前後に体重測定を行い、減少していたら同量程度の水分を補給するようにする。

3 命を救う応急手当（救命処置）

1 運動中の突然死と救命処置

運動中に起こる突然死の原因で最も多いものは、心室細動（心室が小刻みに震えて全身に血液を送ることができない状態）だと言われている。心臓が止まると、15秒以内で意識がなくなり、その状態が３〜４分以上続くと回復が困難になってしまう。心臓が止まってから５分経つと救命率は50％、その後１分ごとに10％程度下がるので、その場に居合わせた人が、できるだけ早い心肺蘇生を行うことが非常に大切である（**図１**）。詳しい手順については、口絵⑤⑥（後見返し）を参照されたい。

2 重篤な外傷

外傷発生時に、反応がない、呼吸をしていないなどがある場合は、すぐに処置が必要である。しかし、スポーツ中に発生する外傷は、大きな力が体に作用する（高エネルギー外傷）ことがあり、日常生活における場合と異なり、頭（頭部）、首（頸部）の外傷を伴っていることも考えられる。特に眠ってしまっている場合（昏睡）や、応答が悪い、手足がうまく動かせないなどの症状は、生命維持の仕組みが損なわれている可能性がある。中でも頸部の外傷は、全身状態の悪いときには判断できないことも多く、その際は、①頸椎固定（ニュートラル位）が第1優先であり、その次に②気道確保、③呼吸の評価、④循環の評価（出血の有無）、④意識の評価、⑤麻痺などの運動、感覚の評価の順に行う。頸椎の固定は、頸椎損傷が否定できるまでは継続して保持し、搬送（移動）のときも続けて行う必要がある。

3 脳振盪

頭部をぶつけたり、強く揺さぶられたりした後に、呼びかけに応じないなどの意識消失があったり、頭痛やめまい、吐き気などが現れたりする状態のことを脳振盪（のうしんとう）という。そのほかにも頭を打つ前後の記憶がなくなったり（健忘）、今いる場所や時間など周囲

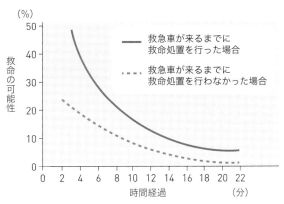

図1　救命の可能性と時間経過
(Holmberg　M et al. Effect of bystander cardiopulmonary resuscitation in out-of-hospital cardiac arrest patients in Sweden. Resuscitation 47:59-70, 2000. より、一部改変)

の状況を認識できなかったり（見当識障害）する症状などもある。出血の有無の確認などをCTやMR検査で行う必要がある。初期の症状だけでは、頭蓋内（頭の中）の出血はわからないこともあり、軽い症状と思っても経過をよく観察することが重要である。脳振盪が疑われた場合には、初めの24時間まで、さらに48時間までは問題が起こり得るので、受傷した人はその日は1人にしないようにする。

（宮崎誠司）

Column　ライフセービング―民間における応急手当

通学途中、友人と電車に乗って学校へ向かっていると、友人は「気分が悪い」としゃがみ込んだ後、そのまま倒れてしまいました。この時、あなたは何をしますか？
　①周りに助けを求める　　②119番通報をする　　③友人に声をかける
　きっと突然のことで驚き、場合によってはパニックになるかもしれません。しかし、友人を救えるのは、今そばにいるあなたなのです。
　今まで、AEDや心肺蘇生法などの動画を見たり聞いたり、もしくは授業でやったことはあるかもしれません。しかし、実際に現場に居合わせた時、行動に移せるでしょうか。時間経過とともに、救命率は下がって行きます。あなたが躊躇なく行動することが、友人を救うカギとなるのです。
　車の免許を取っても、運転をしていなければペーパードライバーになるように、継続的に体験をしなければ、方法や動きは忘れてしまいます。その場にいる人が自信をもって行動できるよう、ぜひ1年に一度は体験をする機会を設けて、知識や経験を増やしてください。日本ライフセービング協会や日本赤十字社、消防署など、また多くの民間機関でも講習会が開かれています（東海大学では単位認定してもらえる講習もあります。2019年度現在）。
　冒頭のあなたの行動は何番でしたか？　どの行動も正しいことですので、自信を持って実践してください。あなたの勇気ある行動が、次はどこかで誰かを救ってくれると信じて行っていきましょう
　"体験することで大切さがわかり、継続して学ぶことで、何かあった時の助けになる"
　それが心肺蘇生法や救命救急法です。

（笠井妙美）

6 体力の測定と評価

1 体力とは

1 「体力」が意味するもの

「あの人は体力がある」とか「体力が落ちた」などと使われる"体力"という言葉を定義することは難しい。ある者にとっては筋肉の力強さであったり、ある者にとっては少々のことでは根をあげない粘り強さであったり、また、年齢の割には若々しくエネルギッシュな様子であったりして、その捉え方は一様ではないからだ。しかし、"体力"は人間の何らかの能力を表すことには間違いなく、それもふだんはよくわからない潜在的な能力であるので、いざという時にしか、その能力は問われない。

体力の英訳は一般に physical fitness（フィジカル・フィットネス）を用いる。physical fitness は、環境や何らかの状態にフィット（適応）した身体状態を意味し、身体適性とも呼ばれる。私たちが日常的に用いる「体力」と「身体適性」という言葉の意味合いには若干の相違を感じるが、最近では"フィットネス"が"体力"に相当する言葉として使用されることが多くなってきた。

この体力はふつう、発育に伴って向上し20〜30歳くらいで最高となり、その後、加齢とともに低下する。ところが、近年指摘されている青少年の体力低下は深刻で、本来ならば若さあふれる青年期に自身の健康や体力に不安を覚える若者たちが増加している。また、このような状況の中で「健康であれば体力なんて必要ない！」と開き直る若者たちも少なくない。確かに高度に発達し機械化された文明社会において、いわゆる"体力"を発揮する場面は少なく、スポーツ選手を目指さない限り、自らの若い肉体になんら不自由は感じない。しかし、誰しも成人を迎え、壮年期を終える頃には忍び寄る老いに直面し、ようやく体力について本気で考えることになるのである。

2 体力の分類

これまで多くの研究者が体力について定義し、その体力を構成する要素について分類を試みてきた。ここでは日本において広く普及し、広義な体力の定義として知られる猪飼の分類を図1に示す。猪飼は体力をまず身体的要素と精神的要素に分け、それぞれを行動体力と防衛体力とに分類した。身体的要素の行動体力は、まさに人間が行動を起こす際に発揮する能動的な体力であり、外界に働きかける積極的な体力である。この行動体力をさらに形態と機能に分けて説明した。形態は主に身体の大きさや形を表す。発育発達または加齢による体力の変化は、おおむね形態の変化を伴っていることから形態は体力の一断面として捉えることができる。次に機能として①筋力（力を生み出す筋の機能）、②敏捷性・スピード（身体を素早く動かす機能）、③平衡性・協応性（バランスを保って巧みに動かす機能）、④持久性（粘り強く運動を持続させる機能）、⑤柔軟性（関節の可動範囲に裏付けられた身体の柔らかさ）の5つを挙げて分類した。これらの機能は一般的に用いられる"運

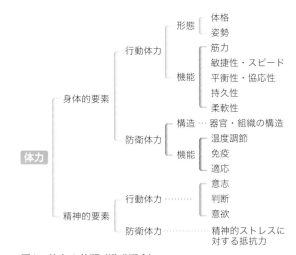

図1　体力の分類（構成概念）
（猪飼道夫『運動生理学入門』杏林書院、1969年）

動能力"と呼ばれる基礎的身体能力とほぼ同義であり、体力テストなどで測定可能なものとして捉えられている。

次に、防衛体力は身体的要素と精神的要素ともに身体外部から加わるストレスに対抗する受動的な体力であり、いわば生き延びていくための"抵抗力"とも換言できる。この防衛体力は生命維持や健康維持に関わる体力として見逃せないものではあるが、未だ客観的で簡便な測定方法が確立していないため、測定することは難しく、概念的なものと言わざるを得ない。

これらの猪飼による分類の特徴は、体力が機能を含む限りは、意欲、意志、判断などの精神的な要素とは無関係ではありえないとして、体力に精神的要素を組み入れたところにある。体力という言葉で人の"活力"や"若さ"など全人的な総合力を表現する場合には、身体の諸機能だけでなく精神的要素が多分に加味されているように思われるので、体力と言えば、この猪飼の分類を用いることが多い。

3 様々な体力観

一方、精神的要素を体力に含めない考え方も存在する。池上は「体力は人間の活動や生存の基礎となる身体的能力である。」[1]として、体力から精神的要素を除外する立場をとり、体力を身体的要素に限定した上で体力を行動体力と防衛体力に分け、行動体力を①行動を起こす能力(筋機能)、②行動を持続する能力(筋機能、呼吸循環機能)、③行動を調節する機能(神経機能、関節機能)と大別した。この考え方はいわば狭義の体力を説明する考え方であり、現在普及する体力テストなどはこの立場をとることが多い。

また、1980年代以降、広範囲におよぶ身体の機能的側面のうち、生活習慣病等と密接な関係が指摘されている体力要素を特に「健康に関連した体力(health related physical fitness)」と名付け、心肺持久力、筋力・筋持久力、身体組成、柔軟性の4つに限定する考え方も広く浸透してきている。

体力の捉え方は、研究者の立場や時代背景あるいは場面によって異なるものである。しかし、時代がどのように変わっても、私たち一人ひとりが目指す生活上の目的、担っている社会的役割を達成するための必要条件として、"体力"が存在することには間違いがなく、自身の体力と今後どのようにつき合っていくかがきわめて重要であろう。

2 体力テストの目的と方法

1 体力テストの目的

一般に体力テストとは、測り得る身体的行動体力を共通の運動課題に対する達成度として客観的・定量的・連続的に測定し、その対象となる個人あるいは集団の体力水準を評価するものと定義できる。ひと口に体力テストといってもその目的は多様であるが、最も身近なものは学校や職場などで行われる健康的な体力づくりを目指して実施されるものであろう。この場合、体力テストの目的は自己の体力の現状を客観的に理解し、それに基づいて適切な目標を設定することである。体力テストは体力づくりの手段であるので、最終的なねらいは人々が自らの体力づくりに向けて自発的かつ主体的に努力し、実行することにある。また、体力テストでは体力を数値化するだけでなく、体力づくりの第一歩として自分の体力に関心を寄せるとともに、自らの体力に"気づく"ことが大切である。例えば、体力テスト実施前に自己の記録を予想してから行うと、より実感的に体力を把握できる。実施に際してはその時の記録だけに一喜一憂するのではなく、測定値の誤差を考慮して定期的・継続的に測定することにより、その推移を評価・観察することが重要である。

2 体力テストの方法

体力テストの歴史は古く、世界中で様々な方法が用いられてきた。体力テストには実験室レベルでの高額機器を用いた専門的な測定もあるが、一番馴染み深いのは学校や職場で実施可能なフィールドテストであろう。特にいくつかの測定種目を組み合わせて行う組テスト(バッテリー・テスト)は総合的な体力を簡便に把握するために有効な方法である。現在日本で広く普及している体力テストは、文部科学省の「新体力テスト」である。その歴史を簡単にひもとけば、それは東京オリンピックを目前にした1961年に制定された「スポーツ振興法」の施行後、

文部省（現在の文部科学省）が1964年に「スポーツテスト（体力診断テスト・運動能力テスト）を定めたことに始まる。それ以降「小学校スポーツテスト（1965年）」「壮年体力テスト（1967年）」「小学校・中学校運動能力テスト（1983年）」と幾度かの増設・改訂を行い、1998年に現在の「新体力テスト」がスタートするに至った。

その特徴はそれまで蓄積してきた世界的にも類を見ない膨大なデータ資料の連続性を損わず、複雑となった対象区分や測定種目を整理し、幅広い年代層に対して共通の測定種目を導入するなど縦断的に一貫性ある測定が可能になったことである。なお、1964年に始まるその統計資料は現在も「体力・運動能力調査報告書」として毎年10月に公表されている。

① **新体力テストの特徴・構成**

新体力テストでは、**表1**に示すように、6歳から79歳までの男女を6歳～11歳（小学生）、12歳～19歳（青少年）、20歳～64歳（成人）、65歳～79歳（高齢者）の4つに区分し、それぞれの区分毎に6～8種目のテスト項目によって構成される。そのうち

「握力」「上体起こし」「長座体前屈」の3種目はすべての年齢区分で同一の方法で実施することになっている。測定種目はなるべく特殊な器具を使用せず、屋内でも実施可能な種目が選定され、高齢者を除くすべての年齢層に全身持久力の測定種目を導入するなど、健康に関連した体力の評価もできるように配慮がなされている。高齢者にあっては測定に先立って質問紙を用いたADL（日常生活活動テスト）を実施して、テストが安全に実施可能かどうかの事前チェックが義務づけられている。また、制度上は体力と運動能力を特に区別せず、19歳までは基礎的運動能力である走・跳・投能力の測定を行う点についても特徴的である。新体力テストで実施されるテスト項目に対応する体力要素は**図2**の通りである。

② **新体力テストの実施方法と実施上の注意**

新体力テストにおける対象区分12歳～19歳（青少年）、20歳～64歳（成人）の各テスト項目の実施方法を**資料1**に示した。測定は必ず指定された方法で実施しなければならない。なお、全体的な実施上の注意事項は以下の通りである。

①被測定者はテスト前に健康状態のチェックを必ず

表1　新体力テストの構成

対象年齢区分	6歳～11歳 （小学生）	12歳～19歳 （青少年）	20歳～64歳 （成人）	65歳～79歳 （高齢者）
種目数	8種目	8種目	6種目	6種目＋ADL
握力	◎	◎	◎	◎
上体起こし	◎	◎	◎	◎
長座体前屈	◎	◎	◎	◎
反復横とび	○	○	○	
20mシャトルランテスト	○	△※	△※	
持久走（男1500m、女1000m）	—	△※	—	
急歩（男1500m、女1000m）	—	—	△※	
50m走	○	○	—	
立ち幅とび	○	○	○	
ソフトボール投げ	○	—	—	
ハンドボール投げ	—	○	—	
開眼片足立ち				○
10m障害歩行	—	—	—	○
6分間歩行				○
ADL（日常生活活動テスト）	—	—	—	質問紙調査

◎：全区分共通実施項目、○：実施項目、△：選択実施項目

※青少年は20mシャトルランテストまたは持久走を、成人は20mシャトルランテストまたは急歩を選択実施

行い、異常がある場合は測定者に申し出ること。

②被測定者が30歳以上の場合には必ず血圧測定を行うこと。

③被測定者が40歳以上の場合には必ず血圧測定、心拍数測定を行うこと。特に胸痛などの胸部症状のチェックは注意深く行うこと。

④「持久走」「20mシャトルランテスト」について

測定者は被測定者の健康状態に十分注意し、疾病および障害の有無を確かめ、医師の治療を受けている者や実施が困難と認められる者については実施しない。

⑤「上体起こし」について、腰痛の自覚症状がある者は実施しない。

⑥テスト前には適切な準備運動を十分行うこと。

資料1 | 新体力テストの実施方法

1 握 力

準備 握力計

方法 握力計の指針が外側になるように持ち、人差し指の第2関節がほぼ直角になるように握り幅を調節する。直立の姿勢で両足を左右に自然に開き、腕を自然に下げ、力いっぱい握りしめる。

記録 右左交互に2回ずつ行い、記録はkg単位とし、kg未満（小数第1位）は切り捨てる。左右おのおののよいほうの記録を平均し、kg未満は四捨五入する。

注意 実施のとき、握力計を身体や衣服に触れないようにし、また振り回さない。このテストは右左の順で行い、同一測定者に対して続けて行わない。

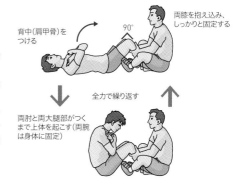

握力計を身体や衣類に触れないようにし, 振り回さない

両足は左右自然に開く

2 上体起こし

準備 ストップウォッチ、マット。

方法 あおむけの姿勢をとり、両手を軽く握り、両腕を胸の前で組む。両膝の角度を90度に保つ。補助者は、被測定者の両膝をおさえ、固定する。「始め」の合図で、あおむけの姿勢から、両肘と両大腿部がつくまで上体を起こし、すばやく開始時のあおむけの姿勢に戻す。

記録 上記の運動を30秒間繰り返し、両肘が両大腿部についた回数を記録する。実施は1回とする。

注意 両脇をしめ、両肘を動かさない。あおむけの姿勢の際は、背中（肩甲骨）がマットにつくまで上体を倒す。被測定者のメガネは、はずすようにする。補助者は被測定者の下肢が動かないように両腕で両膝をしっかり固定する。また、補助者は被測定者と頭がぶつからないように注意する。

背中（肩甲骨）をつける

両膝を抱え込み、しっかりと固定する

全力で繰り返す

両肘と両大腿部がつくまで上体を起こす（両腕は身体に固定）

3 長座体前屈

準備 A4コピー用紙の箱2個（幅22cm×高さ約24cm×奥行き約31cm）、段ボール厚紙1枚（横75～80cm×縦約31cm）、ガムテープ、スケール（1m巻き尺または1mものさし）。

方法 右図のような初期姿勢をとる。初期姿勢をとったときの箱の手前右または左の角に0点を合わせる。被測定者は、両手を厚紙から離さずにゆっくりと前屈して、箱全体をまっすぐ前方にできるだけ遠くまで滑らせる。最大に前屈した後に厚紙から手を離す。

記録 初期姿勢から最大前屈時の箱の移動距離をスケールから読み取る。単位はcmとする（cm未満は切り捨て）。2回実施してよいほうの記録をとる。

注意 前屈姿勢をとったとき、膝が曲がらないように気をつける。箱がまっすぐ前方に移動するよう注意する。靴を脱いで実施する。

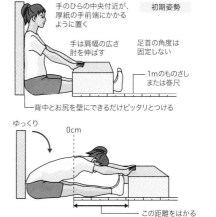

初期姿勢

手のひらの中央付近が、厚紙の手前端にかかるように置く

手は肩幅の広さ 肘を伸ばす

足首の角度は固定しない

1mのものさしまたは巻尺

背中とお尻を壁にできるだけピッタリとつける

ゆっくり

0cm

この距離をはかる

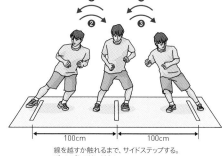

4 反復横とび

準備 右図のように床上に 3 本のラインを引く。ストップウォッチ。

方法 中央ラインをまたいで立ち、「始め」の合図で右側のラインを越すか、踏むまでサイドステップし（ジャンプしてはならない）、次に中央ラインに戻り、さらに左側のラインを越すか触れるまでサイドステップする。

記録 上記の運動を 20 秒間繰り返し、それぞれのラインを通過するごとに 1 点を与える（右、中央、左、中央で 4 点となる）。2 回実施して、よいほうの記録をとる。

注意 外側のラインを踏まなかったり越えなかった場合、中央ラインをまたがなかった場合は点を与えない。このテストは同一測定者に対して続けて行わない。

100cm　　　100cm

線を越すか触れるまで、サイドステップする。
ジャンプしてはいけない

5-A 持久走

準備 スタート合図用旗、ストップウォッチ。

方法 男子は 1,500m、女子は 1,000m を走る。「位置について」「用意」の後、音または声を発すると同時に旗の合図にてスタンディングスタートの要領でスタートする。

記録 スタートの合図からゴールライン上に胴（頭、肩、手、足ではない）が到達するまでに要した時間を計測する。秒単位（秒未満は切り上げ）で記録する。実施は 1 回とする。1 人に 1 個のストップウォッチで計時することが望ましいが、計時員が時間を読み、測定員が各走者の到着時間を記録するようにしてもよい。

注意 自分の能力などを考えて、いたずらに競争したり、無理なペースで走ったりしない。テスト前後に、ゆっくりとした運動等によるウォーミングアップおよびクーリングダウンをする。

男子1,500m
女子1,000m

スタートはスタンディングスタートの要領で行う

5-B 20m シャトルランテスト

準備 テスト用 CD（またはテープ）と再生用プレーヤー、右図のような 2 本の平行線とポール 4 本。

方法 一方の線上に立ち、テストの開始を告げる 5 秒間のカウントダウンの後の電子音で 20m 先の線に向かってスタートする。次の電子音が鳴るまでに 20m 先の線上に達し向きを変える。電子音が鳴ったらスタートし、さらに次の電子音が鳴るまでに元の線に戻って向きを変える。これを繰り返す（向きを変えるときは必ず片方の足が線を踏むか、線を越えるかする）。CD（テープ）によって設定された速度は約 1 分ごとに速くなるので、ついていけず走るのをやめたとき、または、2 回続けてどちらかの足で線に触れることができなくなったときに、テストを終了する（電子音からの遅れが 1 回の場合、次の電子音に間に合えば、テストを継続できる）。

記録 テスト終了時（電子音についていけなくなった直前）の折り返しの総回数を記録とする。

注意 ランニングスピードのコントロールに十分注意し、電子音が鳴るときには、必ずどこかの線上にいるようにする。テスト前のウォーミングアップでは柔軟運動（ストレッチ等）を十分に行う。走り続けることができなくなった場合は、自発的に退く。テスト終了後は、ゆっくりとした運動等によるクーリングダウンをする。

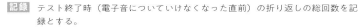

大まわりしない

折り返し

スタート/
折り返し

線を踏むか越える

20m

6 50m 走

準備 50m 直走路、スタート合図用旗、ストップウォッチ。

方法 スタートはクラウチングスタートの要領で行う。スタートの合図は、「位置について」「用意」の後、音または声を発すると同時に旗の合図にて行う。

記録 スタートの合図からゴールライン上に胴（頭、肩、手、足ではない）が到達するまでに要した時間を計測する。1 回実施し、1/10 秒単位で記録する。1/10 秒未満は切り上げる。

注意 曲走路や折り返し走路は使わない。スパイクやスターティングブロック等は使用しない。ゴールラインの前方 5m のラインまで走るようにする。

スターティングブロックは
使用しない

スタートはクラウチングスタートの要領で行う

7 立ち幅とび

準備 屋外で行う場合：砂場、巻き尺、ほうき、砂ならし。砂場の手前（30cm〜1m）に踏み切り線を引く。屋内で行う場合：マット（6m程度）、巻き尺、ラインテープ。マットを壁につけて敷き、マット手前（30cm〜1m）の床にラインテープを貼り、踏み切り線とする。

方法 両足を軽く開いて、つまさきが踏み切り線の前端に揃うように立つ（両足の中央の位置を決めておくと計測しやすい）。両足で同時に踏み切って前方へとぶ。

記録 身体が砂場（マット）に触れた位置のうち、もっとも踏み切り線に近い位置と、踏み切り前の両足の中央の位置（踏み切り線の前端）とを結ぶ直線の距離を計測する（右図参照）。記録はcm単位とする（cm未満は切り捨て）。2回実施してよいほうの記録をとる。

注意 踏み切りの際には、二重踏み切りにならないようにする。屋外で行う場合、踏み切り線周辺と砂場の砂面は、できるだけ整地する。屋内で行う場合、着地の際にマットがずれないように、滑りにくい（ずれにくい）マットを用意し、テープ等で固定する。

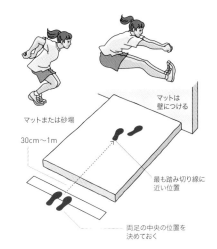

マットは壁につける

マットまたは砂場

30cm〜1m

最も踏み切り線に近い位置

両足の中央の位置を決めておく

8 ハンドボール投げ

準備 ハンドボール2号球（外周54〜56cm、重さ325〜400g）、右図のような投げき場、巻き尺。

方法 投球は円内から行い、投球中または投球後に円を踏んだり、円外に出てはならない。投げ終わったときは、静止してから円外に出る。

記録 投球距離は、あらかじめ描かれていた1m間隔の円弧によって計測する。2回実施して、よいほうの記録をとる。記録はm単位とし、m未満は切り捨てる。

注意 ボールは規格にあっていれば、ゴム製のものでもよい。投球のフォームは自由であるが、なるべく下手投げをしないほうがよい。また、ステップして投げたほうがよい。

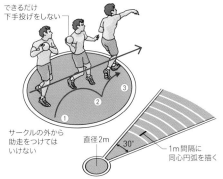

できるだけ下手投げをしない

サークルの外から助走をつけてはいけない

直径2m

30°

1m間隔に同心円弧を描く

（『イラストで見る最新スポーツルール』大修館書店、pp.368-371、2016年より）

3 体力の評価

1 新体力テストの記録と体力得点

　新体力テストを例に体力の評価方法について説明する。体力を評価するにはまず、正しい方法で実施したテスト項目の記録を共通の基準に基づいて標準化（得点化）する。具体的には対象年齢区分ごとに用意された**資料2**（**資料2-a**または**2-b**）の「項目別得点表」を用いて、各テスト項目の記録を1から10点までの「体力得点」に換算し、それぞれの体力要素を10段階で評価する。この体力得点を**図3**のようにレーダーチャートにプロットし、いわゆる体力プロフィールを作成するとわかりやすい。グラフ上の体力得点が形づくる多角形が正多角形に近いほど均整のとれた体力を表し、その多角形の面積が大きいほど総合的な体力水準が高いことを意味する。また、過去の測定結果や毎年公表される全国平均値などを重ねて作図することにより、その優劣や推移を視覚的に理解することができる。

2 体力の総合評価と体力年齢

　新体力テストでは各体力得点の合計値（以降、合計点）を、対象区分ごとに用意された「総合評価基準表」（**資料2-a**または**2-b**）を用いて、実施者の年齢（20歳以上は5歳刻み）毎にABCDEの5段階で総合評価を行う。また、20歳〜64歳（成人）では6種目の合計点から「体力年齢判定基準表」を用いて「体力年齢」を求めることができる。「体力年齢」はその人の体力水準が人として標準的な何歳のそれに相当するかを推定するものである。5段階評価は同年齢同年代の中での相対的な評価であるのに対して「体力年齢」は実際の暦年齢（実年齢）を考慮しない体力の絶対評価といえる。近年のブームとなった脳年齢や骨年齢等のように、○○年齢で表す人間の生理学的あるいは生物学的な"若さ"を用いる表現は、

妥当性はともあれ、使い方によっては強い動機付けとなる。なお、蛇足ではあるが、18歳、19歳であっても新体力テストを実施の際は成人用の評価表を用いて「体力年齢」を求めてみることを勧めたい。なぜなら、高校生までは同学年あるいは同じクラスの中での優劣に関心が多かった者も、高校卒業後は生活範囲も広がり、幅広い年代と接する機会も増え、自らの体力観にも変化が生じる。そのような時機に自分の体力を今までにない基準で見直すことはとても有益であるからだ。

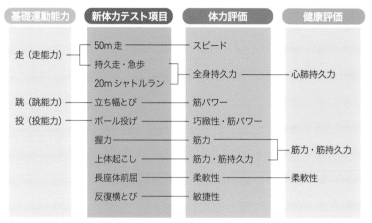

図2　新体力テストで測定される体力要素
（文部省『新体力テスト―有意義な活用のために―』ぎょうせい、p.10、2000年、一部改変）

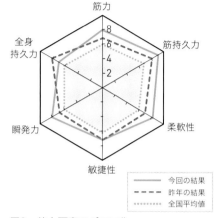

図3　体力要素のグラフ化
（体力プロフィールの例）

資料2-a　新体力テストにおける記録の得点換算と評価【12歳〜19歳対象用】

■ 項目別得点表

(1) 項目別得点表により、記録を採点する。(2) 各項目の得点を合計し、総合評価をする。

	得点	握力	上体起こし	長座体前屈	反復横とび	持久走	20mシャトルラン	50m走	立ち幅とび	ハンドボール投げ	得点
男子	10	56kg以上	35回以上	64cm以上	63点以上	4'59"以下	125以上	6.6秒以上	265cm以上	37m以上	10
	9	51〜55	33〜34	58〜63	60〜62	5'00"〜5'16"	113〜124	6.7〜6.8	254〜264	34〜36	9
	8	47〜50	30〜32	53〜57	56〜59	5'17"〜5'33"	102〜112	6.9〜7.0	242〜253	31〜33	8
	7	43〜46	27〜29	49〜52	53〜55	5'34"〜5'55"	90〜101	7.1〜7.2	230〜241	28〜30	7
	6	38〜42	25〜26	44〜48	49〜52	5'56"〜6'22"	76〜89	7.3〜7.5	218〜229	25〜27	6
	5	33〜37	22〜24	39〜43	45〜48	6'23"〜6'50"	63〜75	7.6〜7.9	203〜217	22〜24	5
	4	28〜32	19〜21	33〜38	41〜44	6'51"〜7'30"	51〜62	8.0〜8.4	188〜202	19〜21	4
	3	23〜27	16〜18	28〜32	37〜40	7'31"〜8'19"	37〜50	8.5〜9.0	170〜187	16〜18	3
	2	18〜22	13〜15	21〜27	30〜36	8'20"〜9'20"	26〜36	9.1〜9.7	150〜169	13〜15	2
	1	17kg以下	12回以下	20cm以下	29点以下	9'21"以上	25回以下	9.8秒以上	149cm以下	12m以下	1

	得点	握力	上体起こし	長座体前屈	反復横とび	持久走	20mシャトルラン	50m走	立ち幅とび	ハンドボール投げ	得点
女子	10	36kg以上	29回以上	63cm以上	53点以上	3'49"以下	88回以上	7.7秒以下	210cm以上	23m以上	10
	9	33〜35	26〜28	58〜62	50〜52	3'50"〜4'02"	76〜87	7.8〜8.0	200〜209	20〜22	9
	8	30〜32	23〜25	54〜57	48〜49	4'03"〜4'19"	64〜75	8.1〜8.3	190〜199	18〜19	8
	7	28〜29	20〜22	50〜53	45〜47	4'20"〜4'37"	54〜63	8.4〜8.6	179〜189	16〜17	7
	6	25〜27	18〜19	45〜49	42〜44	4'38"〜4'56"	44〜53	8.7〜8.9	168〜178	14〜15	6
	5	23〜24	15〜17	40〜44	39〜41	4'57"〜5'18"	35〜43	9.0〜9.3	157〜167	12〜13	5
	4	20〜22	13〜14	35〜39	36〜38	5'19"〜5'42"	27〜34	9.4〜9.8	145〜156	11	4
	3	17〜19	11〜12	30〜34	32〜35	5'43"〜6'14"	21〜26	9.9〜10.3	132〜144	10	3
	2	14〜16	8〜10	23〜29	27〜31	6'15"〜6'57"	15〜20	10.4〜11.2	118〜131	8〜9	2
	1	13kg以下	7回以下	22cm以下	26点以下	6'58"以上	14回以下	11.3秒以上	117cm以下	7m以下	1

■ 総合評価基準表

段階	12歳	13歳	14歳	15歳	16歳	17歳	18歳	19歳	段階
A	51以上	57以上	60以上	61以上	63以上	65以上	65以上	65以上	A
B	41〜50	47〜56	51〜59	52〜60	53〜62	54〜64	54〜64	54〜64	B
C	32〜40	37〜46	41〜50	41〜51	42〜52	43〜53	43〜53	43〜53	C
D	22〜31	27〜36	31〜40	31〜40	31〜41	31〜42	31〜42	31〜42	D
E	21以下	26以下	30以下	30以下	30以下	30以下	30以下	30以下	E

（出典 文部科学省 新体力テスト実施要項「テストの得点表および総合評価（12歳から19歳対象）」）

資料2-b　新体力テストにおける記録の得点換算と評価【20歳〜64歳対象用】

■ 項目別得点表　(1) 項目別得点表により、記録を採点する。(2) 各項目の得点を合計し、総合評価をする。(3) 体力年齢判定基準表により、体力年齢を判定する。

	得点	握力	上体起こし	長座体前屈	反復横とび	急歩	20mシャトルラン	立ち幅とび	得点
男子	10	62kg以上	33回以上	61cm以上	60点以上	8'47"以下	95回以上	260cm以上	10
	9	58〜61	30〜32	56〜60	57〜59	8'48"〜9'41"	81〜94	248〜259	9
	8	54〜57	27〜29	51〜55	53〜56	9'42"〜10'33"	67〜80	236〜247	8
	7	50〜53	24〜26	47〜50	49〜52	10'34"〜11'23"	54〜66	223〜235	7
	6	47〜49	21〜23	43〜46	45〜48	11'24"〜12'11"	43〜53	210〜222	6
	5	44〜46	18〜20	38〜42	41〜44	12'12"〜12'56"	32〜42	195〜209	5
	4	41〜43	15〜17	33〜37	36〜40	12'57"〜13'40"	24〜31	180〜194	4
	3	37〜40	12〜14	27〜32	31〜35	13'41"〜14'29"	18〜23	162〜179	3
	2	32〜36	9〜11	21〜26	24〜30	14'30"〜15'27"	12〜17	143〜161	2
	1	31kg以下	8回以下	20cm以下	23点以下	15'28"以上	11回以下	142cm以下	1

	得点	握力	上体起こし	長座体前屈	反復横とび	急歩	20mシャトルラン	立ち幅とび	得点
女子	10	39kg以上	25回以上	60cm以上	52点以上	7'14"以下	62回以上	202cm以上	10
	9	36〜38	23〜24	56〜59	49〜51	7'15"〜7'40"	50〜61	191〜201	9
	8	34〜35	20〜22	52〜55	46〜48	7'41"〜8'06"	41〜49	180〜190	8
	7	31〜33	18〜19	48〜51	43〜45	8'07"〜8'32"	32〜40	170〜179	7
	6	29〜30	15〜17	44〜47	40〜42	8'33"〜8'59"	25〜31	158〜169	6
	5	26〜28	12〜14	40〜43	36〜39	9'00"〜9'27"	19〜24	143〜157	5
	4	24〜25	9〜11	36〜39	32〜35	9'28"〜9'59"	14〜18	128〜142	4
	3	21〜23	5〜8	31〜35	27〜31	10'00"〜10'33"	10〜13	113〜127	3
	2	19〜20	1〜4	25〜30	20〜26	10'34"〜11'37"	8〜9	98〜112	2
	1	18kg以下	0回	24cm以下	19点以下	11'38"以上	7回以下	97cm以下	1

■ 総合評価基準表

段階	20歳〜24歳	25歳〜29歳	30歳〜34歳	35歳〜39歳	40歳〜44歳	45歳〜49歳	50歳〜54歳	55歳〜59歳	60歳〜64歳	段階
A	50以上	49以上	49以上	48以上	46以上	43以上	40以上	37以上	33以上	A
B	44〜49	43〜48	42〜48	41〜47	39〜45	37〜42	33〜39	30〜36	26〜32	B
C	37〜43	36〜42	35〜41	35〜40	33〜38	30〜36	27〜32	24〜29	20〜25	C
D	30〜36	29〜35	28〜34	28〜34	26〜32	23〜29	21〜26	18〜23	15〜19	D
E	29以下	28以下	27以下	27以下	25以下	22以下	20以下	17以下	14以下	E

■ 体力年齢判定基準表

体力年齢	得点	体力年齢	得点
20歳〜24歳	46以上	50歳〜54歳	30〜32
25歳〜29歳	43〜45	55歳〜59歳	27〜29
30歳〜34歳	40〜42	60歳〜64歳	25〜26
35歳〜39歳	38〜39	65歳〜69歳	22〜24
40歳〜44歳	36〜37	70歳〜74歳	20〜21
45歳〜49歳	33〜35	75歳〜79歳	19以下

(出典 文部科学省 新体力テスト実施要項「テストの得点表および総合評価（20歳から64歳対象）」)

Column　スポーツと科学

　スポーツには、様々な目的や方法のもとに研究される「科学」が欠かせないものとなっています。これらを総称した学問が「スポーツ科学」と呼ばれ、研究対象や研究方法によって自然科学領域にのみ限定する場合や、自然科学領域に加え、人文科学・社会科学領域を含める場合があります。さらに、細分化された各専門諸学は「スポーツ〇〇学」と呼ばれ、スポーツ生理学・スポーツ医学・スポーツ栄養学・スポーツバイオメカニクス等（自然科学領域）、スポーツ哲学・スポーツ史・スポーツ心理学等（人文科学領域）、スポーツ社会学・スポーツ教育学・スポーツマネジメント等（社会科学領域）と呼ばれます。例えば、「箱根駅伝の優勝によりもたらされる経済効果は？　その歴史的変遷は？」といった話題は、スポーツマネジメント、スポーツ史の研究トピックになります。「スポーツシューズの材質が、ランニングパフォーマンスにどれくらい影響を及ぼすのか？」といった話題は、スポーツバイオメカニクスやスポーツ工学のトピックになります。また、「体重増加を抑えながら効果的に筋肉をつけて、よい動きに繋げるためにはどうしたらよいか？」といった、みなさんが普段行っているスポーツの中で抱く疑問に答えるためには、スポーツ生理学、スポーツ栄養学、スポーツ運動学等、様々な分野の知識が必要となります。このコラムの話も「スポーツ」と「科学」の関わりを論じており、これはスポーツ哲学の研究トピックと考えてよいでしょう。今日、新聞・テレビ・インターネットを通じて、スポーツに関する話題には事欠きません。みなさんも、スポーツ科学の知識を増やして、これからのスポーツライフに活かしていきましょう。

（山田　洋）

3 体力テストの限界

　新体力テストのようなフィールドテストは簡便であるがゆえに、その測定の精度にも限界がある。そして、記録は当日の"やる気"や体調、環境によっても大きく影響を受ける。また、「あの種目であと１cm記録が良ければ、体力得点が１点上がり体力年齢が５歳繰り上がるのに！」と悔しい思いをすることもある。テストや評価方法の信頼性、妥当性は統計学的に確保されていても個々の判定は時として割り切れない。したがって、評価に際して最も気を付けなければならないことは、体力テストで得られた数値や評価は意味のある客観的データではあることに違いはないが、多少の幅を持った数値であり、本来知りたい体力要素の水準を想像させる断片にすぎないということである。このことを理解せず、測定項目の記録や評価に対して異常に執着し、単に記録を上げればよいとする考えは間違いである。

4 新しい体力テスト

1 ロコモティブシンドロームとは

　ロコモティブシンドロームは、移動することを意味する「ロコモーション（locomotion）」と、移動するための能力があることを表す「ロコモティブ（locomotive）」から作られた造語で、「ロコモ」はその略称である。ロコモとは、骨や関節、筋肉など運動器の衰えが原因で、立つ、歩くといった「移動機能」が低下している状態のことである（出典：日本整形外科学会）。運動器とは、骨や筋肉、関節のほか、脊髄や神経が連携して身体を動かす仕組みのことであり、それぞれの運動器が連動することで、多様な運動、動作が成り立っている。運動器は、日常生活で身体を動かし、負荷をかけることで維持されるため、ロコモを予防するには、若い頃から適度に運動する習慣を身につけることが重要である。

　高齢者が要介護になる原因の多くは、転倒による骨折や関節の病気による運動器の問題であり、移動機能の低下によるものである。したがって、高齢者になっても健康な日常生活を送るためには、ロコモを予防することが重要である。特に近年、若年層においても運動習慣の減少、偏った食習慣、無理なダ

イエットにより、気付かないうちにロコモに該当している例も少なくない。東海大学一般体育研究室による独自の調査によると、大学１年次生の27.71％（n＝794）がロコモに該当するという結果が得られている。

2 ロコモ度テストの方法と評価（資料３）

　ロコモ度テストとは、ロコモの度合いを判定する３つのテストである。１つ目の「立ち上がりテスト」は、片脚または両脚でどれくらいの高さの台から立ち上がれるかを測るテストで、２つ目の「２ステップテスト」は、できるだけ大股で２歩歩いた距離を測定する。３つ目の「ロコモ25」は運動器の不調に関する25の質問に答えるアンケート方式のテストである。これらのテスト結果により、どれか１つでも基準に当てはまれば、ロコモが始まっている（ロコモ度１）、ロコモが進行した状態（ロコモ度２）、ロコモがさらに進行して社会参加に支障をきたしている状態（ロコモ度３）、と判定する。

① 立ち上がりテスト

　片脚または両脚で座った姿勢から立ち上がれるかによって、下肢筋力を測定し、ロコモ度を判定するテストである。下肢筋力が弱まると移動機能が低下するため、立ち上がるのに困難がある場合はロコモの可能性が考えられる。

② ２ステップテスト

　最大努力の２歩幅を測定することで、下肢の筋力・バランス能力・柔軟性などを含めた歩行能力を総合的に評価し、ロコモ度を判定するテストである。

③ ロコモ25

　身体の状態、生活状況をアンケート方式で調査し、得点化してロコモ度を判定するテストである。

3 ロコモの予防と改善

　すでに述べたとおり、ロコモの要因は、運動器の疾患、運動器の能力の衰え、痛みなど様々存在し、これらが複合的に関与することでロコモとなる。ロコモが進行すると社会参加や生活での活動が制限され、最終的に要介護状態となる。したがってロコモと判定された場合は、まず原因を見極め、自身の状態に合わせて適切に対処することが重要となる。具体的な対処法としては、運動器の衰えに対する筋力

①　立ち上がりテスト

40cm

ロコモ度１：片脚で40cmの台から立ち上がれないが、両脚で20cmの台からは立ち上がれる。
ロコモ度２：両脚で20cmの台から立ち上がれないが、30cmの台からは立ち上がれる。
ロコモ度３：両脚で30cmの台から立ち上がれない。

②　2ステップテスト

２歩幅（cm）÷身長（cm）＝２ステップ値

ロコモ度１：２ステップ値が1.1以上1.3未満である。
ロコモ度２：２ステップ値が0.9以上1.1未満である。
ロコモ度３：２ステップ値が0.9未満である。

③　ロコモ25

質問紙（25問）にすべて答える。（診断、ダウンロード→https://locomo-joa.jp/check/test/locomo25.html）

ロコモ度１：得点が７点以上16点未満である。
ロコモ度２：得点が16点以上24点未満である。
ロコモ度３：得点が24点以上である。

①　片脚立ち

［実施時のポイント］
・転倒しないようつかまるものがある場所で行う。
・支えが必要な人は十分注意して、机に手や指をついて行う。

②　スクワット

［実施時のポイント］
・足を肩幅に広げて行う。
・お尻を後ろに引くように２～３秒間かけてゆっくりと膝を曲げ、ゆっくり元に戻す。
・膝がつま先より前に行かないように行う。
・支えが必要な人は十分注意して、机に手をついて行う。

やバランスのトレーニング、病気に対する薬物や手術による治療、痛みや痺れに対する治療、栄養管理の改善などがあるが、生活習慣病の予防と合わせて行うとより効果的である。

ロコモは回復可能な症状のため、きちんと対処すれば不安なく歩けるようになるので、適切な対応が必要である。日本整形外科学会では、「ロコトレ（ロコモーショントレーニング）」（**資料4**）と称して、「片脚立ち」と「スクワット」を推奨している。

① **片脚立ち**

バランス能力を養う「片脚立ち」は、転倒しないように捕まるものがある場所で行う。左右1分間ずつ、1日3回程度の実施が推奨されている。

② **スクワット**

下肢筋力を総合的に養う「スクワット」は、膝を90度以上に曲げずに5〜6回程度、1日3回程度の実施が推奨されている。このトレーニングでは、大腿四頭筋、大臀筋、中臀筋、ハムストリングス、前脛骨筋など下肢全体の筋肉が総合的に動員されている。

ロコモといっても、上記のとおりその程度は人それぞれであるため、自分に合った安全な方法で、無理せずにトレーニングや運動を続けることが重要である。

【引用・参考文献】

1）池上晴夫『新版運動処方—その理論と実際—』朝倉書店、p.9、1990年
・猪飼道夫『運動生理学入門』杏林書院、1969年
・文部省『新体力テスト—有意義な活用のために—』ぎょうせい、p.10、2000年
・公益社団法人日本整形外科学会 ロコモティブシンドローム予防啓発公式サイト（https://locomo-joa.jp/）

（小河原慶太・植村隆志）

©olumn 筋肉量を簡単にチェックする「指輪っかテスト」

昨今、"ロコモティブシンドローム（通称：ロコモ）"という用語は市民権を得てきたようです。このロコモと同じような場面で使われる"サルコペニア"という用語をご存じでしょうか。サルコペニアとは「加齢に伴い筋肉の量が減少し、筋力の低下や身体機能の低下が伴う現象」と定義されます。基準としては、握力の低下（男性28kg未満、女性18kg未満）と歩行速度低下（1.0m/秒以下）のどちらかを満たし、かつ骨格筋量が規定値を下回った場合にサルコペニアと診断されます。このサルコペニアはロコモの原因の1つと言えます。

サルコペニアを自分でチェックする簡単な方法「指輪っかテスト（Finger-ring test）」をご紹介します。まず、椅子に座り、両足を床につけます。前かがみになり、利き足でないほうのふくらはぎの一番太い部分を、両手の親指と人差し指で作った輪で囲みます。ふくらはぎを囲めない場合は、サルコペニアの可能性は低いと考えられます。一方、指とふくらはぎに隙間ができる場合は、全身の筋肉量の減少が考えられ、サルコペニアの可能性が高い状態です。サルコペニアは高齢者の問題だから自分には関係ない…と油断は禁物です。若者でもサルコペニア予備群がいるので注意が必要です。簡単な方法ですから、皆さんも一度チェックをしてみてください。そして意識的に運動強度が高い運動（レジスタンス運動）を行い、適切な栄養摂取を心がけましょう。　　　　　（小山孟志）

利き足ではないほうのふくらはぎの一番太い部分を両手の親指と人差し指で作った輪で囲む。

| ふくらはぎを囲めない | ちょうど | 隙間ができる |

Tanaka et al, Geriatrics & Gerontology International, 18(2):224-232, 2018

生涯スポーツ Ⅱ

1 スポーツとは

スポーツは文化である。そもそも文化とは、人間が創造した価値形象の歴史的総体である。そしてそこには音楽、芸術、文学等、多くの分野がある。そのような文化の一領域にスポーツは位置づけられる。

それではこのスポーツとは何か？　この問いはスポーツの本質についての問いである。ここでは、この問いに挑んでみよう。

1 スポーツの語源

まず、スポーツの本質を把握するために、スポーツの語源からみておきたい。スポーツの語源は、ラテン語「deportare」に由来する。この「de」は、「（何々から）離れる＝away」、そして「portare」は「（何々を）運ぶ＝carry」を意味する。従って、その原意は、「持ち運ぶ」「移す」などであった。

さらに、この「deportare」は、古代仏語に流入し、やがて「desport」に変化する。この語は、たとえば、「仕事から離れること」「労働をやめること」さらには「おもしろく遊ぶこと」をも意味したようである。そして、それが中世英語に流入すると、やがてその動詞形「disport」へと変化し、やがて16〜17世紀には、それが名詞化した「disport」や「sport」が使われるようになった。

従って、スポーツという語は、「deportare」に暗示されているように、まじめなこと（仕事）から人々を持ち去り、日常を離れて何かに没頭することで得られる気晴らしや、遊び戯れることを意味した。

2 スポーツの定義的特徴

さて、スポーツの語源に基づくならば、スポーツには多くの事象が包括されるだろう。実際、当時のスポーツという用語には、たとえば山へ登ることから、チェスなどのゲーム、動物を追いかけること、闘争、自動車レースから悪ふざけ、娯楽、冗談さらには恋をすることなども意味していた。

スポーツのこのような多義性あるいは用途の広汎性にもかかわらず、これまで多くの研究者がスポーツの概念を規定してきた。ここでは、それらの研究成果の最大公約数と思われる、スポーツについての3つの定義的特徴をみてみよう。

まず、スポーツについての第一の定義的特徴は「遊戯性」である。実は、文化史的にみるならば、スポーツは遊戯から発展していったのである。この遊戯の本質は「おもしろさ」であり、これが「人々を夢中にさせる力」である。

ついで、スポーツについての第二の定義的特徴は「競技性」である。これはスポーツにみられる勝敗を競う、あるいは技能の卓越や達成に挑み、そしてそれらを競うという側面である。それは他者や相手チームとの競い合いもあれば、過去の自分の記録やパフォーマンス等への挑戦もあるだろう。人々はそこにみられる卓越に高揚し、歓喜し、そして畏敬の念を抱くのである。

そして、スポーツについての第三の定義的特徴は「身体活動性」である。人々は、バスケットボールにおいてドリブルでボールをコントロールし、雪原においてスキーを操作し、野球においてバットをスイングする。それは、日常的な動作と全く異質な特有の身体活動である。

そして、これは、そのスポーツにおいてのみ有意味であり得る。バスケットボールのドリブルは、剣道においては全く意味をなさないし、野球のショートストップの華麗な守備の動きは、水泳競技においては全く意味をなさない。しかし、ドリブルもショートストップの動きも、バスケットボールや野球においては、極めて重要な意味を創造する。スポーツにおける身体活動は、意味創造の主体なのである。

3 スポーツ概念の構成―連続体概念としてのスポーツ―

これまで、スポーツの概念を規定するために、そ

の定義的な特徴である「遊戯性」「競技性」「身体活動性」について辿ってきた。それでは、これらの3つの特徴の相互関係はどうなっているのか。

そもそもスポーツは、その語源的理解から遊戯性が起点とされなくてはならない。人々は競い合いをも遊戯として愉しんでいた。これがアゴン（agon）という形式の遊戯である。ところが、歴史的過程において国家主義や商業主義などの影響により競技性の要素が次第に増大していった。近代スポーツだけではない。古代オリンピア祭ですらそうであった。

スポーツにおいて競技性の要素が増大していけば、相対的に遊戯の要素が減少していく。ここから、ヴァンダーズワッグ（VanderZwaag, H.J.）は、遊戯性と競技性との相互関係の中でスポーツを位置づけ、それを連続体概念として表現した。

つまり、スポーツには遊戯性と競技性という2つの極が存在する。この連続体概念を包摂するのが、そのスポーツ特有の身体活動性である。

従って、スポーツは、その内に遊戯性と競技性の両極を有する、特有の身体活動性に規定された身体運動文化なのである。

もちろん、現実のスポーツのありようは遊戯性や競技性の単純二分法ではない。「おもしろさ」や「楽しさ」に比重が置かれたレジャー・スポーツや卓越や挑戦などに比重が置かれた競技スポーツという語

図1　スポーツの概念

られ方は存在する。ただし、そこに文化的価値の優劣や軽重があろうはずがない。双方に特有の価値があり、人々はスポーツにおいて、その価値追求を通じて幸福に開かれていくのである。スポーツは単なる優勝劣敗の生産装置ではなく、人間の幸福に与り得るという意味において文化なのである。

人類の理性は、スポーツを改めて人間の幸福追求の一形態として捉え直して、それを美しく、そして大切に育てていかなければならない。

【参考文献】
- Huizinga, J. "Homo Ludens, Rowohlt", 1938年
- MacIntosh, P.C., "Sport in society", C.A.Watts & Co.,, 1963年
- Schmitz, K.L. "Sport and play : Suspension of the ordinary",
- Sport and the body, Lea & Febiger, 1974年
- VanderZwaag, H.J. "Toward a philosophy of sport," Addison Wesley, 1972年
- R. カイヨワ（清水幾太郎・霧生和夫訳）『遊びと人間』、岩波書店、1970年
- 水野忠文「スポーツとは何か」『スポーツの科学的原理』、大修館書店、1978年
- 阿部悟郎『体育哲学』不昧堂出版、2018年

（阿部悟郎）

Column スポーツとオリンピック

「オリンピック」というと何を連想しますか？　4年毎に開催される国際的なスポーツ大会、または日本選手の勝敗や活躍、メダル争いでしょうか。そもそも、オリンピックは単なる景気刺激の手段ではなく、近代オリンピックの創始者であるクーベルタン男爵の思想（オリンピズム）に基づき、スポーツを通じた「教育と平和の運動」が推進される場です。その活動を推し進めるのは国際オリンピック委員会（IOC）で、スポーツを通じた平和の構築やスポーツと環境の持続可能性について、さらに目下スポーツ界が直面しているハラスメントの問題、オリンピック難民チームの編成、アンチドーピングの運動など、多岐にわたる活動を展開しています。関心事として大会や競技ばかりに注目が集まりますが、オリンピック競技大会の定期的開催はあくまでIOCが推進する「オリンピック・ムーブメント」として掲げるミッションの1つに過ぎません。

これまで近代オリンピックは120年を超す歴史の中で、「オリンピズム」という理念に支えられ、IOCによる様々な改革を経ながら今日の形を築きあげてきました。IOCは次なる改革として、開催都市立候補の減少や大会の肥大化と経費増大から、既存の競技施設や一時的会場の活用を促進し、開催国以外での一部競技の開催を認めること、さらに、ドーピング・八百長・ギャンブルといった競技の腐敗化への対応、男女平等の観点から男性と女性の参加率50％を目標とし、男女混合団体種目の採用を推奨すること、性的志向による差別の禁止を徹底すること、などといった点について活発に議論を交わしています。

（大津克哉）

2 生涯スポーツ

1 生涯スポーツとは

　我々の身の回りにはスポーツがあふれている。幼児期の運動遊びに始まり、学校の体育授業や運動部活動、地域のスポーツイベントやフィットネスクラブでのエクササイズ、健康づくりのためのウォーキングや体操、山や海でのアウトドアスポーツやキャンプなど、現代社会には様々な形でスポーツを楽しむ機会がある。

　「生涯スポーツ」とは、「いつでも、どこでも、誰(と)でも、いつまでも」をスローガンとして、「生涯にわたるあらゆるライフステージにおいて、生活の質(QOL)を向上するために、一人ひとりのライフスタイルに適した運動・スポーツとの関わりを継続して楽しむこと」である。

　現代社会は、子どもの体力低下、過剰なストレス、生活習慣病などの健康問題に加え、超高齢社会における医療介護や社会保障、人間関係の希薄化などの多くの社会問題を抱える。また、経済的発展に伴う余暇時間の拡大や生活水準の向上は、人々に自己実現やレジャーに対する欲求を増大させた。生涯スポーツはそれら社会問題の解決策の1つであり、生活の質(QOL)を向上させる方法として、社会的なニーズを持ち、幅広い世代の人々から求められていると言えるだろう。

2 権利としてのスポーツ

　人は誰もがスポーツに参画する「権利」を有するという考え方がある。1970年代にヨーロッパでは、「人は誰でも、スポーツを行う権利を有する」と唱えた「ヨーロッパ・みんなのスポーツ憲章」が採択され、「スポーツ・フォー・オール」(みんなのスポーツ)運動が始まった。この「スポーツ・フォー・オール」は、今やすべての人が生涯を通じてスポーツの楽しみを享受し、スポーツから学ぶ機会を保障するという国際的理念となっている。

　日本国内では、2011年(平成23年)に制定された「スポーツ基本法」において、「スポーツは世界共通の人類の文化」であり、「スポーツを通じて幸福で豊かな生活を営むことは、全ての人々の権利」であると明文化された。これにより、憲法で保障されている幸福追求権や生存権が、スポーツの次元においても存在することが根拠づけられることとなった。我々は「安全」と「自由」の下でスポーツを通じて幸福を追求することができ、健康で文化的な人間の尊厳にふさわしい生活にスポーツが不可欠な要素であると認められたのである。一方、国や地方公共団体は、すべての国民が関心や適性に応じて、安全かつ公正な環境の下で、日常的にスポーツに親しむことができる機会を確保することが求められている。

3 生涯スポーツにおける「スポーツ」の広がり

　生涯スポーツ社会を実現するためには、スポーツの捉え方を見直す必要がある。日本では、歴史的経緯から、スポーツを体力や技術の高い人々が勝利や記録を求めて行う身体的競争として捉えた「スポーツ＝競技スポーツ」というイメージが根強く残っている。しかし、このようなスポーツの捉え方では、生涯の限られた時期に、限られた人しかスポーツを行うことができないことになる。誰もが、生涯を通じてスポーツを楽しむためには、より広義な捉え方が必要である。スポーツを、体育・競技スポーツとしてだけでなく、遊び、余暇活動、日常生活活動を含めた「意図的な身体活動」と捉えることで、スポーツの幅が広がり、より多くの人がスポーツに参画することが可能になる。

　スポーツの捉え方が広くなると、スポーツの楽しみ方も多様になる。例えば、激しい運動をすることや勝敗を競うことだけがスポーツを「する」ことではない。日常生活でスポーツを取り入れる「スポー

ツ・イン・ライフ」という方法がある。通勤通学で1駅余計に歩いたり、階段を使ったりすることも、仕事用の椅子をバランスボールにすることも、掃除や洗濯で体を使うことも、スポーツを「する」ということだ。また、スポーツには、「みる」楽しさ、「支える」楽しさがあることを知ると、スポーツが苦手な人でもスポーツを楽しむことができる。競技場やメディアを通じてスポーツを「みる」ことは、文化としてのスポーツの振興につながるとともに、個々の余暇を充実させる活動として有意義である。そして、サポーターや指導者、ボランティアとしてスポーツを「支える」ことは、新しいスポーツの楽しみ方であり、自己実現や自己開発を図るとともに、スポーツを活性化させる大切な力となる。何より、スポーツを「する」「みる」「支える」ことを介して得る仲間との交流は、人生を豊かにし、スポーツの楽しみを増やし、スポーツの継続につながる。また、スポーツは幅広い間口を備えた学問領域ともなりうる。哲学や歴史学、生理学、経営学、社会学、心理学など様々な視点から、スポーツを「まなぶ・知る」ことにより文理融合の学習が実現されるのである。

4 生涯スポーツ社会の実現に向けて

我々の社会は、生涯スポーツ社会をうたいながら

も、実際には性別や世代、障害の有無、経済格差や技術格差などにより、誰もがスポーツを楽しめる状況が実現しているとは言い難い。生涯スポーツ社会の実現のためには、その環境を作り出すことが必要である。国や地方公共団体は、スポーツ参画人口の拡大やスポーツの競技力向上など、生涯スポーツ社会の実現に向けた様々な政策や環境整備を進めており、民間企業も人々のニーズを捉え、様々なスポーツ用品やサービスを開発・提供している。

一方、スポーツは国家に強制されて行うものではなく、我々はサービスとしてのスポーツを受け取るだけの受動的な存在でもない。スポーツは人類固有の文化である。真に社会に根付いた文化とは誰かに与えられるものではなく、私たち一人ひとりが生み出していくものであろう。社会の誰もがその差異を認め合い、ライフスタイルに合わせて自発的にスポーツを楽しむことが求められているのである。これは、生涯スポーツ社会の実現に向けた「新たなスポーツ文化」の創造ということもできるであろう。

【引用・参考文献】
・川西正志・野川春夫編著『改訂4版生涯スポーツ実践論』市村出版、2018年

(吉岡尚美・川邉保孝)

Column Lifetime Sports in America

It is safe to say that anywhere you go in the world, people are passionate about sports. That said, most Americans would probably tell you that they live and breathe sports like no one else. Some would argue that sports are almost like a religion for many Americans, as can be seen in the classic saying, 'as American as baseball and apple pie'. Since sports play such an enormous role in American life, it may be surprising that although many Americans play sports in their youth, not many Americans play sports as adults. This means that many adult Americans are not getting enough exercise, and, as we all know, lack of exercise can lead to serious health issues, especially later in life. That is why there is a growing recognition of the need to encourage Americans to participate in lifetime sports. At the federal level, the US government educates Americans of all ages on the benefits of lifetime sports through initiatives such as *Sport for All*. Nationwide nonprofit organizations such as the American Association of Retired Persons (AARP) promote lifetime sports for adults and the elderly through wellness programs and services. Even sports apparel companies now encourage lifetime sports. In fact, Nike's very first 'Just Do It' marketing campaign featured an eighty-year old runner, Walt Stack, who ran around one hundred thousand kilometers in his life. Inspirational as his story is, in terms of the oldest lifetime athletes in the world, Japan's Hidekichi Miyazaki, at age 105, held the world record for oldest competitive sprinter until he passed away in 2019. However, given Americans' competitive spirit, and the growing popularity of lifetimes sports, it is only a matter of time before an American claims a new lifetime sports world record, too.

(Andrew Roomy)

3 スポーツの楽しみ方 ①する

　スポーツの楽しみ方は様々であるが、その中でスポーツを「する」ことは、スポーツの本質的なかかわり方である。しかし、現代ではスポーツの価値が多様化し、その本質とは違う行われ方をしている場合もある（本来は誰でも楽しんで「する」ものが、勝敗にこだわり、できる者のみが楽しめるものになっていないだろうか）。

1 理想とするライフステージごとの「する」

1 乳・幼児期、児童期

　乳・幼児期、児童期は、将来のスポーツに対する価値観や運動能力などを育てる期間として、非常に重要なステージである。様々な運動やスポーツを楽しみながら、「遊び感覚でする」ことが理想である。

2 青年期

　青年期は、教育活動の一環として部活動や体育の授業、また習い事として地域のクラブや道場でスポーツとかかわる時期である。競い合い、目標に向けて切磋琢磨することで、人間的に成長が期待される。しかし、運動・スポーツを「しない」人も多く、そのような人を対象とした気軽にできるスポーツやアウトドアスポーツを「する」環境を整える必要がある。

3 成人期（壮年・中年期）

　成人期は、仕事や家庭が中心となり、社会人として忙しい生活を送るなか、「リフレッシュするため」や「健康のため」などの理由でスポーツとかかわるステージである。しかしながら、時間的制約が多いため最も運動・スポーツを「しない」割合が高いステージでもある。単発的で良いので、隙間の時間を利用してスポーツやアウトドアスポーツを気軽に「する」ことができれば良いだろう。

4 高齢期

　高齢期は、現在、スポーツの実施率が最も高いステージである。このステージは運動を「する・しない」が極端に分かれている。運動が好きで、健康な高齢者はどんどん運動を「する」が、そうでない「しない」高齢者に対する働きかけが必要である。できれば同年代だけではなく、他の年代と一緒に楽しめるニュースポーツなどを「する」環境を作ることが必要である。

2 スポーツともっと気楽につきあおう！

　スポーツの本質は「楽しく体を動かす」ことである。殴られたり、イジメられながら「する」ものではないし、得意な人だけが楽しむものでもない。

　もっと多くの人が、スポーツを「楽しめる」ように、スポーツに対して「気軽に」かかわるような環境作りが必要である。苦しい練習をしなくても、三日坊主でも、気が向いた時に、楽しむために「する」かかわり方があっても良い。音楽を聴いたり、映画を観たりするように、もっと気楽にスポーツとつきあい、「する」機会を増やして欲しい。スポーツを「する」ことがもっと多面的になれば、我が国におけるスポーツ文化もさらに発展するだろう。

3 アダプテッド・スポーツの考え方

1 アダプテッド・スポーツとは

　スポーツは、「みんなのもの」である。スポーツは、その人の適性や関心に応じて行うことができ、スポーツにかかわる人にとっては、大切な文化とも言える。

　スポーツをするにあたり、ルールや用具、身体活動の方法を個人の状況に応じて作り変え、誰でも参加できるスポーツを「アダプテッド・スポーツ」[1]と呼んでいる。

　このアダプテッド・スポーツにおいては、障害のある人だけでなく、幼児から高齢者、または体力が低い人など、正規のルールや用具でスポーツをすることが困難な人でもスポーツができるよう工夫する

ことで、誰でも参加ができ、その活動の種類を増やすことができる。

その結果、多様な人たちが多様な場面でスポーツをすることが可能になり、スポーツのダイバーシティー（多様性）を保障することにもつながっている。

2 スポーツ活動でのインクルージョン

スポーツをするときに、排除される人が誰一人いないスポーツを考えてみよう。これは、教師や指導者だけが考えることではない。スポーツを一緒に行い、共に楽しむ、その場にいる全員にとって、スポーツ活動の幅や質を広げ、高めることを考えることは貴重な経験になる。

図1に示した「卓球バレー」は、卓球台とピンポン球を使ってバレーのように6対6で競うチームスポーツである。木の板のラケットでピンポン球を打ってパスを回しながら、ネット下を通過させて、相手コートに返球する。障害のある人や、高齢者や子どもも一緒にプレーできるよう工夫されている。

このように、多様な人が共に学ぶ体育やスポーツを「インクルーシブ体育」と呼び、それによって、共生（インクルージョン）の視点でスポーツを行うことの大切さを知ることができる。インクルージョンとは、広く人間の有する多様性を前提に「障害はもちろん、人種、肌の色、性別、性的指向、言語、宗教など、あらゆる面での違いを肯定し受け入れ、互い

図1　アダプテッド・スポーツの1つ「卓球バレー」の様子

に認め合う状態」[2]を指している。インクルージョンの視点でスポーツをみてみると、スポーツは「みんなのもの」だということが理解できるであろう。

このようにアダプテッド・スポーツの考え方に立つと、多種多様なスポーツをする機会をみんなで創り出すことができる。そして、スポーツを多様な人たちと分かち合い、楽しむことができるようになるのである。

【引用・参考文献】
1）齊藤まゆみ編著『教養としてのアダプテッド体育・スポーツ』大修館書店、2018年
2）澤江幸則他「インクルーシブ体育の現状と課題」（体育の科学 vol.67）杏林書院、2017年
・スポーツ庁健康スポーツ課「スポーツの実施状況等に関する世論調査」2016年
・日下裕弘他『生涯スポーツの理論と実際』大修館書店、2007年
・スポーツ庁「第2期スポーツ基本計画」2017年

（知念嘉史・内田匡輔）

Column　パラリンピック、デフリンピック、スペシャルオリンピックス

「パラリンピックに聴覚障害のある人は出場できますか？」答えは、「NO」です。

「オリンピックに聴覚障害のある人は出場できますか？」答えは、「YES」です。

国際オリンピック委員会（IOC）からオリンピック以外で「…lympic」の使用許可を受けているのは、身体に障害のあるトップアスリートが出場できる「パラリンピック（Paralympics）」、聴覚に障害のある「ろう者」のための国際的な大会である「デフリンピック（Deaflympics）」、知的や発達障害のある人たちが対象となる「スペシャルオリンピックス（Special Olympics）」の3つで、それぞれに特徴があります。

パラリンピックでは、陸上走り幅跳びのマルクス・レーム選手（ドイツ）が、8m48cmという記録を出し、8m25cmの日本記録や、8m38cmのリオデジャネイロ・オリンピック優勝記録を超え、世界中に衝撃を与えました。デフリンピックは、大会運営も障害当事者が行い、国際手話を用い友好を深めています。スペシャルオリンピックスには、競技会での予選落ちがなく、表彰式ですべてのアスリートにメダルやリボンがかけられます。

東海大学所属の選手も各大会に出場しています。例えば、藤田征樹さん（工学部研究科、2008年修了）は、北京（2008）、ロンドン（2012）、リオデジャネイロ（2016）のパラリンピックに自転車競技選手として出場し、すべての大会でメダルを獲得しています。また茨隆太郎さん（体育学研究科、2018年修了）は、台北（2009）、ソフィア（2013）、サムスン（2017）でのデフリンピックに水泳競技選手として出場し、同じく全大会でメダルを獲得しています。

障害のある人たちの国際的な競技スポーツの世界について調べたり、大会をみたりすることで、障害者スポーツをもっと身近に感じてみましょう。　　　　　　　　　　（内田匡輔）

4 スポーツの楽しみ方 ②みる

1 スポーツとの接し方

2020年度スポーツライフデータによると、いわゆる「する」という観点から運動・スポーツをとらえた結果では、18歳以上における週1回以上の運動・スポーツ実施率は59.5%で、その方法は、年齢層で多少異なるものの、散歩、ウォーキング、筋力トレーニング、体操（軽い体操、ラジオ体操）といった種目を中心に行われていると推察されている。一方「観る」という点においては、1位：野球（NPB、高校等）、2位：サッカー（jリーグ、高校、大学等）、3位：マラソン・駅伝、4位：バスケットボール（Bリーグ、高校、大学等）、5位：バレーボール（Vリーグ、高校、大学等）となっている。

実際、スポーツは「する」にせよ、「みる」にせよ、幅広く形を変えながら多くの人々の生活に浸透していることは明らかである。ここではそのスポーツを「みる」という視点で述べてみる。スポーツをみる（観戦する）場合は大きく分けて、ゲームや競技会が行われているスタジアム、競技場、体育館等に直接出向き、実際にライブ観戦する方法と、テレビ、インターネットといったメディアを通して観戦する方法に大別されるが、昨今、パブリックビューイングやスポーツバーといった多くの人が集まる公の場所での観戦方法も存在する。2020年新型コロナウイルスが世界中に感染拡大している中で、2020東京五輪・パラリンピックのように、無観客の中で行われるスポーツイベントも多く見受けられる。その反面これらのビッグイベントを中心にメディアを通じたスポーツ情報は最先端の技術が導入されているのも事実であろう。しかしながら、スポーツ観戦はそもそも、スポーツ独自の筋書きのない展開を楽しみ、一般人では到底できないことを成し遂げる非常に高度な技能を持った競技者が、高度なパフォーマンスを披露するその美しさに感動することができる。それ

に加えて、スポーツの観戦を通じて同じ価値観や趣味をもつ人々が一体となって応援する魅力があり、そこに生まれる仲間意識や組織の帰属意識などがより強いものに発展することもまた事実である。

2 "ライブ（直接）"でみるスポーツの魅力

スポーツをライブ観戦するためには、直接ゲームや競技が行われている競技場に行く必要があり、競技や大会によっては有料で観戦することになる。一昔前にプロ野球がテレビ中継されることになった時、多くの関係者は「わざわざ、お客さんは球場に足を運ばなくなるのではないか」と危惧したが、テレビ中継が逆に多くのファンを球場に導いたというエピソードがあった。実際、こうした時間的、経済的な負担等を負ってまでライブでスポーツをみる魅力とはなんだろうか。これは、一流アーティストのコンサートに行くとCDやDVDでは感じ取れない同じ空間共有が得られることと同様に、スポーツにおいてもメディアでは得られないその場の臨場感を、人間の持つ五感のすべてから感じ取ることができるからではないだろうか。例えば、選手の鼓動の音まではいかないまでも、画面では感じ取れない選手の息づかいや、足音、汗をぬぐう音など、そこでしか味わうことのできない五感への刺激が存在する。また、スキー競技等では普通では考えられないスピードや迫力、コース傾斜といった競技の環境的な側面も体感もできる。さらに言えば、メディアの中継に映らないものを自らの意志に基づいて「みる」対象を選ぶことができる。多くの球技では、ボールを中心に映像が展開されるが、状況によってはバックアップしている選手の動きや、次の攻撃に備える選手の動き、さらにはお目当ての選手など自分がみたいものを選択することも可能である。こうしたライブ（直接）でこそ得られる楽しみや体験を求めて、観戦者はスタジアム、競技場、体育館等に足を運ぶ

のである。そして、観戦者が選手を含めた同じ空間を共有できることがこの観戦方法の魅力であろう。

3 メディアを通してスポーツをみる魅力

　1年に1度以上スポーツ観戦を行う人の割合は、メディアなどの観戦方法も含めると90%を超えているとされている。また、テレビ中継では、歴代の視聴率のTop 10の内、7番組がスポーツ中継であり、2002年のサッカーワールドカップでの日本代表対ロシア戦（テレビ視聴率は66%以上）もその中に含まれている。こうした数字は、いかに多くの人々がメディアを通じてスポーツをみているかを示す事例と言える。さらに、現在ではインターネットや情報通信網の発達により、人々は様々な情報を瞬時に入手することが可能になっている。このことから人々は、多くのメディアツールを通じてスポーツを観戦していることがわかる。メディアを通した観戦にも利点がある。何より生放送によるテレビ中継は、多くの場合、無料もしくは低価格であるにもかかわらず、居ながらにしてライブ観戦に準じた楽しみを享受することができる。

　また、そうした手軽さだけでなく、メディアでしか得られない情報も、技術等の進歩により多く受け取れるという価値も付随する。例えば、競技のリプレイ映像は、きわどい判定やファインプレーなど、ハイライトシーンを繰り返しみたいという欲求を満

足させてくれる。また、試合後の監督や選手のアップ映像によるインタビューも、観戦の楽しみにさらなる深みを加える。そして最近では、ハイスピードカメラで撮影した選手の動きをスローで再生したり、超高性能カメラを用いて野球の球審と同じ視線で画像をみることができたり、また競技における統計的な情報も画面上で確認できるなど、ライブではみることのできない映像が提供されることもある。ホームページや動画配信サイトによっては、海外での試合や、テレビ中継されていない種目の競技などをみることも可能である。さらに、スポーツ観戦における最も重要な要素の1つである、試合経過や結果を速報で表示するという役割もメディアの得意分野である。サッカー日本代表戦の試合に代表される、大画面を使ったパブリックビューイングは、チームを応援する同じ価値観や趣味をもった人たちが、同じ場所に集まり、臨場感等を楽しみながら観戦する方法であり、メディアを通したライブ観戦だと言える。

【引用・参考文献】
・『スポーツライフデータ2020』SSF笹川スポーツ財団　等

（恩田哲也）

Ⓒolumn　スポーツの美しさ

　みなさんはスポーツを「みる」とき、何に注目していますか？　勝敗の行方、戦術、技術、選手個人が持つ魅力……スポーツを「みる」とき私たちは様々な場面で興奮し、感動し、惹きつけられます。実はそのとき、私たちは知らず知らずのうちに「美しさ」を感じ、楽しんでいるのです。では、スポーツの美しさとはどのようなものでしょう。

　フィギュアスケートや体操競技など、芸術的要素を持つ種目だけではなく、スキージャンプやモーグルにも滑走や着地の姿勢（フォーム）が採点項目に含まれ、美しさが競われます。また、サッカーのパス回しや、バスケットボールのレイアップシュートなどの局面にも美しさがあります。空手道や柔道などの「形」競技も美しさの宝庫です。そして、どの種目においても鍛え上げられた肉体とその操作性を兼ね備えた身体そのものにも大変な美しさがあります。このように、スポーツは実に様々な美しさを持っているのです。

　ところで、こういったスポーツの美しさは、実際にその競技を経験することや知ることで発見できることが多いと言われています。サッカーのルールや戦術を全く知らなければパス回しに美しさを感じないでしょう。また、実際にバスケットボールをプレイしたことがある人は、ゴールの際のシュート姿勢に注目し、美しさを発見することができるでしょう。「する」ことで「みる」楽しさが増し、また、「みる」ことで「する」楽しさも増していきます。今度スポーツを「みる」ときは、ぜひ「美しさ」に注目してみてください。きっと新たな発見が得られるはずです。

（田巻以津香）

5 スポーツの楽しみ方　③支える

　ここでは、近年注目されつつある「スポーツボランティア」に着目し、スポーツを「支える」というかかわり方の意義を述べる。

1 ボランティアとは

　「ボランティア」という言葉は、英語のvolunteerからきている。さらにその源流を辿ると、語幹はラテン語のvolo（ウォロ）、英語で言うところのwillにあたる。そこには「何かをしようという意思」「喜んで～をする」といったニュアンスが含まれる。

　活動としてのボランティアには、その特徴を示すいくつかの原則がある。

① 自主性

　ボランティア活動は本人の自発的な意思に基づく活動でなければならない。

② 公共性

　個別の課題や支援を必要としている人や状況に働きかけるが、それが自分と直接的な利害関係を持たない人に対してなされる時、ボランティア活動の特徴があらわれる。

③ 無償性

　ボランティア活動は基本的に無給で行われる。

　以上がボランティアの基本的な条件であるが、他にも活動そのものがもたらす楽しさという意味での「創造性」や、行政や市場が対応できない「先駆性」を発揮すること、さらには人々の間で生まれる「相互性」といった性質にも期待がかけられている。

2 ボランティアへの関心の高まり

　我が国でボランティアへの関心が高まったのは、1995年の阪神淡路大震災以降と言われているが、近年では福祉や災害復興のみならず、地域、文化、教育、環境、平和問題、国際交流などにもその活動の幅が広がってきている。また、従来、ボランティア従事者は奉仕的立場から活動に参加してきたが、彼ら自身も楽しみを感じたり、自己を成長させるための「学びの場」としてボランティアをとらえようという機運も高まってきた。

　スポーツボランティアに対する関心の広がりには、このような動向がかかわっていると言える。

3 スポーツボランティア

　スポーツボランティアとは、地域におけるスポーツクラブやスポーツ団体において、無償でその運営や指導活動を日常的に支えたり、また、国際競技大会や地域スポーツ大会で専門的能力や時間などを進んで提供し、大会の運営を支える人および活動であると定義できる。実際にはかかわり方に応じて複数の種類が考えられる（表1）。

① イベントボランティア

　地域の市民マラソン、国民体育大会などのスポーツ大会といった非日常のイベントを支える活動を指す。審判や医療救護といった専門性が求められる「専門ボランティア」と、受付や給水などの「一般ボランティア」の2つに分類できる。

② クラブ・団体ボランティア

　地域スポーツクラブやスポーツ団体におけるボランティアを指す。指導やコーチングの「ボランティア指導者」と、運営体としてのクラブ組織や競技団

表1　スポーツボランティアの種類

イベント ボランティア （非日常・ 不定期）	専門ボランティア： 　審判、通訳、医療救護、データ処理等
	一般ボランティア： 　受付、給水、交通整理など
クラブ・団体 ボランティア （日常・定期的）	ボランティア指導者： 　審判、指導、アシスタント等
	運営ボランティア： 　事務、役員、会計、広報等
アスリート ボランティア	アスリート自身が行う活動： 　ジュニア層指導、施設訪問、 　地域イベントへの参加等

体を支援する「運営ボランティア」に大別できる。活動が日常的で定期的であり、様々な関係者との調整なども必要になるため、活動にともなう責任が重く、コミットメント（献身）の度合いも高くなるが、その分、活動から得られる充実感も大きくなるだろう。

③ アスリートボランティア

アスリートや指導者らが福祉施設や被災地を訪問したり、地域のイベントに参加するといった社会貢献活動のことを指す。有名なアスリートがかかわることで、被災の実情や様々な問題の深刻さにスポットライトが当たることもありうる。

4 スポーツボランティアへのかかわり方

スポーツボランティアをやりたいと思ったとき、何から始めたらよいのだろうか。

まず、しっかりとした情報収集が必要である。例えば、特定非営利活動法人「日本スポーツボランティアネットワーク」が運営する「スポボラ.net (https://spovol.net/)」では、全国で行われるスポーツボランティアの募集情報をはじめ、関係する資格および研修会等の情報、さらにスポーツボランティアで活躍する人々の様子が紹介されている。

また、各区市町村のボランティアセンターを活用するという方法もある。多様な情報にアクセスできるだけでなく、ボランティアコーディネーターという専門スタッフからの助言も得られる。実際の活動

で生じた問題について相談することもできる。

参加に際しては、マナーを守ることも重要である。

例えば、別の用事ができて、直前になって参加をキャンセルするなどということは望ましくない。受け入れ側や援助を必要としている人に、大きな迷惑がかかってしまう。やむを得ない場合には、必ず連絡を入れて相談すべきである。

また、近年ではSNSの発達で、自分の活動や社会にある問題の深刻さなどをネット上でアピールしようとする人が増えている。しかし安易な情報発信は、援助を必要とする人のプライバシーを侵害する恐れがあるため、十分な注意が必要である。

スポーツボランティアは、スポーツ文化の充実のために今後ますます必要になる。しかしそれは、単にスポーツの発展のためだけであってはならない。成熟した社会の可能性は、より質の高い生活に向けて、多様な人々が主体的かつ協働的に立ち向かうことで拓かれる。そうした理想に向けて、スポーツとボランティアのどのような関係性が望ましいかを、私たちは常に問い続ける必要がある。

【引用・参考文献】
・日本スポーツボランティア学会編『スポーツボランティア・ハンドブック』昭和出版、2008年
・山口泰雄編『スポーツ・ボランティアへの招待』世界思想社、2004年

（高尾将幸）

Column　スポーツボランティアを楽しもう！

　昨今、注目されることが多くなったスポーツボランティアですが、国際レベルのスポーツイベントのボランティアは、大会の顔として注目を浴びることがあります。そのため、組織委員会は、様々な動機で参加しているボランティアのモチベーションを維持・向上させるため、マネジメントをする必要があります。その1つに、ボランティアのネーミングがあります。例えば、ラグビーワールドカップ2019日本大会の公式ボランティアチームは「TEAM NO-SIDE」、東京2020オリンピック・パラリンピック大会の大会スタッフ・ボランティアは「Field Cast」、都市ボランティアは「City Cast」とネーミングされました。

　スポーツボランティアをする際は、専門的知識やコミュニケーション能力等を高めておくと、より質の高いスポーツボランティアをすることができます。それらを学びたい人は、特定非営利活動法人日本スポーツボランティアネットワークが、スポーツボランティアを養成するために行っている「スポーツボランティア研修会」「スポーツボランティア・リーダー養成研修会」「スポーツボランティア・上級リーダー養成研修会」「スポーツボランティア・コーディネーター養成研修会」などを受講するのも良いでしょう。各々の研修会を受講するには、いくつかの受講資格を満たしていないといけません。その他、大学や専門学校などでも研修会が行われています。スポーツボランティアを楽しむ人が増えれば、我が国のスポーツ文化が根付き始めたと言えるかもしれません。　　　（秋吉遼子）

6 スポーツの楽しみ方 ④知る

スポーツの楽しみ方の1つに「知る」ことがある。スポーツの歴史や文化を知ることで、スポーツをより深く理解することができる。ここでは、スポーツを通して歴史、民族、政治経済について知り、考えを深める楽しさを紹介する。

1 スポーツの起源や歴史を知る

太古から人類は、舞踊など様々な身体技法を通じて自然の猛威を操るカミ（神）と交信しようとした。このような身体技法がスポーツの起源だと考えられる。現在でも壁画や岩画にその痕跡をみることができる。古代ギリシアのオリンピアでは、紀元前776年から神々に捧げる古代オリンピックと言われる祭典競技祭が開催されていた。

日本では『古事記』（712年）に神々が「国譲り」のために力比べ（相撲）をしたという記述が、『日本書紀』（720年）には、当麻蹴速と野見宿禰が相撲をとったという記述がある。これらは相撲の起源として知られている。現在でも神事としての相撲の一面は引き継がれており、大相撲各場所の初日前日には新しい土俵の地鎮祭である土俵祭が行われている。さらに力士が踏む四股は大地の中の邪気（邪鬼）払いなどの呪術性を示す動作である。古よりスポーツは宗教との関わりが深かったのである。

このような神事と結びついたスポーツから宗教性や聖性を排除し、統一ルールを制定し、勝負や記録を重視するようになったのが競技スポーツ（近代スポーツ）である。

例えば、サッカーの起源となる民族フットボールは伝統的な民衆娯楽として世界各地で異なったルールの下で行われていた。現在のようなルールが制定されたのは19世紀末のイギリスでのことである。異なるルールを統一し、全国共通のルール、国際ルールが制定されたことで、同じ条件で対等に試合ができるようになったのである。

私たちが親しんでいるスポーツも、その起源や歴史を辿ると現在とは異なる一面がみえてくるだろう。

2 スポーツを通して民族を知る

地球上には多種多様な民族文化が存在する。民族とは、宗教、伝承、言語、土地、血縁、行動様式など一定の文化を共有する人間の集団である。民族が共有する文化は、その民族が生活する風土などの影響を大きく受ける。民族スポーツは、民族に固有の生業形態や信仰形態と深く結び付いているのである。

相撲は日本の民族スポーツであり、稲作などの日本文化と関係が深い。大相撲ではモンゴル人力士の活躍が目立つが、モンゴルの民族スポーツのひとつに「ブフ（モンゴル相撲）」がある。大相撲とは違い土俵がないので、決まり手に「押し出し」はない。額、背中、膝、肘のいずれかが地面につくと負けである。モンゴル相撲には400以上の技があると言われている。その中には家畜を押さえつけて縛る動作や、走っている馬を捕まえる動作など、遊牧民族特有の動きからモンゴル相撲の技に応用されたものもある。つまり、モンゴル相撲は遊牧民族の文化と深く結び付いているのである。

世界各地に存在する民族スポーツの中には、長い歴史を遡ることができるものもあれば、比較的起源の新しいものもある。現代社会では、民族スポーツは民族のアイデンティティを確認する役割を果たし

図1　オリンピアの競技場遺跡 (撮影：松浪 稔)

ていたり、観光資源として利用されたりしている。民族スポーツから民族文化を知ることができるのである。

3 スポーツから政治経済を知る

　スポーツが政治や経済と無関係だと考えるのは幻想である。スポーツは政治や経済の姿を映し出す鏡であると言っても過言ではない。

　「平和の祭典」と言われる近代オリンピックを例に考えてみよう。1936年ベルリンオリンピックは、ナチスによって大々的に政治利用された大会だった。オリンピックを開催することで、ナチスの力を世界に誇示したのだ。この大会で初めて聖火リレーが行われたが、アテネからベルリンへの聖火リレーのコースは後に「バルカン侵攻」のコースとなった。

　1964年の東京オリンピックは、第二次世界大戦の敗戦から復興を遂げた民主国家・日本の姿を世界に発信した。東京オリンピックを機に多額の建設投資が行われ、道路や空港など様々なインフラストラクチャーが整備されたのである。

　1972年ミュンヘンオリンピックでは、パレスチナゲリラによるイスラエル選手団襲撃事件が起こった。1980年モスクワオリンピックでは、ソ連のアフガン侵攻に抗議した資本主義諸国が参加をボイコットするなど、オリンピックは国際政治の影響を受け

てきた。1984年のロサンゼルスオリンピックからは、放映権料収入の確立、公式スポンサーの導入などオリンピックの商業主義的性格が強化された。

図2　モンゴル相撲（撮影：井上邦子）

　2004年アテネオリンピックは盛大に開催されたが、その後、ギリシアは経済危機に陥った。2008年北京オリンピックの聖火リレーでは、中国のチベット政策に対する抗議のため、世界各地で聖火リレーが妨害された。2012年ロンドンオリンピック、2016年リオデジャネイロオリンピックの目的のひとつは開催都市の再開発だった。このようにオリンピックが政治経済に翻弄された例は枚挙に暇がない。

　スポーツは政治経済の影響を多大に受けている。よって、スポーツに生じる問題は現代社会の孕む問題なのである。スポーツから政治経済を考えることができるのだ。

【参考文献】
・稲垣正浩他編『図説スポーツの歴史』大修館書店、1996年
・井上邦子『モンゴル国の伝統スポーツ』叢文社、2005年

（松浪　稔）

Column　社会調査データから見るスポーツ

　「データは21世紀の石油」と表現されるほど、私たちの様々な活動はデータに換算され、新たなビジネスの創出や政策の立案に役立てられています。スポーツにおける代表的な社会調査の例としては、スポーツ庁が実施する「スポーツの実施状況等に関する世論調査」などが挙げられます。こうしたデータの利点は、対象の実態を客観的に把握することで、スポーツに関わる課題や改善点を抽出できることにあります。

　一方、データを見る我々の側にはデータを読み解く力を示す「データリテラシー」が求められます。例えば、「スポーツ実施率の向上」は我が国のスポーツ政策の中でも優先順位の高いものですが、「スポーツ実施の定義」によってその結果（数値）は大きく変わってくるでしょう。もし、現在スポーツの定義に含まれる「散歩」を外せばスポーツ実施率は下がるでしょうし、逆に、近年急成長中の「eスポーツ」をスポーツに含めれば若者層のスポーツ実施率は上がってくるかもしれません。データに溢れる時代だからこそ、客観的にデータを読み解き、根拠にもとづいて社会課題を解決する力が求められています。

　近年、スポーツ産業界で求められる人材像の1つに「高度IT人材」があります。高度なデータサイエンスを学んだ人材が求められる時代は既に到来しており、我が国のスポーツもその潮流の真っ只中にいると言えます。課題はそうした人材が圧倒的に不足しているという現状です。逆を言えば、こうした能力を持つ人材にはチャンスが訪れるということなのです。

（押見大地）

7 大学生とスポーツ

1 これまでのスポーツ活動を振り返ろう

　大学に入学するまでに行ってきた運動・スポーツを振り返ると、幼児期における「遊び」という無目的、無目標な運動から始まり、小学校、中学校、高等学校に体育の授業で、発達段階に配慮して学習指導要領が定めた各種の運動やスポーツに親しんできたことは誰しも同様であろう。また、中には学校の運動部活動や、スポーツクラブなどでの水泳や体操、地域のクラブでの野球やサッカー、バスケット、町道場での柔道や剣道など、それ以上に運動・スポーツに親しんだ者もいるかもしれない。このように、多くの人々にとって、子どもの頃から運動・スポーツを行う機会が確保されていたはずである。

　しかし、「運動嫌い」「体育嫌い」という言葉があるように、必ずしも適切に運動・スポーツが行われているとは言い切れないところがある。その原因としては、指導者の技術偏重や勝利至上主義を背景とした、技能の未熟な子ども達の切り捨てや体罰などの問題、また、体育教師の教授方法や授業内容の質の低さなどがあげられている。さらには、公園や広場などの遊び場の減少や、スマートフォンによるネットゲームやYouTubeの視聴などが娯楽の主流となるといった社会的要因も指摘されている。

2 大学生活でもスポーツにかかわろう

1 授業で行う運動・スポーツ

　大学に入学すると、高等学校まで必修で行われてきた「体育」の授業は著しく減少する。体育授業の位置づけは大学によって異なり、必修科目もしくは選択科目であることが多いが、科目自体が存在しない場合もある。東海大学では「健康・フィットネス理論実習」と「生涯スポーツ理論実習」という科目名で必修科目として開講され、この他に選択科目も夏期・冬期の集中授業を含め、数多く開講されてい

る。大学で行われる体育の授業のねらいは、学士教育課程における教養の位置づけであり、まさしく文理融合の幅広い教養としての「身体的教養」を養うことと言えよう。そして、カリキュラムポリシーには、健全な心身の保持増進を図るために、健康スポーツ科目の設定が示されている。したがって、体育の授業でスポーツやエアロビクスエクササイズで汗を流して気持ちが良かったことも重要ではあるが、大学生活において、あるいは大学卒業後に生涯にわたって健康で豊かな生活を行うために必要な「運動・スポーツを生活に取り入れていく習慣」を形成するために必要な理論と、その実践方法を学ぶ重要な役割を体育は担っているのである。

　また、体育の授業は、教室での授業とは異なり、運動・スポーツを通じたコミュニケーションやふれあいを通した仲間づくりができることも特徴である。特に、選択科目として開講される、宿泊を伴うアウトドアスポーツの授業では、自然にふれあいながら、その感動を多くの仲間と共有する機会ともなり、宿泊施設でのマナーや楽しみ方などを含めた収穫があるであろう。

　さらには、生活が不規則になりがちな大学生にとって、定期的に体育の授業に参加することは、規則正しい生活習慣を築く上でも効果的である。

2 クラブ・サークル活動としてのスポーツ

　体育の授業以外でのスポーツのかかわりは、大きく3つに分けられる。1つ目は、体育会などのクラブに所属し、大学の代表選手として大学選手権・全日本選手権・オリンピックなどに出場し、勝つことを目的としてスポーツを行う場合である。そこでは、競技スポーツとして年間を通して厳しい練習が行われることになる。2つ目は、このような競技スポーツ選手をサポートする立場であり、トレーナーやマネジメントを行う。これは選手と同様多くの時間をスポーツに割くことになる。3つ目は、必ずしも勝

つことを目的としないスポーツサークルに愛好者が集まり、スポーツを行う場合である。この活動は、時間の制約や義務感も少なく、趣味としての楽しみに価値が置かれる。勉学やアルバイトと同じ学生生活の一部として位置づけられる。

③ 地域クラブ活動としてのスポーツ

大学外においても、地域のスポーツクラブや道場などでスポーツとかかわることができる。そうした施設では、小学生から一般社会人、高齢者に至る幅広い年齢層がメンバーとなり、自ら活動するばかりでなく、運営や指導など様々なかかわり方でスポーツを楽しんでいるところもある。大学生が、子どもたちのスポーツチームにコーチなどとしてボランティアで参加することは、大いに意義のあることである。

文部科学省は、地域のコミュニティづくりの役割を期待して現在、総合型地域スポーツクラブの育成を推進している。「総合型」とは、多種目、多世代、多志向であり、ここでも上で述べたような様々な立場で、大学生が参加することができる。また、大学スポーツが地域コミュニティ活性化の中心になりえることも指摘されている。[1]

④ スポーツ観戦としての大学スポーツ

「箱根駅伝」に出場する母校の応援やサポートをする人は数多い。同様に、ラグビー、サッカー、バスケットボール、野球、バレーボールなどの大学選手権の応援・サポートをする人も増えている。他にも、様々な種目の大学のリーグ戦が、各大学の校舎内においてホームゲームとして行われている。そこには、在学生はもちろんのこと卒業生や保護者も集い、盛り上がりを見せている。学生は、自校の仲間が戦う姿を応援することで、自ずと自分の大学に対する愛校心や帰属意識が高まってくる。また、卒業生にとっても同様であり、同窓生としての誇りとなるに違いない。

③ 卒業後にどうスポーツとかかわるか

大学を卒業すると、自分の自由になる時間は少なくなり、同様にスポーツを行う時間もなかなか確保できなくなる。それゆえ、大学生活で学んだ「運動・スポーツを日常生活に取り入れていく習慣」を社会人の生活の中でも実践することが大切になる。

社会人といっても、その職種、労働環境、余暇時間などは多種多様なうえに、個々人の生活習慣や地域のスポーツ環境も様々であるため、ここに一様なスポーツライフを提示することはできない。自分に合ったスポーツを選び、自分のスポーツ環境に合わせて楽しむことが、豊かなスポーツライフを送る鍵となるだろう。

【引用・参考文献】
1）安西祐一郎「2045年の学力（18）いまこそ体育を必修に」読売教育ネットワークHP（https://kyoiku.yomiuri.co.jp/torikumi/gakuryoku/contents/204518.php）

（松本秀夫）

Column 日本の大学スポーツを支える「UNIVAS」がスタート

2019年4月、一般社団法人大学スポーツ協会（Japan Association for University Athletics and Sport）通称「UNIVAS」が発足しました。この「UNIVAS」はアメリカのNCAA（全米大学体育協会／National Collegiate Athletic Association）を参考に、日本の大学スポーツの振興、整備を目的に設立されました（2022年6月現在219大学・32競技団体が参加）。中学校には日本中学校体育連盟（中体連）が、高校には全国高等学校体育連盟（高体連）がありますが、大学にはこのような統括組織が存在していませんでした。「UNIVAS」設立により、大学・クラブ・学生・各競技団体にとって、より良いスポーツ環境の整備が期待されています。「UNIVAS」の具体的な目的は「学業環境の整備」「安全対策・リスクマネジメント」「大学スポーツの価値向上とブランディング」「大学ブランド力の向上」「外部資金の獲得」「人材育成」などが挙げられます。

東海大学のスポーツの知名度は非常に高く、大学の大きな広報力にもなっています。最近では、男子バスケットボール部、女子ハンドボール部のホームゲームが学内で行われています。この「UNIVAS」設立により、「みる」スポーツの振興（ホームゲームの開催、ホーム＆アウェー方式等の応援文化の醸成等）を効果的に行い、母校の「カレッジアイデンティティ（愛校心）」や「地域アイデンティティ」を育むきっかけになって欲しいと思います。

（伊藤栄治）

1 バスケットボール

BASKETBALL

1 バスケットボールの歴史

　バスケットボールは1891年12月21日、アメリカ・マサチューセッツ州スプリングフィールドの国際YMCAトレーニングスクール（現スプリングフィールド大学）で産声を上げた。学生たちの要望により、冬季に室内で行えるスポーツとして、J. ネイスミス教授が考案したのが始まりである。当初は1チーム9人編成でサッカーボールを使用し、「13条ルール」（ボールを保持したまま走ることを禁止等）によって試合が行われた。

　わが国へは、1908（明治41）年に同校を卒業した大森兵蔵により紹介され、1931（昭和6）年に来日したF. H. ブラウンらによって日本中に普及した。

　「バスケットボールは誰でも気軽にプレーできるゲームだけれども、やればやるほど奥が深いことに気づくであろう」とネイスミス教授が述べられたとおり、その後の戦術・戦略やルール、用具の変遷は、加速度的に変化している。また、現在、国際バスケットボール連盟（FIBA）には、214の加盟国があり、世界中で人気を博し、発展を遂げている。

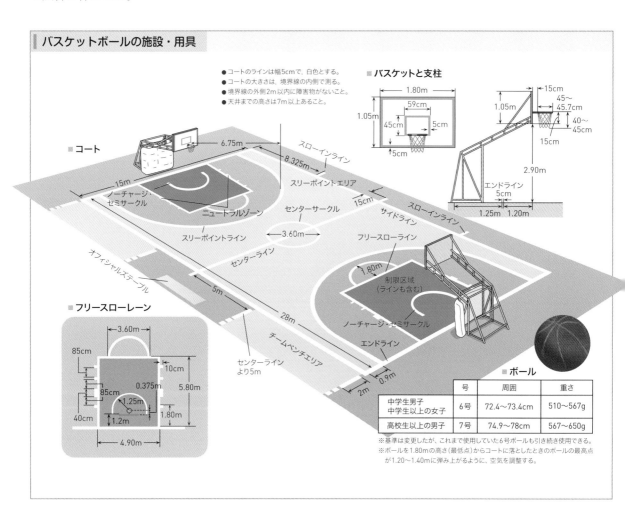

バスケットボールの施設・用具

● コートのラインは幅5cmで、白色とする。
● コートの大きさは、境界線の内側で測る。
● 境界線の外側2m以内に障害物がないこと。
● 天井までの高さは7m以上あること。

■ バスケットと支柱

■ コート

6.75m／8.325m／15m／ノーチャージ・セミサークル／ニュートラルゾーン／スローインライン／スリーポイントエリア／スリーポイントライン／センターサークル／3.60m／15m／スローインライン／サイドライン／フリースローライン／1.80m／制限区域（ラインも含む）／ノーチャージ・セミサークル／エンドライン／オフィシャルステーブル／5m／28m／チームベンチエリア／センターライン／センターラインより5m／0.9m／2m／センターライン

1.80m／59cm／1.05m／45cm／5cm／5cm／1.05m／15cm／45〜45.7cm／40〜45cm／15cm／2.90m／エンドライン 5cm／1.25m／1.20m

■ フリースローレーン

3.60m／85cm／10cm／85cm／0.375m／5.80m／1.25m／40cm／1.2m／1.80m／4.90m

■ ボール

	号	周囲	重さ
中学生男子 中学生以上の女子	6号	72.4〜73.4cm	510〜567g
高校生以上の男子	7号	74.9〜78cm	567〜650g

※基準は変更したが、これまで使用していた6号ボールも引き続き使用できる。
※ボールを1.80mの高さ（最低点）からコートに落としたときのボールの最高点が1.20〜1.40mに弾み上がるように、空気を調整する。

2 バスケットボールの特性

　1チーム5人編成の2チーム（交替可能）が、規定時間内にドリブル、パスを駆使し、高さ10フィート（3m5cm）に設置されているゴールに、多く得点（シュート）することを競うゲームである。シュートは3ポイントラインを境に内側（ゴール側）で決めると2点、外側から決めると3点となる。原則的に身体接触は禁止であり、シュート時の身体接触（ファウル）にはフリースローが与えられ、シュートを決める毎に1点得点される。

　試合においては、個人の能力だけでなく、攻守にわたってお互いに協力し、チームワークを図ることで勝敗が変わってくるのも、バスケットボールの魅力の一つである。

3 バスケットボールの楽しみ方

1 ゲームの進め方

① 10分間のピリオドを4回行い、第1ピリオドと第2ピリオド並びに第3ピリオドと第4ピリオドの間に2分間の休憩、また、第2ピリオドと第3ピリオドの間のハーフタイムは10分間とし、得点を競う。同点の場合は2分間の休憩後、5分間の延長戦を勝敗が決定するまで行う。

② コート中央にあるサークルで、両チームの挨拶後、審判によるジャンプボールからゲームを始める。

③ 第2ピリオド以降のピリオド毎の開始は、オルタネイティング・ポゼッション・ルールに従って、ハーフコートからのスローインで始める。

2 主な反則

① トラベリング：ボールを持ち、2歩以上進んで止まったとき（2歩以内でレイアップシュートやパスをした場合を除く）。

② ダブルドリブル：ドリブル終了後再びドリブルを行ったとき。

③ 3秒オーバータイム：制限区域内に3秒以上いたとき。

④ ブロッキング：体を使って相手の進行を不当に妨げたとき。

⑤ チャージング：無理に進行して相手に突き当たったり押したりしたとき（攻撃側の反則）。

⑥ ホールディング：相手を押さえて行動の自由を妨げたとき。

⑦ プッシング：手や体で相手を無理に押しのけたり、押し動かしたりしたとき。

⑧ アンスポーツマンライク・ファウル：規則の精神と目的を逸脱し、ボールに正当にプレーしなかったときや、触れ合いが異常に激しいもの（ハード・ファウル）だったとき（この罰則としては、相手にフリースローが2投与えられ、更に相手の攻撃から始める）。

4 バスケットボールの基本技術

1 ボールハンドリング

　ボールを自由自在に操れるようになることで、技術（シュート、ドリブル、パス、キャッチ）が向上し、プレーの幅が広がる。また、ウォーミングアップにも適しており、プレーする前に行うと効果的である。

2 シュート

　バスケットボールにおいて、一番の楽しさはシュートを決めることであろう。上達するためには、以下に挙げる基本的な考え方を理解し、実戦を想定し、反復練習することである。

① リングに正対する：両足のつま先、膝、そして上体をリングに向ける。

② スタンス：足の幅は狭くなく広くなく、肩幅ぐらいに広げ、リラックスして立つ。

③ 床に対し、垂直に立つ：前傾・後傾にならないように立ち、足首、膝、股関節を柔らかく連動させ、体の軸を意識して、下体からの力を上体に伝える。

④ シューティングハンド（シュートする方の手）：ボールをキャッチする時に、手首を少し曲げ、手のひら全体でキャッチする。

⑤ セット：ボールをおでこの上ぐらいで構え、視線はリングを見る。手首は上腕と平行になるように90度に曲げ、ボールの真下に肘がくるようにする。ヘルプハンド（ボールを横から補助する手）はシュート動作の邪魔にならないように横

●シュート

セット ▶ リリース ▶ フォロースルー

からボールを支える。

⑥ **リリース**：上腕（肩、肘、手首）の一連の押し上げ動作で（特に手首のスナップにより）、ボールにスピンをかけ、アーチをつけてシュートする。

⑦ **フォロースルー**：シュート後も少しの間、腕をゴールのほうに向けて伸ばした状態でいることが、シュートの安定性と確率を上げることにつながる。

3 ドリブル

ドリブルの技術を向上させることによって、より攻撃的に試合が展開できる。特にチェンジ・オブ・ペース（リズムを変える）とチェンジ・オブ・ディレクション（方向変換）の様々な技術を身につけることにより、得点力も増す。ただし、1人でドリブルを使用する時間が長くなると、チーム全体の動きが止まり、良いリズムが作れなくなるので注意が必要である。

4 パス＆キャッチ

チームプレーの一番の基本である。正確に行うことでミスが少なくなり、よりスムーズに試合を展開できるようになる。また、キャッチ後の動作として、ピボット（軸足を中心にステップを踏む）を行い、オフェンスとディフェンスの状態をよく見てパスを行うことが大切である。

パス技術として、チェストパス（胸）、ショルダーパス（肩）、オーバーヘッドパス（頭上）、バウンドパス（床にワンバウンドさせる）等があるが、状況に

合わせて使い分けられるようにする。

5 バスケットボールの基本戦術

1 1対1

ドリブルのチェンジ・オブ・ペースやチェンジ・オブ・ディレクション技術であるフロントチェンジ（体の前でドリブルチェンジする）、レッグスルー（両足の間にボールをバウンドさせ通す）、バックビハインド（ボールを背中越しに通す）、スピンターン（ボールと一緒に体を回転させる）を駆使し、ディフェンスを攻撃し、ジャンプシュートやレイアップシュート（ゴールに向かって、ワン、ツーと踏み切り、高く跳びシュートする）をねらう。

ディフェンスはオフェンスとゴールの間に位置し、スタンスを少し広げ、バランスを取り、ボールにプレッシャーをかける。オフェンスもディフェンスもリバウンドを取るまでプレーを続ける。

2 2対1（アウト・オブ・ナンバー）

オフェンスがディフェンスより数的優位の状態を「アウト・オブ・ナンバー」と呼ぶが、この状態を作ることで、効率的に得点を上げることができる。ファーストブレイク（速攻）やカッティング（バスケットに向かって走り込む）、スクリーン（味方のディフェンスに壁のように立ち、攻撃を助ける）によって、2対1の状態を作ることができる。

3 3対3

ハーフコート3対3は、よりゲームに近く、オフェンス・ディフェンスの技術を楽しく上達させることができる。特にオフェンスでは、互いのスペーシング（間隔）を考え、味方の攻撃をしやすくしたり、パスをタイミングよく受けに行ったりして、ディフェンスすることを難しくするよう留意する。また、ディフェンスにおいては、1つのボールを3人（ゲームにおいては5人）で守る意識を持ち、抜かれてもチームで協力してカバー（ヘルプ＆ローテーション）する。そして、シュート後は、相手をゴールに近づけないようにブロックアウト（背中で相手を抑える）して、リバウンドを取る。

オフェンスは、下記に挙げる技術を利用しながら、積極的に攻撃していくことが大切となる。

●2対1のアウトナンバー

ドリブルをしながらシュートが打てるエリアまで進む

ディフェンスがドリブラーに反応してきたら、
もう1名のプレーヤーにパス

ディフェンスがドリブラーに反応しなければ
そのままシュート

① **パス＆カット**

　パスすると同時に、バスケットに向かってカッティング（走り込む）し、リターンパスを受けシュートする。リターンパスが入らない場合は、逆サイドにいたプレーヤーがカットしていなくなったポジションへ、ボールを受けに行く（リロケイト）。

② **パス＆スクリーン**

　パスした後、ボールを持っているプレーヤーにスクリーンする方法（オンボールスクリーン）と逆サイドのボールを持っていないプレーヤーにスクリーンする方法（オフボールスクリーン）があるが、しっかりスクリーンをかけてから動き出すように、お互いが協力することが大切である。

【引用・参考文献】
・水谷　豊『バスケットボール・コーチング・バイブル』大修館書店、1997年
・日本バスケットボール協会編『バスケットボール指導教本』大修館書店、2002年
・『アクティブスポーツ』大修館書店、2016年

（陸川　章）

Column　成功の定義

　皆さんは、ジョン・ウッデン（1910年10月14日–2010年6月4日）コーチを知っていますか。1948年にUCLA（カリフォルニア大学ロスアンゼルス校）のバスケットボール部コーチに就任し、60年代から70年代にかけてUCLAをNCAA全米チャンピオンに10回も導いた名将です。数々の名言を残されていますが、その中のひとつを紹介します。

　「成功とは、自分になれるベストの状態になるために最善を尽くしたと自覚し、満足することによって得られる心の平和のことである。さらに言えば、自分の成功のレベルを判定できる唯一の人間は自分自身である」
（『まじめに生きるのを恥じることはない』より）

　勝利も大事ですが、ベストを尽くしたかどうか、またそうできる努力をしてきたかどうかが本当に大事だと思います。
（陸川　章）

2 サッカー
SOCCER

1 サッカーの歴史

　球体を蹴るといった球技は、すでに古代ギリシャやローマ時代にも存在していたという記録が残されている。サッカーの起源は、国際サッカー連盟（略称FIFA）によると、紀元前2～3世紀に中国で行われていた「Tsu'chu（ツジュ）」とされている。また日本でも、平安時代には「蹴鞠（けまり）」と呼ばれる遊戯が存在したことは広く知られている。12世紀になると、イギリスの各地においてFOOTBALLが流行していた。この頃は、特に決まったルールもなく、人数も決まっておらず、相手を倒してもよく、ゲームの日には死人が出るほどの荒々しいもので

あった。18世紀になると、この競技がパブリックスクールで盛んに行われるようになり、1863年10月にはイングランドサッカー協会の結成およびルールの統一がなされ、同年12月には「サッカー」が誕生した。1904年には、フランス、ベルギー、スイス、オランダ、デンマーク、スウェーデン、スペインの7か国の加盟をもって、FIFAがパリで発足した。日本には、1873（明治6）年にイギリス人のダグラス海軍少佐によって伝えられ、サッカーは全国に普及していった。その後1993（平成5）年には日本プロサッカーリーグ（Jリーグ）が発足し、2002（平成14）年には日韓共同開催でワールドカップも行われた。現在では、最も人気のあるスポーツの1つとなっている。

サッカーの施設・用具

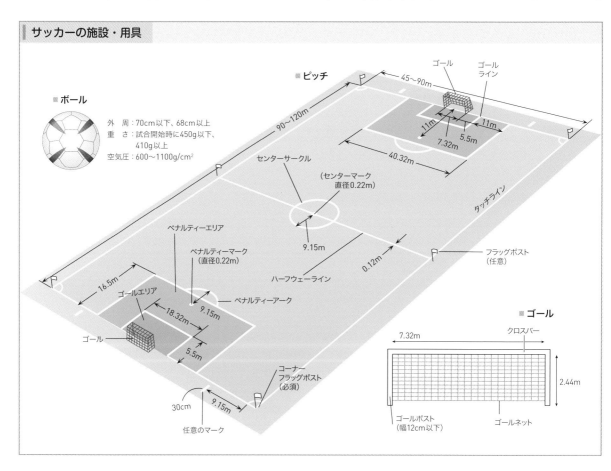

■ボール
外　周：70cm以下、68cm以上
重　さ：試合開始時に450g以下、410g以上
空気圧：600～1100g/cm²

2 サッカーの特性

サッカーは、日頃使い慣れた手の使用を封印して、主として足でボールを扱ってボールを運び、ゴールにシュートして得点を競うスポーツである。そのため、体の巧みな動きに加え、足や頭でボールを操作する技術や、戦術・体力など様々な要素も必要とされる。すなわち、手以外の部分であればどこでボールを扱ってもよいし、ゴールを奪うために多くのプレーを創り出すことができる創造性豊かなスポーツと言えよう。また、サッカーは世界中で愛されているスポーツであり、ボールさえあればどこでも誰とでも楽しむことができる。サッカーの魅力は、このようなところにある。

3 サッカーの目的

サッカーの目的は3つ挙げられる。
　①ゴールを奪う
　②ボールを奪う
　③ゴールを守る
この目的を達成するために、技術（スキル）を土台として、戦術（個人・グループ・チーム）を機能させることが重要である。特に攻撃においては、自由にアイデアを出すなど、発想やイマジネーションを大切にしたい。

4 サッカーの楽しみ方

1 ゲームの進め方
① プレーヤーの人数：チームは、ゴールキーパー1人を含む11人のプレーヤーで編成する。いずれかのチームが7名未満の場合、試合は開始されない。
② 試合の開始：コートの中央よりキックオフで始める。
③ 試合時間：主審と参加両チームの合意がない限り、試合は前・後半共に45分間で行われる。ハーフタイムのインターバルは15分を超えない。
④ 得点：ゴールポストの間とクロスバーの下で、ボールの全体がゴールラインを越えたとき、1得点となる。

2 主な反則
① キッキング：相手を蹴る、または蹴ろうとする。
② トリッピング：相手をつまずかせる、またはつまずかせようとする。
③ ジャンピングアット：相手に飛びかかる。
④ ファウルチャージ：相手を不用意に、無謀に、あるいは過剰な力でチャージする。
⑤ ストライキング：相手を打つ、または打とうとする。
⑥ プッシング：相手を押す。
⑦ タックリング：相手がキープしているボールに触る前に、相手に触れる。
⑧ ホールディング：相手を抑える。
⑨ スピッティング：相手に唾を吐く。
⑩ ハンドリング：ボールを意図的に手または腕で扱う。

3 罰則
① 警告（イエローカード）：反スポーツ的行為、言葉または行動による異議、繰り返し競技規則に違反する、などの場合。
② 退場（レッドカード）：著しく不正なプレー、乱暴な行為、同じ試合の中で2度目の警告を受ける、などの場合。

5 サッカーの基本技術

1 キック
① インサイドキック（足の内側）
試合中にもっとも多く使われるキックで、パスの正確さが要求されるときに使用する。

ポイント　立ち足の膝を軽く曲げ、足の内側で押し出すようにキックする。足首の角度などあまり形

にはとらわれず、自分の蹴りやすいスイングを研究する。

留意点　足を横に振るのではなく、軸足の向きに沿って後足から前方へスイングする。助走（踏み込み）による体重移動（後から前）で、強いキックが可能となる。

② **アウトサイドキック（足の甲外側半分）**

外側に曲がるカーブキックや、押し出すようにキックしてショートパスに使用する。ショートパスの特性は、相手にキックのタイミングを知られにくく、意表をつくことが可能になることである。

（右足の場合）

ポイント　カーブキックは足の甲の中心から外側半分の部位でキックする。ショートパスは、膝から下のコンパクトなスイングで正確性を高めることができる。

③ **インフロントキック、スワーブキック（親指中心）**

ボールを浮かせたり、カーブボールなどの変化球を蹴るときに使用する。

ポイント　ボールの下に親指をねじ込むようにして、

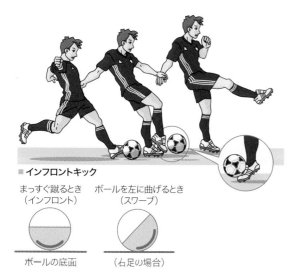

■**インフロントキック**

まっすぐ蹴るとき（インフロント）　ボールを左に曲げるとき（スワーブ）

ボールの底面　　（右足の場合）

足の甲全体面で持ち上げるようにキックする。

④ **インステップキック（足の甲）**

シュート、ロングパスに多く使われるキックで、最もパワーとスピードが出る。

ポイント　シューズのソールを指で押さえるように足首を固定し、大きく踏み込んでキックする。膝から下のスイングをコンパクトにすることにより、ミドルパスが可能になる。

2 ■ **ボールコントロール**

① **クッションコントロール**

• ボールの勢いに合わせコンタクトする部位で迎えに行く。

• ボールコンタクトする部位をリラックスさせ引く。

インステップ　　大腿部　　　胸

② **ウェッジコントロール**

• 足の裏、インサイド、アウトサイドなどのコント

インサイド

ロールする部位と地面との角度を合わせる。

- ボールコンタクトする部位をわずかに引くか、押し出す。

アウトサイド

ソール

3 ドリブル

① 突破のドリブル

- 突破をすることでビッグチャンスを作り出せる場合、積極的にしかける。
- スピードの緩急、持続、方向の変化を用いてボールを押し出していく。

② キープのドリブル

- 突破ができない場合、ボールを失わないようにする。
- 相手とボールの間に、自分の体を入れる。

6 サッカーの個人戦術

1 攻撃 ―パス（動き）の優先順位― （①→③の順番）

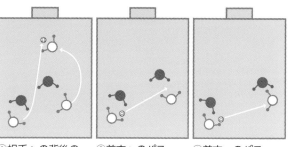

①相手への背後の
　パス

１本のパスで相手を突破。シンプルな攻撃がゴールの確率を高める。

②前方へのパス
　（前を向かせる）

ポジションが深く背後をつけないときは、ゴールに近い方の足にパス。

③前方へのパス
　（DFから遠い足へ）

アプローチが厳しいときは、守備者から遠い足にパス。

2 守備 ―チャレンジ＆カバー――

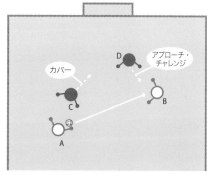

D：第1ディフェンダー（ボールを持っている相手をマーク）が、ボールを奪いに行く。

C：第2ディフェンダー（ボールを持っていない相手をマーク）は、カバーリングも考え、ボール保持者の様子や距離・角度に注意してポジションをとる。

【引用・参考文献】
- 『アクティブスポーツ』大修館書店、2018年
- 『マイスポーツ』大修館書店、2012年
- 日本サッカー協会『LAWS OF THE GAME サッカー競技規則 2017/18』
- 日本サッカー協会『C級サッカー指導教本』、2016年

（今川正浩）

Column サッカーを楽しむ

　日本サッカーは1991年に日本プロサッカーリーグが設立され、1993年にJリーグが開幕し30年目を迎えました。2022年日本サッカー協会は新たなるJapan's Wayをアップデートし、夢の実現に向かって、2050年までに日本のサッカーが世界一になるための『ナショナル・フットボール・フィロソフィー』を発表しました。

　その項目の1つに、日本が目指すサッカーというスポーツは、「誰もが楽しめ、誰もが幸せになれる、そんな世の中を築きながら、普及・育成・発展をし、日本独自のサッカースタイルで強豪国の仲間入りをし、W杯優勝へ導く」という考えがあります。「観る」「する」「参加する」ことからすべての人々がサッカーに関わり裾野を広げ、生活の一部となることで、皆さんのQuality of lifeの向上を図りコミュニケーションをとる。サッカーが世界を幸せにする。皆さんも自身の新たなチャレンジに向け、スポーツ（サッカー）を生活の一部に取り入れ楽しみませんか。

（浅田忠亮）

3 ラグビー
RUGBY

1 ラグビーの歴史

1 ラグビーの発祥

　ラグビーの元となるフットボールの起源は、1世紀末から5世紀初めのローマ軍がブリテン島を支配した時代、軍司令官が、兵隊を鍛えるため「ボールをつかんでゴールラインを越えた地点にボールを運ぶ」乱闘を奨励したことにあったと言われている。中世に入るとイギリスでは各地域で「フォーク・フットボール」が盛んに行われるようになった。このフットボールは、19世紀に入るとラグビー校やイートン校などといったパブリックスクールで学校ごとに独自のルールやゲーム形態で行われ普及していった。これらのフットボールは、各校の施設や土地の影響を受けた。例えば、イートン校では壁で囲まれた場所で行われるフットボール「ウォール・ゲーム」が行われた。一方、ラグビー校では広い芝生のグラウンドでフットボールが行われていた。それぞれ学校で違うルールの統一を目指し、1871年にロンドンでラグビー校式のフットボール統括組織として、イングランドラグビー協会が設立された。これによりラグビーは、イギリス全土から世界各地の英国植民地に広がり、世界中で行われるようになっていった。

　ところで、ラグビーの起源にまつわるエピソードに「1823年、イングランドの有名なパブリックスクールであるラグビー校でのフットボールの試合中、ウィリアム・ウェッブ・エリス少年がボールを抱えたまま相手のゴール目指して走り出した」という偶然のハプニングによって生まれた、というのがあるが、この説には確証がなく「伝説」となっている。

ラグビーの施設・用具

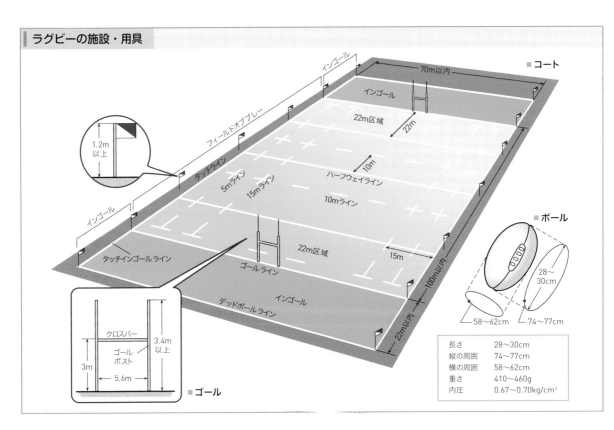

長さ	28〜30cm
縦の周囲	74〜77cm
横の周囲	58〜62cm
重さ	410〜460g
内圧	0.67〜0.70kg/cm²

2 ラグビーの発展

ラグビーは世界中で行われているが、特に盛んな地域はイギリス、フランスを中心としたヨーロッパと南半球のニュージーランド、オーストラリア、南アフリカといった国々である。1987年に第1回ワールドカップが開催されるまでは、ラグビーの世界大会はヨーロッパのイングランド、ウェールズ、スコットランド、アイルランド、フランスで行われていた5か国対抗以外になかった。他の国際試合はテストマッチと呼ばれ、様々な国で独自の交流試合を行っていた。現在、ラグビーワールドカップは、その規模や大会収益からオリンピック、サッカーワールドカップに次ぐ世界的なスポーツイベントとして成長している。

3 日本のラグビー

日本では、1899（明治32）年に慶応義塾大学の教授だったイギリス人のE・B・クラークとケンブリッジ大学留学から帰国した田中銀之助によって、学生に伝えられたのが始まりである。その後、1926年に日本ラグビー協会が創設され、国際試合や海外遠征も行われるようになった。また、日本選手権大会や全国大学選手権大会、全国高等学校選手権大会なども開催され、教育機関や企業スポーツという組織の中で発展している。

2 ラグビーの特性

ラグビーは、陣取りゴール型の球技である。15名、10名、または7名の競技者からなる2つのチームが、競技規則およびスポーツ精神に則り、フェアプレーに終始し、楕円形のボールを持って走ったり、パスやキックをしたりして、最終的には、インゴールという相手陣地にボールをグラウンディングして得られる得点を競うことを目的としたスポーツである。

この目的を達成するための基本原則は、ボールの争奪とプレーの継続である。ボールは手と足で自由に扱うことが可能であり、攻守ともに安全性を損なわない限り身体接触が許されている。走る・蹴る・投げるといった基本的な全身運動の要素が要求される自由度の高いスポーツである。チームスポーツとして自己の役割を果たし、互いに協力するといった

姿勢や激しい身体接触を伴うため、自己をコントロールし、フェアプレーの態度を養うことができる。

3 ラグビーの楽しみ方

1 ラグビーの原則 (The Principles of The Game)

ラグビーの原則は、ラグビーの根幹をなす理念である。ラグビー競技に参加する者は、この原則により、ラグビーが他のスポーツとは一線を画す特性を持つということを認識できる。

① ボールの争奪 (Contests for Possession)

ボールの争奪は、ラグビーの持つ主要原則である。この争奪は試合中のあらゆる局面で行われる。コンタクトプレーや一般プレー、スクラム、ラインアウト、キックによる開始、再開の場面で発生する。

② 攻撃／プレーの継続
（Attack / Continuity of Play）

ボールを獲得したチームは、フィールドオブプレー内の横のスペース、および自チームと相手チームとの間の縦のスペース両方を活用して、ボールをパスしたり、前に持って走ったり、キックしたりして攻撃を行う。

③ 防御／ボールの再獲得
（Defence / Regaining Possession）

ボールを失った側は、攻撃している相手側にボールを用いるスペースと時間を与えないようにして、相手側が前進するのを防ごうとする。最終的な目的は、ボールを再獲得し、攻撃に転じて得点をあげることである。

④ 多様性 (A Multi-Faceted Game)

前掲3原則の総合的な結果として、様々な局面が試合の中で創出される。プレーヤーは、広範囲にわたる個人スキルや集団スキルを発揮し、いろいろな人数のグループを形成して総合的にプレーができる。スキルは多様性に富むため、様々な能力や身体的特性を持つプレーヤーが1つのチームの中で一緒にプレーすることが可能となる。

⑤ 報償と罰 (Rewards and Punishments)

ラグビー競技では、その目的と原則を有効に活用できるチームが相手側より有利になる。例えば、プレーの開始時点でボールを獲得した攻撃側には、ラ

グビーの目的を達成できるような十分なスペースが
与えられる。

2 ゲームの進め方

① **チーム編成**：1チーム15名以内のプレーヤー。
負傷交替およびプレーヤーの入れ替えは、最多
8名まで。

② **競技時間**：80分以内（40分ハーフ、ハーフタイ
ムは15分以内）。

③ **ゲームの開始**：トスで権利を得たチームのハー
フウェイライン中央からのドロップキックによ
るキックオフによって行う。

④ **得点**：トライ5点、トライ後のコンバージョン
ゴール2点、ペナルティキックのゴール3点、ド
ロップキックのゴール3点、認定トライ7点（コ
ンバージョンキックなし）で、ゲームの勝敗は試
合時間内の得点の多いチームを勝ちとする。同
点の場合は、トライ数の多いチームを勝ちとす
る。

⑤ **トライ・ゴール後の再開**：得点された方のチー
ムのハーフウェイライン中央でのドロップキッ
クによって再開する。

⑥ **プレーの中断と再開**：反則やボールのタッチな
どでレフリーの笛によって中断されたプレーは、
原因となったプレーの種類によって、その地点
もしくは近い場所で、スクラム、ラインアウト、
ペナルティキック、フリーキックによって再開
する。

3 主な反則

① **ノックオン**：プレーヤーが手または腕でボール
を前方に落とす、叩く、またはボールが当たって
前方に進むこと。

② **スローフォワード**：プレーヤーが前方にボール
を投げるか、またはパスすること。

③ **ノットリリースザボール**：タックルされた後に、
ボールを保持していたプレーヤーがボールを離
さないこと。

④ **オフサイド**：プレーヤーがプレーしてはいけな
い位置にいてプレーすること。

4 ラグビーの基本技術

1 ランニング

ラグビーでは、スピードは重要な要素であるが、
ゲームの中で相手を抜き去るには緩急をつけ加速・
減速する能力が要求される。

① **サイドステップ**

相手との距離が近い場合に、急激に方向を変えて
抜き去る技術である。

相手に正対する

地面を強くけって、
抜く方向にすばやく
とびだす

抜く方向と逆方向に
フェイントをかける

トップスピードで相手を抜き去る　　■サイドステップ

② **スワーブ**

相手が自分に近づこうとした瞬間にタックルポイ
ントをはずして抜き去る技術である。外側に広いス
ペースがある場合などに有効で、相手との距離が比
較的離れている時に使う。

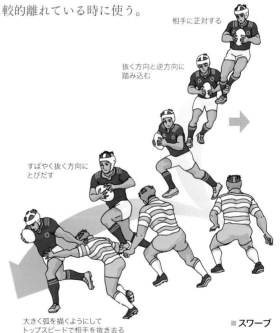

相手に正対する

抜く方向と逆方向に
踏み込む

すばやく抜く方向に
とびだす

大きく弧を描くようにして
トップスピードで相手を抜き去る　　■スワーブ

2 ハンドリング

ボールキャリアーとサポートプレーヤーが連携して、有効なスペースを見極め、状況に応じたパスを使い分け、それをキャッチする。

① パス

レシーバーのスピードが落ちないように、キャッチしやすいところへすばやくパスする。

両手をスイングさせ手首のスナップをきかせる

腕をリラックスさせ、手のひら全部で握る

ボールをしっかりと両手で持つ

② キャッチ

両手で上げてターゲットを作り、力を入れすぎずにボールを迎えるようにしてキャッチする。

両手で的をつくる

ボールを捕りにいくという気持ちでしっかりとキャッチする

3 タックル

タックルは、ボールを保持している相手プレーヤーの前進を止める、ディフェンスの基本技術である。スピードのある相手との激しい接触であり、未熟な技術のタックルは非常に危険であるため、する側もされる側も十分に基本的な練習を積む必要がある。

4 キック

キックには、陣地を進めるためのキック、大きく相手側に蹴り上げてプレッシャーをかけるキック、トライの後にゴールを狙うキックなど、目的に応じた様々な種類のキックがある。

① ロングキック

蹴り足はまっすぐスイングし、足首を伸ばして甲で蹴る

ボールの先を少し下げて持つ

体でバランスをとる

軸足をしっかり踏み込む

② パントキック

ボールは放り上げず、軸足に体重を乗せ、ボールをよく見て足首を伸ばしてミートする

③ プレースキック

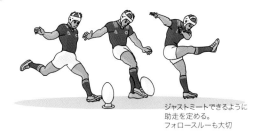

ジャストミートできるように助走を定める。フォロースルーも大切

【引用・参考文献】
- 日本ラグビーフットボール協会編『ＪＲＦＵコーチングの指針』、日本ラグビーフットボール協会、2006年
- 『アクティブスポーツ』大修館書店、2016年
- 『イラストでみる最新スポーツルール』大修館書店、2016年
- 『競技規則 RUGBY UNION 2018』World Rugby、2018年

（木村季由）

Column なぜ「トライ」と呼ばれているのか？

ラグビーでは、相手ゴールラインを越えてボールをグラウンディング（地面につける）すると「トライ」となり、5点を得ることができます。しかし、なぜ「ゴール」ではなく「トライ」と呼ぶのでしょうか？　それは、まだラグビーをフットボールと呼んでいた時代、相手陣のインゴールでボールをグラウンディングしただけでは得点にならず、その後のゴールキックだけが得点になりました。つまり、ゴールキックに挑戦する（Try at goal）権利を得ることから「トライ」と呼ばれるようになりました。その後、トライにも得点を与えてほしいという声が高まり、それを認めるようになり、現在のような得点形式になったのです。　　　　　（八百則和）

4 バレーボール

VOLLEYBALL

1 バレーボールの歴史

バレーボールが誕生したのは、今から1世紀以上前のアメリカにおいてである。マサチューセッツ州ホリーヨーク市のYMCAでスポーツを教えていたウィリアム・G・モーガンにより、天候に左右されない屋内スポーツで、バスケットボールよりも運動量が少なく、相手とのコンタクトも少なく安全なレクリエーションスポーツとして考案された。当初は「ミントボール」と呼ばれていたが、ネット越しにノーバウンドで打ち返すテニスのボレー（volley）にちなんでVolleyBallと改名された。

日本には、1908（明治41）年にアメリカから帰国した大森兵蔵が伝えた。当初はルールやプレーヤー数も定まっていなかったため、16人制が始まりであるとされている。その後12人制を経て9人制が採用され、1951（昭和26）年に国際バレーボール連盟に加入するとともに6人制が主流となり、1960（昭和35）年には全日本6人制選手権大会が開催されるに至った。特に、1964（昭和39）年の東京オリンピックで6人制バレーボールが正式種目に採用され、全日本男女チームが活躍してからは日本全国へ急速に普及し、学校体育でも6人制が中心に行われるようになった。一方、9人制は競技としてもレクリエーションとしても、現在でも根強い支持を受けている。

また現在では、4人制でバドミントンコートとネットを使用するソフトバレーボールや、ビーチバレー競技も幅広い分野で広く親しまれている。

バレーボールの施設・用具

	ネットの高さ
一般男子	2.43m
一般女子	2.24m

	号数	周囲	重さ
高校生以上	5号	65〜67cm	260〜280g

2 バレーボールの特性

　主に手や腕を使ってボールを扱い、チームでボールに触れること3回以内に、ボールをネットごしに相手コートに運ぶというスポーツであり、このときボールを床に落としたり、3回以内に相手コートにボールを運び得なかった方が負けという、きわめてシンプルなゲームである。しかし、高度になるに従い、攻守が瞬時に切り替わるスピーディーさ、またサーブ、レセプション、ディグ、パス、セットアップ、アタック（スパイク含む）、ブロックなど、個人技術とチームプレーが融合した複雑な技術・戦術が求められるようになる。

　このようにバレーボールには、単にボールを落とさないでラリーを続ける楽しさから、個人の技術や能力にチームの戦術や組織プレーが合わさってチームの力が発揮されるところに味わえる楽しさや達成感まで、様々な魅力がある。

3 バレーボールの楽しみ方

1 主なルール
① **チーム構成**：コートプレーヤーは6人。
② **ボールの扱い**：体のどの部分に触れてもよいが、つかんだり投げたりしてはならない。
③ **ラリー**：自陣で2回パスすることができ、3回目には相手コートに返さなければならない。

2 ゲームの進め方
① **ゲームの開始**：サービスから行われる。サービスは得点した側が行う。
② **得点**：サービス権の有無にかかわらず、ラリーに勝ったチームが得る（ラリーポイント制）。
③ **ローテーション**：得点とサービス権を得たチームは、時計回りにコートプレーヤーが1つずつポジションを移動する。

3 主な反則
① **フォアヒット**：同じチームが3回以上触れて相手コートにボールを返してしまった場合（ブロックで触れた場合は数えない）。
② **ダブルコンタクト**：2回連続してボールに触れた場合（ブロックは除く）。

③ **タッチネット**：プレー中にアンテナを含むネットに触れた場合。
④ **ペネトレーションフォール**：相手のコートへセンターラインを完全に踏み越して侵入した場合等。

4 バレーボールの基本技術

1 パス
① オーバーハンドパス
　最も確実にボールを運ぶことのできるパスである。したがって、できる限りオーバーハンドで返球することが望ましい。

あごをしめ、上目づかいにボールを見る
足は前後に開く
足首を十分に曲げる
指を開いてまるみをもたせ、左右対称に開く
ボールの落下点にすばやく移動する
膝や肘のバネを十分に使って腰でボールを押し出す

■ **前へのオーバーハンドパス**

② アンダーハンドパス
　腰より下に来る低いボールのパスや、勢いのあるサーブやスパイクを返球する時に使う。

あごをしめ、上目づかいでボールをとらえる
膝を曲げ、上体はやや前かがみになる
手首から先は下に曲げる
ボールを当てる位置は手首の上部10cm位の部分とする
肘を伸ばしてボールが当たる直前にしめる
膝と腰のバネを使ってボールを送り出す
足首を曲げ腰を落として体勢を整える

■ **正面にきたボール**

2 サーブ

① アンダーハンドサーブ

体の重心移動と腕を下手からすくい上げるように
ヒットするサーブ。

② サイドハンドサーブ

身体の捻り動作と重心移動を利用しながらヒット
するサーブ。

③ フローターサーブ

身体の重心移動と腕のスウィングを水平に保ち高
い打点からヒットするサーブ。

3 レシーブ（レセプション、ディグ含む）

① レセプション

攻撃に入るために一番初めに行うプレーであると
ともに、失敗すれば即失点につながる重要なプレー
である。よって、個人的技術とチーム戦術の融合が
必要不可欠である。

●レセプションのフォーメーション

1・5Wシステム

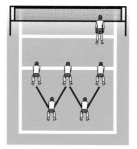

フォワードプレーヤーの1名が
セッターとしてネット際に既にセッ
トアップの準備をすることができ
る。フォワードが2名になるため攻
撃人数を最大限に活かしづらい。

0・6Wシステム

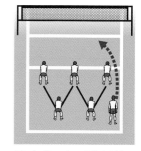

バックプレーヤーの1名がセッ
ターとしてセットアップに上がる
ためフォワードの3名が攻撃に参
加できる攻撃型のフォーメーショ
ンである。

② ディグ

相手の攻撃をブロックで防御できなかったボール
を拾い、攻撃につなげるための技術。ディグはレセ
プションとは異なり、ボールへの反応時間が短いた
め、ブロックとの連携やあらかじめアタックコース
を予測し、最良の返球をするための準備動作を早く
完成することが必要となる。

4 スパイク

スパイクは、バレーボールにおいて最も華やかで
誰しもトライしたい、また決めたい技術の一つであ
る。その技術の種類も様々で、速さ、高さ、コース、
角度など、その選択肢は数限りない。ここではスパ
イクのスウィングについてクローズアップするが、
実際に打つまでの準備動作、助走のステップワーク
も大切な技術である。

① ストレート・アームスウィング

最も容易に高い打点でヒットしやすいスウィング
（初級者向け）。

② ボウ・アンド・アロウ・アームスウィング

最もポピュラーで、高い出力と高い打点をキープ
しやすいスウィング（ストレート・アームスウィン
グの発展型）。

③ サーキュラー・アームスウィング

体幹のひねりを利用し、高い出力を発生する上で
最も優れているスウィング（体幹の反り戻し＋ひね
り戻し）。

④ 助走（4ステップ）

右利きの場合は、右→左→右・左→ジャンプ。3

●オープンスパイク

●ブロック

歩目の右足から強く踏み込み、4歩目をやや内股気味にして一気にジャンプへと移行する。この際に両腕をしっかりバックスウィングし、振り上げと股関節、膝、足首の伸展とともに、身体を持ち上げるイメージでジャンプする。

5 ブロック

相手の攻撃をネット際で阻止する技術であると同時に、ディガーに相手のスパイクのコースを予測させるための技術でもある。フォワードプレーヤーとバックプレーヤーとで連携を取り合い、ゲームを優位に進めていくために、重要な技術といえる。

5 ルールの工夫

プレーが未熟な場合や人数が多い場合は、正規のルールでは楽しめない場合がある。そこで、右記のような特別ルールを工夫して、バレーボールの醍醐味である、ラリーの応酬が続くゲーム内容をデザインするとよい。

① **サーブ**：「女性はエンドラインより前からサーブを打ってもよい」などのルールにすれば、ミスへの不安は減り、ゲームの進行がスムーズになる。

② **ローテーション**：各チーム6人以上いる場合は、本来であればポジション2のプレーヤーがサーブに向かうが、コートの外で待機しているリザーバーと交替して、実質7人や8人でローテーションするシステムを採用してもよい。

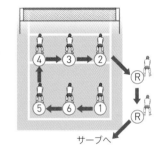

サーブへ

【引用・参考文献】
- 日本バレーボール協会『コーチングバレーボール（基礎編）』大修館書店、2017年
- 『アクティブスポーツ』大修館書店、2016年
- 成田明彦『確実に勝てるバレーボール』日本文芸社、2006年
- アリー・セリンジャー『セリンジャーのパワーバレーボール』ベースボールマガジン社、1993年

（藤井壮浩）

Column▶ バレーボールは日本のお家芸！

バレーボールは、1964年の東京オリンピックで正式種目に採用されました。メダル獲得の可能性が高い、柔道（男子のみ）とバレーボールの2競技だけの採用でした。

1964年東京オリンピックでは、大松博文監督率いる日本女子チーム（通称「東洋の魔女」）が回転レシーブなど日本独自の技術を使い、圧倒的な強さで金メダルを獲得しました。ソ連との優勝決定戦では、テレビ視聴率66.8%を記録するほど、日本全国で注目を浴びました。

女子チームはその後、1968年メキシコシティオリンピック、1972年ミュンヘンオリンピックで銀メダル、1976年モントリオールオリンピックで金メダルを獲得し、日本では空前のバレーボール・ブームが起こりました。

男子チームは、1964年東京オリンピックで銅メダル、1968年メキシコシティオリンピックで銀メダル、1972年ミュンヘンオリンピックで悲願の金メダルを獲得しました。日本チームが生み出したさまざまなクイック、時間差攻撃はバレーボールに革命を起こし、セッターの猫田勝敏氏は「世界一のセッター」と称されました。

このようなオリンピックでの活躍があり、当時日本バレーボールは「お家芸」と呼ばれていたのです。　（小澤　翔）

5 ハンドボール
HANDBALL

1 ハンドボールの歴史

1 ハンドボールの発祥

ハンドボールの発祥については、ドイツとデンマークの2つの説がある。ドイツでは1900年頃ラフバルという球技が行われ、1915年にベルリンの婦人団体がラフバルをもとにトーアバルを始め、1919年にカールシュレンツがトーアバルをもとに11人制ハンドボールを始めた、というのがドイツ発祥説である。1920年にはドイツにおいて、11人制ハンドボールの競技規則が生まれ、第1回ドイツ選手権大会が開催された。

デンマークでは、1897～1898年頃にハンドボールに似た球技ができ、1906年にホルガーニールセンによって競技規則が制定された。ホルガーニールセンが競技規則を制定したハンドボールは、デンマークという北欧の気象条件の中、室内競技として発展し、1918年にはクヌッドセンにより、室内によるハンドボール競技の規則が制定されている。これがデンマーク発祥説である。1935年には、7人制初のデンマーク対スウェーデンの国際試合が行われた。

2 ハンドボールの発展

11人制ハンドボールはヨーロッパで普及し、1926年には国際陸上競技連盟にハンドボール部会が作られ、ドイツのルールを国際ルールと決定した。その後、ヨーロッパ諸国で国際大会が開催され、1936年のベルリンオリンピックに採用された。また、7人制ハンドボールは北欧を中心に普及し、1934年に国際ルールが制定され、1938年には第1回7人制世界選手権が開催された。第二次世界大戦後は7人制がヨーロッパを中心に普及発展し、1972年のミュンヘンオリンピックに正式種目として採用され、現在は世界各国で行われている

日本においては、1922（大正11）年に東京高等師範学校の大谷武一が初めて11人制ハンドボールを紹介した。その後、11人制・7人制の2本立て路線がしばらく続いたが、1963（昭和38）年に完全に7人制に一本化された。

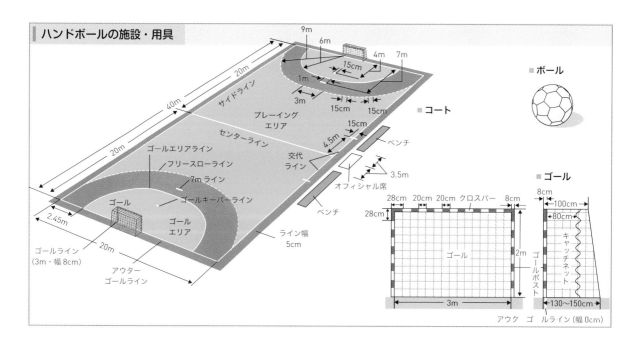

ハンドボールの施設・用具

■ボール
■コート
■ゴール

2 ハンドボールの特性

　ハンドボールは、バスケットボールやサッカーと同じゴール型のゲームであり、「走・跳・投」を使った全身運動の種目である。

　ボールは片手で扱うことのできる大きさであり、様々なパスやシュートで、スピードあるプレーが展開される。ここにハンドボールの魅力がある。

　また、チームにおける自己の役割を自覚し、お互いが協力して練習やゲームをできるようにすること、また勝敗を競うことを通して、協力する姿勢や公正な態度を養うことのできるスポーツである。

3 ハンドボールの楽しみ方

1 主なルール

① **チーム構成**：コートプレーヤー（以下CP）6名、ゴールキーパー（以下GK）1名の7名。
② **ボールの扱い**：ボールは手で扱い、蹴ってはいけない。
③ **ボールの保持**：ボールを持って動ける歩数は3歩まで。ボールを保持している時間は3秒まで（連続ドリブルは何秒でも可）。
④ **プレーヤーの活動範囲**：コートプレーヤーは、ゴールエリア内は進入不可（シュート後は除く）。

3 ゲームの進め方

① **時間と勝敗**：試合時間は60分（30分ハーフ）。相手ゴールにボールを入れた回数を競う。
② **ゲームの開始**：コート中央より、スローオフで始まる。
③ **スローイン**：ボールがサイドラインを通過した時に行う。
④ **ゴールスロー**：ボールがアウターゴールラインを通過した時に行う。
⑤ **フリースロー**：反則があったときに相手チームに与えられる。
⑥ **7mスロー**：明らかな得点チャンスを阻止された時、ゴール前7mスローラインより、直接シュートする。

3 主な反則

① **オーバーステップ**：ボールを持ち、4歩以上進んだとき。
② **ダブルドリブル**：両手でのドリブル、またはドリブル終了後再びドリブルを行ったとき。
③ **オーバータイム**：パスやドリブルをせず、3秒を超えてボールを保持していたとき。
④ **ラインクロス**：GK以外のCPがゴールエリア内に侵入したとき。
⑤ **チャージング**：ボールを持って相手にぶつかっていったとき（攻撃側の反則）。
⑥ **プッシング**：腕または身体で相手を押したとき。
⑦ **ハッキング**：相手の腕または手をたたいたとき。
⑧ **キックボール**：足または膝から下の部位でボールに触ったとき。
⑨ **パッシブプレー**：攻撃の意思がないと審判が判断したとき。

4 ハンドボールの基本技術

1 パス＆キャッチ

　パス＆キャッチは、ボールゲームを行う上で、重要な基本技術である。状況に応じて、様々なパス＆キャッチを使い分ける。

① **パス**

ポイント　利き腕と反対側の足をパスする方向に1歩踏み出し、身体の回転を利用して投げる。ボールの後方を手のひらと指先で押し出すように投げる。

留意点　身体の中心線を軸に投げるので、フォワードスイング中に手のひらがボールの横を通ると、ボールに十分な力が伝わらない。

■**ボールの握り方**

親指と小指で持ち、残りの指は支えるだけにする

■**ショルダーパス**

② **キャッチ**

ポイント ボールをキャッチするとき、両手で三角形を作るイメージで、手のひらでボールを包み込むようにする。キャッチの瞬間に腕を引くとボールの衝撃を吸収し、キャッチミスをしない。

留意点 指先をボールに向けたり、キャッチの瞬間腕を引くことができないと、つき指を起こすことがある。

高い位置のボールはタイミングよく、ボールを手で包み込む

腰を落として手のひらを下に向けてキャッチする

親指を向け合って手を開き、ボールに正対して構える

■キャッチ動作

② **ドリブル**

ドリブルには、連続ドリブルとワンドリブルがあり、これを使い分けることにより、プレーの幅が広がる。

ポイント ボールを注視せず、前方を見て視野を広げる。左右の手を使ってできるようにする。

留意点 ボールハンドリングが不慣れなうちは、ボールに加える力が一定しないので、ボールを見ずにできるよう練習する。

右手、左手、どちらも使えるようにする

■連続ドリブル

③ **シュート**

シュート方法は、①ステップしながら利き腕と反対側の足を踏み出すステップシュート、②ステップしながら利き腕側の足を踏み出すランニングシュート、③ジャンプし、空中でスローするジャンプシュート、の3種類がある。また、その他にも各ポジションに応じたロングシュート、サイドシュート、ポストシュートなどがある。

① **ステップシュート**

ポイント ステップしながらパスを受け、バックスイングをとる。利き腕と反対足を軸に、フォワードスイングを行う。このとき身体の回転を使うと強いボールを投げることができる。

留意点 バックスイング時に身体が回転せず、ゴール正面を向くと、押し投げのような動作になり、強いボールが投げられない。

■ステップシュート

② **ランニングシュート**

ポイント ランニングシュートの特徴は、利き腕と軸足が同一側となるため、上半身と下半身のバランスをとりながら身体のひねりを使ってボールを投げる。

留意点 バックスイングがとれないと、強いボールが投げられない。

■ランニングシュート

③ ジャンプシュート

ポイント 利き腕と反対側の足で地面を強く蹴り、ジャンプする。ジャンプと同時に利き腕を振り上げ、バックスイングを開始する。空中でバランスを保ちながらフォワードスイングを開始し、フルスイングする。

留意点 ジャンプしながらシュートすることがあるので、空中でフォワードスイングを開始するようにする。

■ジャンプシュート

④ シュートを成功させるために

シュートを成功させるためには、「観察→予測・判断→確認→実行」というプロセスが必要である。「観察」とは、①ボール、②味方、③相手、④スペースのすべてを見ること。「予測・判断」とは、次に起こるであろう状況を予測し、持っている技術を選択すること。「確認」とは、状況を確認すること。「実行」とは、自分のもっている技術を実行に移すことである。

シュートがうまく決まらなかったら、このプロセスの各段階にフィードバックして、どこに問題があるかを考えてみるとよい。各プロセスの技術を意識することにより、練習課題が具体的に把握されるようになる。

5 注意すべき傷害

ハンドボールの傷害は、下肢の足関節、膝関節に多くみられる。特に女子においては、膝関節の傷害が多い。傷害の要因としては、基礎体力の不足、ウォーミングアップの不足、使い過ぎによるオーバーユースなどが挙げられる。傷害の予防としては、充分なウォーミングアップをして、全身の筋肉のストレッチや関節の柔軟性を高めたり、運動に必要な血液や酸素を十分に送り出すための心肺機能を高めたりすることが大切である。

【引用・参考文献】
- 日本ハンドボール協会編『ハンドボール指導教本・新訂版』大修館書店、1996年
- 『アクティブスポーツ』大修館書店、2016年
- 『イラストで見るスポーツルール』大修館書店、2016年

(田村修治)

■ディフェンスを避けてのシュート

Column 昔はサッカーボールだった

ハンドボールは、サッカーのもつスポーツとしての良さをもとに、女子にも男子にもできるスポーツとして成立した経緯があります。そのため、昔はサッカーボールを使用してプレーしていたこともあるのです。その後、パス技術が高度になるにともなって、扱いやすい専用のボールが開発されました。その一方、キャッチングのミスを減らすために、手のひらに松ヤニや両面テープといった滑り止めを使用するようになってきました。こうすることで、よりスピーディーでアクロバティックなプレーができるようになってきたのです。 (田村修治)

6 ソフトボール
SOFTBALL

1 ソフトボールの歴史

　ソフトボールは、1887年、アメリカ合衆国イリノイ州シカゴで冬期に野球を練習するために発明されたスポーツである。当時は「インドアベースボール」や「プレーグラウンドボール」と呼ばれていたが、1933年、全米選手権が開かれ、それを機にルールも統一され、名称も「ソフトボール」と改名された。

　わが国では、1921（大正10）年、大谷武一（東京高等師範学校教授）によって、学校体操科の遊技として紹介されたのが始まりである。1949（昭和24）年には、日本ソフトボール協会が設立され、翌年の第5回国民体育大会の競技種目に加えられた。現在では、各種別の全日本選手権が行われており、また2008年北京オリンピックでは女子チームが金メダルを獲得、国際大会での活躍も顕著である。わが国における競技人口は、1000万人以上といわれている。世界では、アメリカ合衆国、カナダ、ニュージーランド、オーストラリアなどで特に盛んに行われている。

2 ソフトボールの特性

　ソフトボールは、「打つ」「捕る」「投げる」「走る」など様々な身体運動を含む、野球型のチームスポーツである。すなわち、同人数の2チームが攻撃と守備

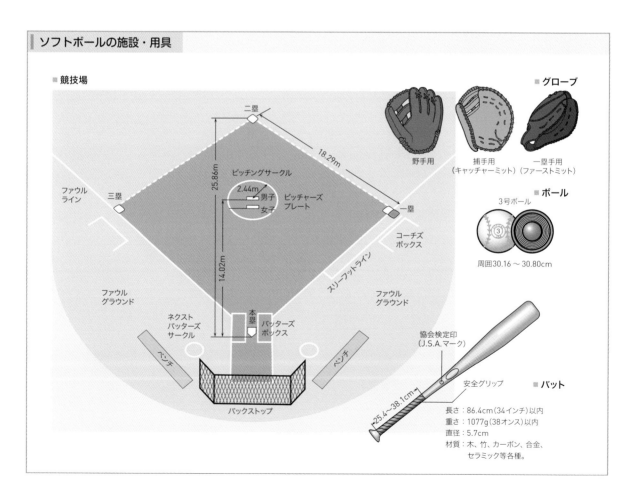

ソフトボールの施設・用具

■競技場

二塁
18.29m
25.86m
ピッチングサークル
2.44m
男子　ピッチャーズ
女子　プレート
三塁
一塁
ファウルライン
コーチズボックス
14.02m
スリーフットライン
ファウルグラウンド
ファウルグラウンド
ネクストバッターズサークル
本塁　バッターズボックス
ベンチ
ベンチ
バックストップ

■グローブ

野手用
捕手用（キャッチャーミット）
一塁手用（ファーストミット）

■ボール
3号ボール
周囲30.16〜30.80cm

協会検定印（J.S.A.マーク）
安全グリップ
25.4〜38.1cm

■バット
長さ：86.4cm（34インチ）以内
重さ：1077g（38オンス）以内
直径：5.7cm
材質：木、竹、カーボン、合金、セラミック等各種。

を交互に行い、攻撃側がボールを打って、塁に進み、ホームベース（本塁）に帰るごとに1点とし、この得点を競う。競技のバリエーションとして、速い投球で行う1チーム9人の「ファーストピッチ」と、山なりのボールで行う、1チーム10人（エキストラヒッターを採用する場合は11人）の「スローピッチ」とがある。

野球に比べ大きく柔らかいボールを細く短いバットで打つため、打球はあまり飛ばない。そのため比較的狭い競技場でプレーすることが可能である。また、安全性も高いため、老若男女を問わず楽しむことが可能である。

不確実性が高いスポーツであるため、技能の優劣と勝敗が必ずしも一致しない場合も珍しくなく、2、3点差では一発逆転の意外性もある。また、必ず打順が回ってくるために、誰もがヒーローになれる可能性のあることも魅力である。

3 ソフトボールの楽しみ方

1 主なルール

① **リエントリー（RE-ENTRY再出場）**：試合開始時の打者表にその名前が記載されている場合は、時機に関係なく、一度限り再び選手として試合に参加できる。

② **離塁**：走者はどの塁においても、投手の手からボールが離れるまで塁を離れてはいけない。投手の手からボールが離れる前に離塁すると、走者はアウトとなる。

③ **指名選手（DP・FP）**：DP（Designated Player：指名打者、すなわち打撃専門のプレイヤーのこと）はいつでもFP（Flex Player：指名守備、すなわち守備専門のプレイヤーのこと）の守備を兼ねることができ、FPはいつでもDPの打席を兼ねることができる。DPはFP以外のプレイヤーの守備も兼ねることができる。

④ **タイブレーカー**：規定の7回で同点の場合は、延長8回より無死走者二塁から攻撃を始める。二塁走者には、前の回の最終打者がなる。

⑤ **投球に関するルール**：
- 投球板に両足をつけ、体の前面で両手によって持ち、全身の動きを2秒以上5秒以内完全に停止さ

せてから投球する。
- 投手はボールを利き腕に持ち、投球動作を起こす。投球のために前方に踏み出す足は1歩であり、踏み出す範囲は、投手板の前方で投手板の両端の延長線の内側である。投手の軸足は、前方へ引きずったり、跳んだりする前は、投手板に触れていなければならない。手と手首は体側線を通って、リリース（ボールが手から離れる位置）は腰よりも低く、手首は肘よりも体から遠く離れないように投球する。

2 ゲームの進め方

① **チームの構成**：ゲームは1チーム9名で行う。ただし、DPをおく場合は10名で行う。

② **ゲームの開始**：先攻・後攻を決め、ゲームを開始する（公式戦は7イニング制）。

③ **打者がアウトになる場合**
- 第3ストライク目の空振り、もしくはストライクの見逃し。
- 打者がフライを打ち、地面に落ちる前に捕球されたとき。
- 打者の足がバッターボックスから出て、打ったとき。
- 2ストライク後のバントがファールになったとき。

④ **打者が安全に1塁を与えられる場合**
- 打者が四死球を得たとき。
- 打者の打撃を捕手や他の野手が妨害したとき。

⑤ **走者がアウトになる場合**
- 野手のタッチプレーを避けるために塁間を結ぶ線から3フィート（0.91m）以上離れたとき。
- インプレイ中に離塁し、ボールを持った野手にタッチされたとき。
- 走塁中に打球に触れたとき。
- 前走者を追い越してしまったとき。
- 投手の手をボールが離れる前に離塁したとき。

⑥ **攻守の交代**：攻撃側が3人アウトになったら行う。

⑦ **得点**：走者が第3アウトの前に、正しい方法で順に1塁、2塁、3塁に触れ、最後に本塁に触れたときに1点が記録される。

⑧ **勝敗**：相手チームより多く得点した方が勝ちとなる。

4 ソフトボールの基本技術

1 投げる

① キャッチボール

・ボールの握り

中指・人差し指の第一関節に縫い目をかけ、その真下に親指の位置がくるように握る

・オーバースロー（遠くに速い球を投げる時に使う）

肘は肩のラインより高く、しっかり胸を張って投げる

・サイドスロー（近くに正確に投げる時に使う投法）

肩のラインを地面と平行に保ち、肘から先を柔らかく使う

② ピッチング

・スリングショット投法（腕を後ろに大きく振り上げ、反動を使って投げる）

ボールを持つ腕を後ろいっぱいに引き、腕をしならせながら引き下ろし、大きくフォロースルーする

・ウインドミル投法（腕を１回転させ、風車のように投げる）

① 上体を前傾させタメをつくる ②

③ グローブの手を前に伸ばし、左足をバッター方向に踏み出す ④

⑤ 体は３塁方向に向き、利き腕を頭上に振り上げる

⑥ ⑦ ⑧

手首をしならせて、前腕の内側を体側にあてながらボールをリリースする

（ブラッシング練習法）リリースの練習

① ②

③

横向きで体の前にグローブをおく。この方法で何度も練習すると感覚がつかめる

2 打つ

① 構え方

赤線（軸）の位置に重心をおき、リラックスして構える。目線は両目で投手を見る

② スウィング

バットのヘッドが肩口から出てくる。後ろ腕の肘がヘソに向かってスウィングする

ヘソの前で腕を伸ばして力強くインパクト

フォロースルーは自然な形で

③ バント

重心を低く、目線とボールの中にバットを入れる。最後まで目を離さず、バットの先端に当て、ボールの勢いを殺す

④ スラップ打法（ソフトボール独特の打法）

左打ちで俊足のバッターであれば、出塁率が高まる

3 捕る
① グローブの使い方

相手にグローブの芯を向ける。ボールの方向によってグローブの使い方（出し方）が変わる

② ポジション別の捕球のポイント

・ 捕手

前かがみにならず、上体を起こして、投球を下から見るイメージで捕球

・ 内野手

重心を低く、体の中心で捕球

・ 外野手

体の中心で捕球

4 走塁
① 打者が一塁へ

外側オレンジベースを踏む（野手は内側白ベース）

② 一塁走者の離塁

【引用・参考文献】
- 『イラストでみる最新スポーツルール』大修館書店、2016年
- 『アクティブスポーツ』大修館書店、2016年
- 日本ソフトボール協会HP（http://www.softball.or.jp/）

（伊藤栄治）

7 テニス
TENNIS

1 テニスの歴史

　テニスの起源は、12世紀頃からフランスで行われていた＜ジュ・ド・ポーム＞であったと考えられている。ポームとは、フランス語で手のひらを意味する。はじめは、ボールを手のひらで打ち合っていたが、手袋を使いだし、やがて曲がった木のバット、そしてガットを張ったラケットが使用されるようになった。

　12世紀から14世紀にかけて、多くの聖職者が屋内外で盛んにポームを行い、教会の数よりもコートの数の方が多いと言われるほどの熱中ぶりに、多くの王はポーム禁止令を出すほどであったと言う。

　14世紀のなかば、ジュ・ド・ポームはフランスの騎士たちによって、イギリスへ伝えられた。「テニス」という言葉の語源は、ポームを行う時にパートナーに「tenetz（いくぞ）」と声をかけたフランス語から言い伝えられたとされている。フランスでは屋内コートが主流であったが、イギリスに渡ったテニスは、屋内コートには莫大な費用がかかることと、芝生がよく育つイギリスの気象環境との関係から屋外で行われるようになり、さらに競技規則も整えられ、ローン（芝生）テニスへと発展していった。今では少なくなっているが、イギリスで行われる全英オープンテニス大会は、現在でも芝生のコート・サーフェスで開催されている。

2 テニスの特性

　ネットをはさんだコート内で、ラケットを使ってボールを打ち合い、得点を競うネット型の球技であり、1対1のシングルス、2対2のダブルスがある。

　広いコートを守るため、ボールコントロールの能力、ボールの予測、素早いフットワーク、ポジションの判断力などが重要となる。さらに、デリケート

テニスの施設・用具

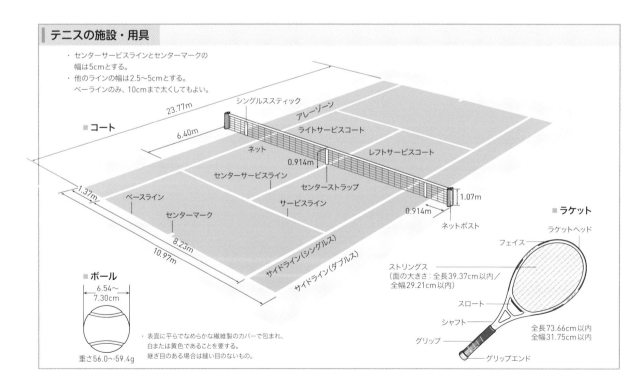

・センターサービスラインとセンターマークの幅は5cmとする。
・他のラインの幅は2.5～5cmとする。ベースラインのみ、10cmまで太くしてもよい。

■コート

- シングルススティック
- アレーゾーン
- ライトサービスコート
- ネット
- レフトサービスコート
- センターサービスライン
- センターストラップ
- ベースライン
- サービスライン
- センターマーク
- ネットポスト
- サイドライン（シングルス）
- サイドライン（ダブルス）

23.77m
6.40m
0.914m
1.37m
1.07m
0.914m
8.23m
10.97m

■ボール

6.54～7.30cm

・表面に平らでなめらかな繊維製のカバーで包まれ、白または黄色であることを要する。継ぎ目のある場合は縫い目のないもの。

重さ56.0～59.4g

■ラケット

- ラケットヘッド
- フェイス
- ストリングス（面の大きさ：全長39.37cm以内／全幅29.21cm以内）
- スロート
- シャフト
- グリップ
- グリップエンド

全長73.66cm以内
全幅31.75cm以内

な競技のため精神力も重要で、特に的確な状況判断・集中力・忍耐・勇気なども必要とされる。

しかし、年齢を重ねても、大きな筋力を使わずともゲームを楽しむことができるため、人生の長い期間にわたり親しむことができる。また最近では、車いすテニスの競技人口も増加している。バウンドルールが「2バウンドまで認められている点」以外は、健常者とほとんど変わらないルールで競技できるため、健常者とラリーや試合を楽しむことができる。

3 テニスの楽しみ方

1 ゲームの進め方

① **トス**：最初のゲームでどちらがサービス（レシーブ）をするか、どちらのコートに位置するかを、トスによって決める。一方がラケットを回し、回転している間に他方が「アップ（スムース）」か「ダウン（ラフ）」を言い当てる。トスの勝者は、①サービスまたはレシーブの選択権か、②コートサイドの選択権のうち、どちらか1つを選択する。敗者は残りの選択権を得る。

② **サービス**：サービスは、各ゲームの最初のポイントでは右コートの後方から、次は左コートの後方から行う。いずれも対角方向の相手サービスコートに打つ。第1サービスがファール（フォールト）の場合は第2サービスを行う。

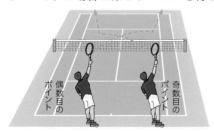

③ **サービスの交代**：サービスとレシーブは、1ゲームが終了するごとに相手に交代する。

④ **サービスの順序**：ダブルスの場合、各セットの第1ゲーム、第2ゲームはそれぞれの組のどちらのプレーヤーがサーバーになってもよいが、第3、第4ゲームはそれぞれのパートナーがサービスを行い、以下同様な順序で繰り返す。つまり、全員が交代でサービスし、1人が3ゲームおきにサーバーになる。

⑤ **コート交代**：各セットの奇数ゲームが終了するごとに、コートサイドを交代する。

⑥ **レシーブ**：ダブルスでは、右コートでレシーブするものと左コートでレシーブするものを決め、1セットの間にこれを変更してはならない。

2 サービスに関するルール

① **サービスがフォールトになる場合**

- 入れるべきサービスコートに、サービスがノーバウンドで入らなかったとき。
- サービスが終わるまでにラインを踏んだり、ラインを超えてコートに入ったとき。ただし、どちらかの足が空間でラインを越えてサービスをしてもよい。
- ボールをトスして打とうとしたが、空振りして打てなかったとき。
- サービスをしたボールが審判員や審判台、ダブルスのパートナーに当たったとき。

フォールトになったら 第1サービスがフォールトの場合は第2サービスを行う。第2サービスがフォールトの場合はダブルフォールトになり、失点となる。

② **サービスがレットになる場合**

- ボールがネットやストラップに触れて相手方のサービスコートに正しく入った場合（ポストにあたって入った場合はフォールトになる）。
- トスを上げたが打たなかったとき。
- レシーブの準備ができていないため、「ノットレディ」をレシーバーが表現したとき。

レットになったら サービスがレットの場合、当該サービスだけをやり直す。

3 得点に関するルール

競技中に失点となる主な事項を、以下にあげる。

- サービスが2本ともフォールトになったとき。
- サービスされたボールが地面に落ちる前に、直接レシーバー側のラケット、体、着衣などに触れたとき。
- 二度バウンドする前に返球できなかったとき。
- 返球が直接ネットを越さなかったとき。
- 返球が直接相手のコートの外に落ちたり、審判台などに触れたとき。

- ラケットでボールを故意に2度打ったり触れたり
して打球したとき。
- プレー中にプレーヤーの体、ラケット、着衣、持ち
物がネットやポスト、相手のコートに触れたとき。
- ボールがネットを越してくる前に直接打球したとき。

4 コールのしかた

●ポイントのコール（サーバーの得点を先にコールする）

得点		コールのしかた
サーバー	レシーバー	
1点 対	0点	Fifteen・love (15対0)
1点 対	1点	Fifteen・all (15対15)
2点 対	3点	Thirty・Forty (30対40)
3点 対	3点	Deuce (40対40)
デュース後、Aさんが1点リード		Advantage・A

5 勝敗の決め方

① ゲーム：4ポイントを先取した方がゲームを得
る。ただし、3対3になった場合はデュースとな
り、デュース後は2ポイントリードした方がゲー
ムを得る。

② セット：6ゲームを先取した方がセットを得る。
ただし、ゲーム数が5対5になった場合は、その
後は2ゲームリードした方がそのセットを得る
（アドバンテージセット）。なお、ゲーム数が6対
6になった場合には、特別な1ゲームをとった
方がそのセットを得るタイブレークセットもあ
る。

③ マッチ：2セットを先取（3セットマッチの場合）
した方がそのマッチ（試合）の勝者となる。なお、
一般にはセットを設けず、6ゲームを先取した
方をマッチ（試合）の勝者とすることが多い。

4 テニスの基本技術

1 ラケットの握り方（グリップ）

①ウエスタングリップ
トップスピン系のボールを打つ時に
用いる。

②イースタングリップ
順回転のボールやフラット系のボー
ルを打つ時に用いる。

③コンチネンタルグリップ
フラット系やスライス系のボールを
打つ時に用いる。サービスボレー、
スマッシュにも適している。

2 グランドストローク

① フォアハンド

② バックハンド

③ トップスピン系（フォアハンド）

ボールに強い順回転をかけ
るショットである。ネット
の高い位置を通過させるこ
とができるので、ラリーの
安全性が高い。

④ トップスピン系（バックハンド）

⑤ スライス系

ボールにアンダースピンを
かけるショットである。低
い弾道となるので相手は返
球しにくい。

3 サービス

　サービスは、相手の返球の影響を受けず、自分でコントロールできる唯一のショットである。ファーストサービスは戦術的ウェイトが高く、相手を崩すきっかけをつくることができる。セカンドサービスでは失敗が失点につながるので、確実性を重視しなければならない。

4 アプローチ

　相手からの返球が短くなったとき、打球後にネットにつくために行うショットである。ネットプレーにつなげるための、戦術的な判断が必要になる。

5 ボレー

　ネットぎわでボールをノーバウンドでストロークするショットである。相手を追い込んだ後の決めのショットにもなる。相手の動きを見ながら、どこにポジショニングするかが重要である。

6 スマッシュ

　頭上に浮いたボールや相手からのロブに対して、オーバーヘッドのストロークをするショットである。

5 注意すべき傷害

　他のスポーツでもそうだが、腰・肩・肘・膝・手首・足首を傷めることが少なくない。特にテニスの場合は肘を痛めることが多く、「テニスエルボー」という名前がつけられている。これは正式には、上腕骨外側上顆炎という。

【引用・参考文献】
・『アクティブスポーツ』大修館書店、2016年
・『イラストでみる最新スポーツルール』大修館書店、2016年
・友末亮三『テニスのパワーアップ・トレーニング』大修館書店、1990年
・クレイグ・グレンディ編『ギネス記録2009』ポプラ社、2008年

（田中靖久）

Column チャレンジシステム

　世界最速サービスは、2012年韓国でサム・グロス（オーストラリア）が記録した時速263.4km/hです。これほど速いサービスを打つ選手はそうはいませんが、男子のトッププレイヤーのほとんどが、時速200km/hを越えています。

　もちろん、これを打ち返す選手は驚異的なフィジカル、スキル、メンタルを必要とし、簡単なことではありませんが、それを正確にジャッジする審判も容易ではありません。そのため、すべての国際大会ではありませんが、2002年から「チャレンジシステム」が導入されるようになりました。「チャレンジシステム」とは、選手が判定に不服な場合、ビデオ判定（CG映像）での再ジャッジを申し出ることのできる制度です。ホークアイ（電子審判技術）による判定が行われ、1セットあたり3回（タイブレークでは＋1回）申し出る事ができます。チャレンジが成功する（＝判定がくつがえる）と回数は減らず、失敗した時のみ減り、セット間で回数の持ちこしをすることはできません。

　スタート当初、トップ選手であるロジャー・フェデラー（スイス）は導入に反対の意を唱えており、ファンからも賛否が分かれていました。しかし現在は、競技の公平性はいうまでもなく、より速く結果やデータを「見せられる」というエンターテインメント性が支持され、80以上の国際大会で使用されており、なくてはならないシステムとなりつつあります。

（田中靖久）

8 卓球
TABLE TENNIS

1 卓球の歴史

　卓球の発祥は「19世紀の末にイギリスの貴族が、食事の後のテーブルで、シャンパンのコルクを打ち合った」とされている。その後1898年イギリスでテニスの試合が雨でできず、代わりに室内でテーブルをコートにしてセルロイド製の玉を打ち合ったことが現代卓球の始まりと考えられている。考案者はジェームズ・ギブでその時の音が「ピンポン」としたことから「PingPong」と名付けられた。やがてそれが登録商標となったために今では「Table Tennis」と呼ばれている。

　日本においては1902（明治35）年に東京高等師範学校教授の坪井玄道がイギリスからルールブックと道具一式を持ち込んだのが最初であると言われている。ルールや道具は時代とともに少しずつ変わっているが、2014年セルロイド製のボールからプラスチック製に変わったことは、戦い方にも影響を与えている。

2 卓球の特性

　球技の中でも最も小さいボールを扱う競技である。室内で誕生したこともあり狭い場所でもできる点は特徴的である。また用具がコンパクトで安価な製品も多いため、より多くの人々が簡単に入手できる。このような点からも手軽に親しめるスポーツである。

　運動量は見かけによらず意外に大きい。しかし、シングルスの場合には個人競技でもあり、調節が可能なので年齢や体力、経験に合わせて調整ができる。

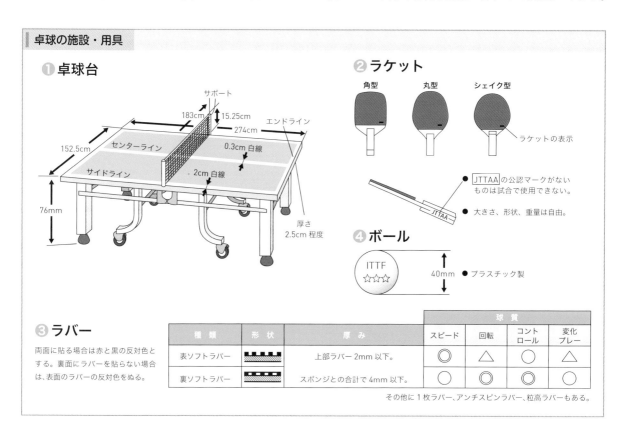

卓球の施設・用具

❶ 卓球台

サポート
183cm　15.25cm
274cm
エンドライン
152.5cm
センターライン
0.3cm 白線
サイドライン
2cm 白線
76mm
厚さ
2.5cm 程度

❷ ラケット

角型　丸型　シェイク型
ラケットの表示

JTTAA
- JTTAA の公認マークがないものは試合で使用できない。
- 大きさ、形状、重量は自由。

❹ ボール

ITTF
☆☆☆
40mm　●プラスチック製

❸ ラバー

両面に貼る場合は赤と黒の反対色とする。裏面にラバーを貼らない場合は、表面のラバーの反対色をぬる。

種類	形状	厚み	球質			
			スピード	回転	コントロール	変化プレー
表ソフトラバー		上部ラバー 2mm 以下。	◎	△	○	△
裏ソフトラバー		スポンジとの合計で 4mm 以下。	○	◎	◎	◎

その他に 1 枚ラバー、アンチスピンラバー、粒高ラバーもある。

動きも自分でコントロールすることができる点で、ケガの少ないスポーツ種目である。また、相手との距離が近いために勝負の駆け引きには心理的な影響を受けやすい。ダイナミックな動きとともに、戦略の緻密さを併せ持っており、魅力の１つとなっている。

卓球台があれば狭いところでもできることから、体育館はもちろん、児童館や娯楽施設、温泉旅館などの宿泊施設にも設置され、子どもや高齢者まで幅広い年齢層にレクリエーションとしても親しまれている。

卓球の正式な台は「施設・用具」の図内❶のとおりである。ラケット（❷）は日本式角型、中国式丸型、シェイク型があり、それに貼るラバーにもそれぞれの特徴がある（❸）。自分の戦術に合わせてラケットとラバーを組み合わせている。ボールは直径40mmのプラスチック製で公式球には３つの星（スリースター）が付いている（❹）。

3 卓球の楽しみ方

1 主なルール

サービスは自コートと相手コートに入れ、リターンは相手コートに入れる。主な失点には、台にフリーハンドをついて返球する、体の一部がネットに触れる、ラリー中に台を動かす、大きな音や声を出す、などがある。競技者や監督、コーチのバッドマナーに対してペナルティーを科すこともルールとなっている。

2 ゲームの進め方

シングルスとダブルスに共通のゲームの進め方は、最初にジャンケンを行い勝った方がサービス、レシーブ、コートを選べる。11点先取で、５ゲーム制、７ゲーム制がある。サービスは一人２本連続して行う。トスをした時点でゲームは始まりサービスが入らない場合には相手の得点となる。ネットに触れて入ったサービスはやり直せる。10点対10点になった時は連続２点先取で勝ちとなる。この時のサービスは１本ずつとなる。ゲームが終了するたびにコートを交代する（チェンジエンド）を行うが、最終ゲームのときは、一方が５点となった時点でチェンジエンドを行う。

① シングルス

サービスは、台より後方であればどこからでもよく、また相手コートのどこに入れてもよい。またリターンもコースの制限はない。

② ダブルス

同じプレーヤーが続けてプレーすることはできず、必ず交互に打たなければならない。サービスは２本ずつでシングルスと同じであるが、サービスを入れるコースが決められており、自コートのフォアサイドから相手コートのフォアサイドにクロスに入れなければならない。どちらかに入らなければサービスミスとなり、相手の得点となる。サービスおよびサービスレシーブを行う順番は下図の通りである。

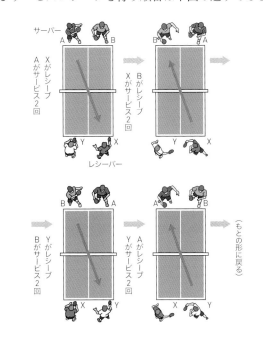

4 卓球の基本技術

1 ラケットの握りかた

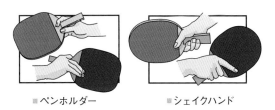

■ペンホルダー　　　　■シェイクハンド

① ペンホルダー

ペンを握るように持つことからこの名が付いてい

る。ポイントは、ラケット裏面で支える中指がラケットの真ん中にくるようにすること。バックハンドは手首を返すので、小指を軽く離しておくとやりやすい。

② **シェイクハンド**

握手（シェイク）をするように握るのでこう呼ばれている。ただ握るだけだと安定した角度を出しにくいので、人差し指を使って固定する。その際、バックハンドは人差し指を置く裏面を使用するので、邪魔にならないような位置に置くことが必要である。

2 基本姿勢とスイング

① 基本姿勢

あごを軽く引いて、相手とボールをよく見る。

グリップはゆるやかに。

背筋を伸ばし、両肩の力を抜いて、リラックスさせる。

両膝を軽くゆるめて足首を曲げる。

両足の開きは、ほぼ肩幅くらい。

足は肩幅に広げ、台に対して利き腕側の足を少し下げた斜めの構えとなる。少し前かがみで脇をしめ、ラケットは体の真ん中に置く。足は踵を軽く浮かし、すぐに動けるように構えておく。

② フォア

■ペンホルダー　　　■シェイクハンド

基本の構えからラケットを後ろに引きバックスイングをとり斜め前に振る。インパクトは体の横よりも少し前くらいになるようにする。打った後もラケットを止めずに額までスイングを続ける。体重は後足から前足に軽く移動させ、フリーハンドも使ってバランスをとる。

③ バックハンドショート

バックハンドはラケットの種類で異なるが、ペンホルダーでボールをとらえるタイミングを図に示した。初心者のうちは、バックハンドはショートを身につけ、確実にブロックできるように練習するとよい。シェイクハンドの場合はラケットの裏面を使ってブロックするので、比較的やりやすい。ラケットの操作は異なるが、構えやタイミングは同じである。

3 サービスの出し方

① 下回転サービス

ボールの落下にうまくタイミングを合わせて、ボールに下回転を与える。ボールの下を包み込むように台に平行になるように手首を動かす。その際、ラケットの外側で打球すると回転が強くなる。打球点が高いとバウンドも高くなるので、当てるタイミングは台に近く低い方が良い。

② 横回転サービス

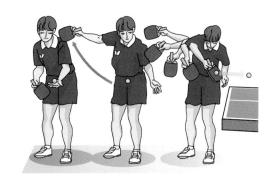

ラケットを少し立てて、台と垂直になるように手首を動かしボールを横にこするように回転を与える。下回転と同様にできるだけ低い位置でボールを当てる。変化球サービスは回転をつけながら前にバウンドさせなければならないので、集中して練習し、タイミングを習得する必要がある。

④ ツッツキ

■フォア

■バック

　下回転サービスを確実に返球する方法であり、フォア、バックいずれも習得しておくと粘ってチャンスをつくることができる。慣れないうちは手首を動かさないで、ラケットにボールを乗せて運ぶつもりで行うとよい。慣れてきたら手首を使って回転をつけることもできるようにする。

⑤ ドライブ

　ボールに前進回転（順回転）をつける打法であり、下回転サービスやツッツキの返球の際に利用される。台上で行うことは難しいので、台から出るような長い返球の際に多用される技術である。近年ではカウンタードライブとして相手のドライブに対しても利用されている。

⑥ スマッシュ

　得点につなげる攻撃の中で最も強烈でスピードのある球を打ち出す技術である。浮いたレシーブに対して行われ、最も高いところで打球する。体重移動も後ろから前に行い、体全体で打球する。

5 　広がる卓球愛好者

① ラージボール卓球

　卓球のボールの直径は40mmであるが、44mmの大きめのボールを使用して行う卓球を、ラージボール卓球という。ここで使えるラケットのラバーは表ソフトラバーだけである。またネットの高さも2cm高くなっている。これは1988年に日本卓球連盟がより幅広く卓球愛好者を増やすために考案したものである。ボールが大きくなり、ネットの高さも高くなったことで、スピードが出ず、ラリーが続き、高齢者や初心者でも楽しめるものとなった。レクリエーションスポーツとして多くの大会が開かれ、愛好者が広がっている。

② 温泉卓球

　日本卓球協会はさらに多くの愛好者を増やすために、1999年から温泉地で温泉と卓球を楽しんでもらうイベントとして温泉卓球大会を開き、各地の温泉地で開催されている。日本の卓球界を束ねる協会が自ら底辺拡大のための創意工夫を行っており、生涯スポーツ振興に貢献している。

【引用・参考文献】
・『アクティブスポーツ』大修館書店、2018年
・『イラストで見る最新スポーツルール』大修館書店、2018年
・日本卓球協会「日本卓球ルールブック」日本卓球協会、2019年

（萩　裕美子）

9 バドミントン
BADMINTON

1 バドミントンの歴史

日本においても平安時代には"羽根つき遊び"があったように、古くから世界中の様々な地域で"羽根つき遊び"が行われていた。そのためバドミントンの起源には諸説あるが、「競技としてのバドミントン」が誕生する元となったのは、19世紀にイギリスで行われていた"バトルドアー・アンド・シャトルコック"と呼ばれる"羽根つき遊び"である。

"バトルドアー・アンド・シャトルコック"は、グロースタシャー州のバドミントン村で特に盛んに行われていたことから、1860年頃から"バドミントン・バトルドアー"と呼ばれるようになった。その後、"バドミントン"という名で広く普及し、各地で"バドミントン・クラブ"が誕生した。ルールを統一するために1893年に世界最初のバドミントン協会がイギリスで設立され、統一ルールの下、1899年に第1回全英選手権大会が開催された。1934年には国際バドミントン連盟が設立され、日本バドミントン協会が設立されたのは1946年である。オリンピックでは、1992年のバルセロナ大会から正式種目となっている。

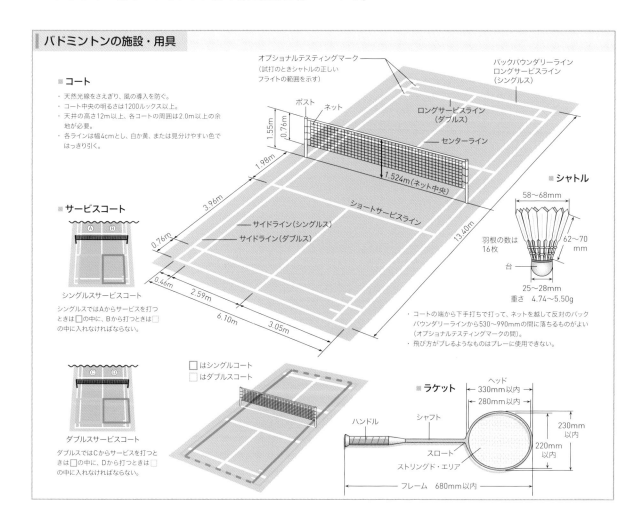

バドミントンの施設・用具

■ コート
・ 天然光線をさえぎり、風の導入を防ぐ。
・ コート中央の明るさは1200ルックス以上。
・ 天井の高さ12m以上、各コートの周囲は2.0m以上の余地が必要。
・ 各ラインは幅4cmとし、白か黄、または見分けやすい色ではっきり引く。

オプショナルテスティングマーク
(試打のときシャトルの正しいフライトの範囲を示す)

バックバウンダリーライン
ロングサービスライン
(シングルス)

ポスト　ネット

ロングサービスライン
(ダブルス)

センターライン

1.55m
0.76m
1.98m
3.96m

1.524m(ネット中央)

ショートサービスライン

■ サービスコート

サイドライン(シングルス)
サイドライン(ダブルス)

0.76m
0.46m
2.59m
6.10m
3.05m

13.40m

シングルスサービスコート
シングルスではAからサービスを打つときは□の中に、Bから打つときは□の中に入れなければならない。

■ シャトル

58〜68mm
62〜70mm
羽根の数は16枚
台
25〜28mm
重さ　4.74〜5.50g

・ コートの端から下手打ちで打って、ネットを越して反対のバックバウンダリーラインから530〜990mmの間に落ちるものがよい(オプショナルテスティングマークの間)。
・ 飛び方がブレるようなものはプレーに使用できない。

ダブルスサービスコート
ダブルスではCからサービスを打つときは□の中に、Dから打つときは□の中に入れなければならない。

□はシングルコート
□はダブルコート

■ ラケット

ヘッド
330mm以内
280mm以内
230mm以内
220mm以内

ハンドル
シャフト
スロート
ストリングド・エリア
フレーム　680mm以内

2 バドミントンの特性

　バドミントンは、ネットを挟んで向かい合う相手と、ラケットを用いてシャトルを打ち合いながら得点を競う球技である。水鳥（主にガチョウ）の羽根で作られたシャトルは5グラム程と非常に軽く、男子選手が全力で打つスマッシュは初速300kmを越える。ところが、シャトルは空気抵抗を強く受けるため、そのスピードは相手の手元に届くまでに著しく減速する。このシャトルの特性によって生じるスピードの緩急が、バドミントンの大きな魅力の1つである。

　シャトルはコントロールしやすく、飛びすぎることも少ないため、初心者でも比較的容易にラリーを続けることができる。また、体力や技術レベルに合わせてゲームを行うことができることから、生涯スポーツとして取り組んでいる愛好者も多い。現在、バドミントン競技では、男女それぞれのシングルスとダブルスに加えて、男女がペアになって行う混合ダブルスの計5種目が行われている。

3 バドミントンの楽しみ方

1 ゲームの進め方

① **勝敗**：全種目21点、3ゲームス・マッチで行われる。21点先取したサイドが各ゲームの勝者となり、2ゲーム先取したサイドが試合の勝者となる。20対20になった場合は、2点リードするか、先に30点目を得点したサイドがそのゲームの勝者となる。

② **トス**：試合開始前、プレーヤー同士は握手を行い、コイントス（またはじゃんけん）を行う。トスに勝ったプレーヤーは「最初にサービス（もしくはレシーブ）をするか」、または「エンドをどちらにするか」を選ぶ。トスに負けたプレーヤーは、その残りから選ぶ。

③ **サービス**：サーバーは、対角の相手サービスコートに向けてシャトルをサービスする。

④ **返球（ラリー）**：シャトルを床に落とさずに、1打で相手コートに返球する。

⑤ **得点**：サービス権に関わらず、ラリーに勝ったサイドに得点が1点与えられる（ラリーポイント制）。

⑥ **インターバル**：各ゲーム、どちらかのサイドの得点が11点になった時に、60秒を超えないインターバルをとることができる。各ゲームの間は、120秒を超えないインターバルをとることができる。

⑦ **エンドの交代**：第1および第2ゲームが終了した時、第3ゲームでどちらかのサイドの得点が11点になった時、プレーヤーはエンドを交代す

■ **シングルスゲームの進め方**

| 試合開始 | Aがサーブ | Bがサーブ | Aがサーブ | Bがサーブ |
| Aが勝ち | Bが勝ち | Aが勝ち | Bが勝ち | |

■ **ダブルスゲームの進め方**

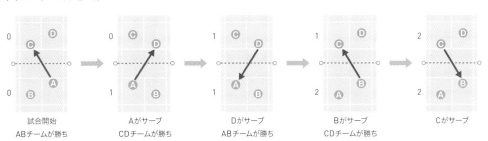

| 試合開始 | Aがサーブ | Dがサーブ | Bがサーブ | Cがサーブ |
| ABチームが勝ち | CDチームが勝ち | ABチームが勝ち | CDチームが勝ち | |

る。
⑧ **第2、第3ゲームの開始**：第1ゲームの勝者が第2ゲームの最初のサービスを、第2ゲームの勝者が第3ゲームの最初のサービスを行う。
⑨ **試合終了時**：プレーヤー同士は握手を行い、健闘をたたえる。

2 サービスの位置と順序

自分の点数が0点もしくは偶数の時は右側のサービスコートから、奇数の時は左側のサービスコートからサービスを行う。サービスを打ったサイドがラリーに勝った場合は、引き続き同じ人がサービスを打つ。負けた場合は、サービス権が相手サイドに移る。得点は、次にサービスを打つ側の得点を先にコールする。

3 主な反則（フォルト）

① サービス時の主なフォルト

・**サービス・フォルト**：シャトルがサーバーのラケットで打たれる瞬間、シャトルの一部がコート面から115cmの高さより上にあった。
・**フット・フォルト**：サービスを打つ時に、両足の一部がコート面に接していなかった（踏み込んで打った、打った後に片足が上がった、など）。

② インプレー中の主なフォルト

①タッチザボディ
シャトルが体や衣服に当たる。あきらかにアウトのシャトルに触れてもいけない。

②オーバーザネット
ただし、以下の場合はフォルトにならない。
・ネット手前でシャトルを打ったが、打った勢いでラケットがわずかにネットを越えてしまった。
・体の一部がネットの下から出てしまったが、相手プレーヤーを著しく邪魔していない。

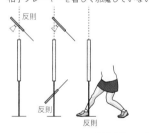

反則　反則　反則

③タッチザネット
「インプレー」の時、プレーヤーのラケット、体、着衣がネットやそれを支えるものに触れる。

④ドリブル

同じプレーヤーが2回連続でシャトルを打つ。

---

4 バドミントンの基本技術と戦術

1 ラケットの握り方

ラケットは、図のようにイースタングリップで握ると扱いやすい。構えている時は、ラケットが落ちない程度の力で柔らかく握る。

● イースタングリップ

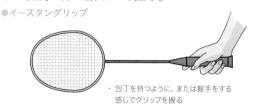

・包丁を持つように、または握手をする感じでグリップを握る

2 前腕・手首の使い方

バドミントンは、手首の屈曲動作(いわゆるスナップ)でシャトルを打つことよりも、前腕の回内・回外運動をいかに上手く使えるかがポイントになる。回内運動は、写真のように、上に向いた手のひらを下に向ける時の動作であり、回外運動はその逆向きの動作である。

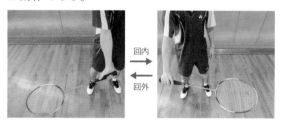

回内　回外

3 シャトルへのアプローチの仕方

初心者はどうしても、ラケットがシャトルに当たり易いように、左の写真のように腕とラケットを一直線にしてシャトルにアプローチしてしまう。しかし、これでは回内・回外運動を行ってもシャトルに力は伝わらない。初心者脱却の第一歩は、右の写真のように、前腕とラケットでV字を作りながらシャトルにアプローチすることである。

● フォアハンドで下から打つ時(アンダーハンド・ストローク)

4 オーバーヘッド・ストローク

　頭上のシャトルを打つときに使うのがオーバーヘッド・ストロークである。力強いショットを打つためのポイントは、以下の3つである。

① ゼロ・ポジション：万歳をした時の上腕骨と肩甲骨の位置関係は解剖学的に最も自然な状態であり、動かしやすい。この位置を、ゼロ・ポジションという。オーバーヘッド・ストロークでシャトルをヒットするときも、このゼロ・ポジションを作ることが重要である。

② 体の傾き：上げた腕と逆側の股関節（写真では左股関節）を支点に、体幹を側方に倒す。これによって、ゼロ・ポジションを維持したまま、頭上のシャトルを打つことができる。

③ 広背筋の伸張：ストロークを開始する前に脇の下（広背筋）を伸張させておき、あとは力を抜く

●オーバーヘッド・ストロークのポイント

①ゼロ・ポジション　②体の傾き

③広背筋の伸長（悪い例）
肘が下がってしまい、
広背筋が伸張していない。

③広背筋の伸長（良い例）
脇の下がしっかり開き、
広背筋が伸張している。

ように（伸びたゴムが勝手に戻るイメージで）、腕を一気に振り下ろす。写真右のように肘を上げ、脇の下を開くことが重要である。写真左のように肘が下がってしまうと力強いオーバーヘッド・ストロークを行うことができない。

5 フライトの種類

　上記のシャトルを打つための技術を駆使することで、図のように様々なフライトのシャトルを打つことができる。

●フライトの種類

6 ダブルスをより楽しむために

　ダブルスに慣れない頃は、「私はコートの右側を守るから、あなたは左側を守って」というように、コートの中で役割分担（領域）を決めてプレーしてしまうことが多い。しかしこれでは、「ペアと協力してプレーする」という、ダブルスの醍醐味を味わうことができない。ダブルスをより楽しむためには、「シャトルを打たない人が動くこと」を意識してプレーしてみよう。これにより、コートの中での役割分担はなくなり、パートナーとの一体感を感じながら試合を楽しめるようになる。

【引用・参考文献】
• 『2018-2019 BADMINTON 競技規則』日本バドミントン協会、2019年
• 『バドミントンの歴史に学ぶ』日本バドミントン指導者連盟、2005年
• 『アクティブスポーツ2018』大修館書店、2018年
• 『イラストでみる最新スポーツルール』大修館書店、2018年

（西島　壮）

10 柔道
JUDO

1 柔道の歴史

1 柔道の発祥

柔道の創始者は嘉納治五郎である。嘉納は幼少の頃より体が小さく弱かったため、強く丈夫になりたいという思いで18歳から柔術を学んだ。柔術とは戦国時代において徒手で相手を倒す組討ちの戦いのために発展したものである。江戸時代には、その流派は全部で172あったと言われており、嘉納は天神真楊流と起倒流という二つの流派を学んだ。その修行過程において、虚弱であった体は逞しくなり、激しかった気性も落ち着きが出てきたことから、身体、精神両面の発達において人間教育として生かせると判断した。これらの柔術の優れた点を取り入れ、更に独自の工夫を加えて、1882（明治15）年に講道館柔道を創始した。最初の門下生は9人であった。嘉納は柔道修行の目的として「精力善用」「自他共栄」を掲げ、柔道修行を通して身体、精神を鍛錬し、社会に役立つ人間づくりを理想とした。

2 柔道の発展

柔道はその後、嘉納やその弟子たちによって国内だけにとどまらず、広く海外にも普及していった。国内においては、1948年に第1回全日本柔道選手権大会が開催され、1949（昭和24）年5月に全日本柔道連盟が結成された。海外においては、1956（昭和31）年に第1回世界柔道選手権大会が開催され、その後2年に1回の割合で開かれるようになった。2009年ロッテルダム大会からは、オリンピック開催年を除いて毎年開催されている。またオリンピックでは1964（昭和39）年の東京オリンピックから採用され、以後メキシコ大会を除いて現在まで正式種目として開催されている。なお、女子も1992（平成4）年バルセロナオリンピックより正式種目となった。2022年1月現在、国際柔道連盟に加盟している国や地域は約200に及ぶ。また、文部科学省は、2008年に中学校学習指導要領の改訂を告示し、保健体育において、武道・ダンスを必修とすることとした。武道を通して、その伝統的な考え方を理解し、相手を尊重する態度を身に付けることを主な目的としており、2012年4月より実施されている。

2 柔道の特性

1 柔道の攻防の目的

柔道は、柔道着を着た2人が互いに組み合って、相手の動きに応じて技の攻防を行い、立技（投げ技）と寝技（固め技、絞め技、関節技）を用いて勝敗を争うものである。剣道や弓道と同様に、日本固有の伝統的な運動文化として発達したものであるため、「単

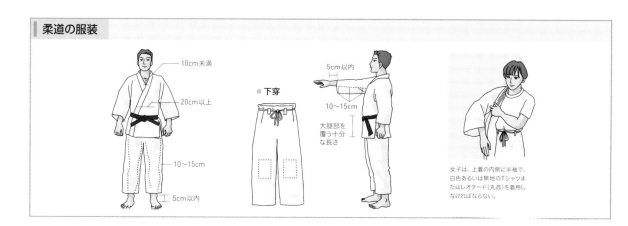

柔道の服装

10cm未満 / 20cm以上 / 10〜15cm / 5cm以内 / ■下穿 / 5cm以内 / 10〜15cm / 大腿部を覆う十分な長さ

女子は、上着の内側に半袖で、白色あるいは無地のTシャツまたはレオタード（丸首）を着用しなければならない。

■ 柔道の礼法

左座 ←

座礼 → 右起 立礼

■ 正座

左座右立と呼ばれ、左足から座り、右足から立つ。正座は両足の親指を重ね合わせ、太もも付け根部分に手を置き、軽く胸を張る。両手を太もも付け根から前方へ滑らせるように移動させ、ゆっくりと頭を下げる（約30°くらい）。

に技の競い合いだけでなく、礼儀、敢闘、公正、不屈、遵法などの精神面が強調される」[1]部分が見られる。

試合には、個人戦と団体戦とがあり、その中でも体重無差別、体重別、学年別、段位別などの試合方法がある。個人戦においては、1対1の対決を通して自己達成感を味わうことができ、団体戦においては、チームの中での役割を考え勝利に貢献する姿勢を学ぶことができる。

2 柔道の礼法

柔道に限らず、武道と呼ばれるものには必ずと言ってよいほど、礼法が重視されている。紀元前5世紀頃、古代中国に存在した孔子が「禮（礼）の用は和を貴しとなす。先王の道、これを美となす」[2]と述べたことが論語の中に記されている。つまり、相手の心と調和するために礼は使われていた。柔道の心とも呼ばれる礼法は、相手に対する尊敬の念だけでなく、自分の心をコントロールする精神鍛錬としても大切とされている。

3 柔道の楽しみ方

1 柔道の試合方法

柔道には、主に国内大会で使用される「講道館柔道試合審判規定」（国内ルール）と、国際大会で使用される「国際柔道連盟試合審判規定」（国際ルール）の2つが存在した。しかし2010年5月1日より国内大会も原則として国際ルールが使用されることになった。

2 試合場の大きさ

• オリンピック、世界選手権大会等の国際柔道連盟（International Judo Federation: IJF）関連の大会では、試合場内は10m×10mの大きさで行う。その他の大会は、8m×8mが推奨されている。

3 審判員

• 試合時における審判員は、原則として畳の上に上がる主審1名と、試合場そばの所定の位置に配置される副審2名によって構成される。副審2名は、ケアシステムを使用し、主審に無線機を通じて助言する。

4 勝敗の基準

柔道の勝敗は試合者のどちらかが〈一本〉（〈技有り〉を2つ取ると〈一本〉）または〈指導3〉を取れば、〈一本勝ち〉としてそこで試合終了となる。〈一本〉での決着がつかない場合は、試合時間内で〈技有り〉を取った者が勝者となる。時間内で決着しない場合は、ゴールデンスコア方式の延長戦となり、〈技有り〉以上、または〈指導3〉を取った者が勝者となる。

4 柔道の基本

1 動作

① 姿勢と組み方

柔道の基本姿勢として「自然体」と「自護体」がある。自然体は、攻撃、防御両方に備えることができ、自護体は防御を目的とした姿勢である。

■ 基本姿勢

右自護体　右自然体　自然本体　左自然体　左自護体

また、組み方にも右組みと左組みが存在する。右組みとは左手が袖を持ち、右手が襟を握る。左組みはその反対で、右手が袖を持ち、左手が襟を握る。袖

を持つ手を「引き手」、襟を持つ手を「釣り手」と呼ぶ。

■基本の組み方

相四つ（右対右）　　　けんか四つ（右対左）

② 崩し

　柔道では、相手のバラン
スを崩して重心をずらすこ
とによって、自らが投げや
すい状態をつくる。その動
作を「崩し」と呼ぶ。この「崩
し」の方向は八方向が理想
とされる。

真後ろ
右後ろすみ　　左後ろすみ
右横　　　　　左横
右前すみ　　　左前すみ
真前

動きながら前へ崩す

動きながら後ろへ崩す

③ 受身

　柔道では、投げられた時に受ける衝撃から身を護
るために、受身の動作をとる。この受身には、「後受
身」「横受身」「前受身」「前回受身」の4種類が存
在する。

1 後受身

　あごを引き、後頭
部を打たない。

2 横受身

　足が重なり合わないよ
うにする。受身をとる手
の角度を広げすぎない。

3 前受身

　前腕部で衝撃を受
け止める。

4 前回受身

　腕、肩、背中の順で畳に
つくようにする。首が中に
入りすぎない
こと。

2 技術

　柔道の技は、主に相手を制して投げる投技を中心
とした立技と、相手を制して抑え込む、絞める、関
節を極める寝技の2種類に分類される。

① 立技

　立技は、お互いに立った姿勢で組み合い、そこか
ら相手を制しながら投げる技術である。立技は、手
技、腰技、足技、真捨身技、横捨身技の5つに分類さ
れる。ここでは、基本的な技術を紹介する。

1 支釣込足

　相手が前方か横に移動する時に、出る足を自分の
刈り足で止めな
がらその足を軸
にして回転させ
投げる技。

2 出足払

　相手が前方か後方に移
動する時に、踏み出した足
の着地する瞬間を自分の
刈り足で払って投げる技。

3 大外刈

　相手が後方に移動する時に、その重心を後方に崩
したまま自分の軸足を踏み出しながら刈り足で大き
く刈って投げる技。

技をかける時に自分
の体を支える足を
〈軸足〉、相手にかけ
ている足を〈刈り足〉
と呼ぶ。

- 自分の体を回転させ投げる技は、背負投、体落、内股、払腰など、柔道では多く見られる。この場合、相手を前方に引き出す動作「崩し」が重要になる。下図にあるように、引き手と釣り手を使って相手の重心を前に移動させることがポイントになる。

④ 背負投

相手を前方に崩しながら自分の体を回転させ、釣り手を相手の脇の下に入れながら、担ぐようにして投げる技。

⑤ 払腰

相手を前方に崩しながら自分の体を回転させ、刈り足で相手の両足の外側を払い上げながら投げる技。

⑥ 内股

相手を前方に崩しながら自分の体を回転させ、刈り足を相手の両足の内側に入れ、跳ね上げながら投げる技。

② 寝技

寝技は、一方が相手を仰向けにして抑え込む、あるいは相手を絞める、関節を極める技術である。寝技は固技、絞技、関節技の3つに分類される。ここでは、その基本的な技術を紹介する。

① 袈裟固

相手の上半身を袈裟上に制して抑え込む技。

② 横四方固

相手の上半身を真横から制して抑え込む技。

③ 上四方固

相手の上半身を頭の方から制して抑え込む技。

④ 縦四方固

相手の体の上に自分の体を乗せて、片方の手を極めながら抑え込む技。

⑤ 送襟絞

相手の柔道着を両手で制しながら、自分の手首を使って絞める技。

⑥ 腕挫字固

相手の片方の手を自分の両足に挟み込み、梃子の原理を利用して肘関節を極める技。

【引用・参考文献】
1)『イラストで見る最新スポーツルール』大修館書店、2018年
2)木村英一『論語・孟子・荀子・礼記（抄）』平凡社、1970年
- 佐々木武彦・柏崎克彦他『現代柔道論』大修館書店、1993年
- デーヴィッド・マツモト『柔道ーその心と基本ー』本の友社、1996年
- 中西英敏『柔道入門』西東社、2007年
- 『アクティブスポーツ』大修館書店、2018年

（上水研一朗・井上康生）

11 護身術
SELF DEFENSE

1 護身術の歴史

　護身術とは、相手と戦うためのものではなく、日常生活の中での防犯の意識を高めることや万が一に備えて自分自身の身を守ること全てに当てはまるものである。

　代表的な護身術としてあげられるものの一つに講道館護身術があり、1956（昭和31）年に嘉納治五郎師範によって制定された。講道館護身術は、社会生活を送る上で必要と思われる護身の技術原理を示した形で、その技術内容は、「徒手の部」「武器の部」の2部門で構成されている。「徒手の部」は「組みつかれた場合」7本、「離れた場合」5本の計12本で、「武器の部」は「短刀の場合」「杖の場合」「拳銃の場合」それぞれ3本の計9本で構成されている。

　護身術は、文字の通り「身を守る（護る）術」のことをいうが、端的に表現するのであれば、人間の長い歴史のなかで行われてきた格闘技を工夫し、効率的な技法として考案されたものである。

2 護身術の特性

1 護身の第一は予防

　護身術というと、外部からの攻撃に対応する術というイメージが先行されがちではあるが、第一に、危険から身を守るためには、予防することが大切なことといえる。危険な状態にならないように、危険が近づきやすい状況をつくらないことも予防の一つとしてあげられる。また、予防の意識を高く持つために、日頃の生活の中で、疲労をためないようにすることや、悩みすぎないことなど、心と身体に余裕を持つことも大切である。病気から身を守ることも護身術の一つである。

2 護身術の種類

① 武術的護身術

　柔道や空手、合気道などの武術の心得を必要とす

るもの。専門性が高く修行や鍛錬を要する。

② 安全護身術

　武術の心得がない人でも簡単な方法で身を護ることができるもの。

3 身近な護身術

① 予防術

　瞬時に身を守ることができるようにするためには、自分自身の判断や行動が重要になる。生活の中には様々な場面があり、その様々な場面に応じて予防策を考えておくことが大切とされている。

例：安全に外を歩くときの留意点、駅や電車に気を付ける留意点

② 対処術

　危険に対して予防を行っていても、予期しないことが起こってしまった場合、相手を傷つけずに回避する対処術を有効に使用するのも護身術の一つの方法である。

例：相手との距離をとる技、強く腕を掴まれてしまったときの対処技

4 勝負が存在しない護身術

　護身術は、自ら能動的に相手を攻撃するためのものではないため、自ら施すというよりも対処する技で主に構成されている。緊急時に自分自身の身が守れれば、その目的は達成されることになる。

　護身術の技は、緊急時を想定し構成されており、スポーツや試合のある武道では禁止されている急所を狙うことや関節を攻めることが原則となる。

3 護身術の楽しみ方

1 基本動作

① 姿勢

　相手と向かい合ったとき、左右の「半身の構え」で対応する。真っ直ぐな姿勢で向き合うと、相手の攻撃をかわすことが困難になる。「半身の構え」を取ることにより相手の攻撃動作をかわしやすくなる。

護身術を学ぶ上で、姿勢は重要な役割を持つ。姿勢について理解することで、身体が自由に動き、相手の瞬時の動きにも対応できるようになる。

●半身の構え

② 間合い（相手との距離）の取り方

相手と向かい合ったとき、できるだけ距離をとることが大切である。距離をとることによって相手の動きがよく見え、対処がしやすくなる。また、距離を保つことで、その場から逃げることも可能になる。

③ 受け身

転んだときや相手から前後に押し倒されたときの対処法である。身体を回転させることで、本来、首やその他の関節に起こりえる衝撃を緩和し、身を守る護身術の代表的な技術の一つである。

■後ろ受け身

前方から相手に押されたときに、後方へ転がり頭を地面に打つのを予防する方法で、後ろに転がったときに、反射的に顎が引けるようになると習得できたといえる。

●後ろ受け身

■前受け身

後方から相手に押されたときに、安全に前方へ倒れる方法である。両腕で構えて倒れたときに地面に腹部が打ちつけられないよう腕で受け身をとり身体を守るため、体幹の力が必要となる。

●前受け身

④ 急所を知る

人間の身体には、鍛えようにも鍛えられない部分があり、その部位は一般的に急所と呼ばれている。主な急所は、顔面、みぞおち、脇腹、金的などがあげられる。的確に急所を押さえることができれば、力に自信のない人でも、少ない力で、大きなダメージを相手に与えることが可能になる。的確に押さえることが難しい場合でも、急所の意味と位置を覚えておくことによって咄嗟の対応もできるようになる。

2 講道館護身術

講道館護身術は、社会生活を送る上で必要と思われる護身の技術原理を示した形である。

その方法は、無手または武器を持って攻撃してくる相手に対して、全て徒手で対応し、制するものであり、「矛を止め、危害を最小限にとどめる」という柔道の共栄的な思想に通ずる形となっている。

① 相手から蹴られそうになった場合（前蹴）

留意点 身体を横にさばきながら（横に開く）行い、相手の足首を握る。

② 相手が短刀をもっている場合（直突）

留意点 身体を横にさばきながら、相手の右肘を自分の左手で持ち、右拳で相手の下顎を突き上げる。

③ 相手が拳銃をもっている場合（正面付）

留意点 腰を右に捻り、同時に左手で銃口を右に避けながら銃身を握る。

[引用・参考文献]
- 毛利元貞『毛利元貞の総合護身術』並木書房、2001年
- 講道館『講道館護身術』亀井印刷、2004年
- 今井幹雄『人生護身術道場』東方出版、2007年
- 遠藤英夫『楽しくみにつく護身術』啓明書房、1998年

（大川康隆・塚田真希）

12 空手道
KARATEDO

1 空手道の歴史

　空手道とは沖縄（琉球）において古くから伝わる護身術「手」（ティー）と中国武術が融合して誕生した「唐手」（トゥーディー）を源とする武道である。

　糸洲安恒の尽力により、1901年に沖縄で学校体育に「唐手」が採用され、「からて」と呼称されるようになった。「唐手」は1922年、船越義珍によって沖縄から日本本土に紹介された。その後、「徒手空拳」の技術体系と禅の影響を受けて「空手」と表記されるようになり、さらに日本武道にならって「空手道」と改称された。

　空手道の流派は、沖縄の首里手、那覇手、泊手の系統の派をはじめとして多数存在する。この中でも特に「松濤館流」「剛柔流」「糸東流」「和道流」は最も発展・普及しており、四大流派と呼ばれている。

　空手道の統括的組織としては、世界空手連盟（WKF: World Karate Federation）と全日本空手道連盟（JKF: Japan Karatedo Federation）が存在する。JKFは、1964年に設立され、1969年には第1回全日本空手道選手権大会が開催されている。WKFには194の国と地域が加盟しており、1999年には国際オリンピック委員会（IOC：International Olympic Committee）公認団体として承認され、2020東京オリンピックにおいて「空手競技」が正式競技として実施された。現在、空手道の世界愛好者数は1億3000万人以上と言われている。

　また、中学校では2012年度から保健体育において、武道・ダンスが必修化され、2021年度実施の学習指導要領において、武道の中に柔道、剣道、相撲と並んで空手道が明記された。2020年度には全国の中学校425校において空手道授業が実施されている。

2 空手道の特性

　空手道は、突き・打ち・蹴り・受けなどの動作を基本とする。上肢・下肢・体幹を万遍なく用い、突き手と引き手など、左右対称にバランスよく動作することを特徴とする。また、特別な用具や場所を必要とせず、自宅であっても屋外であっても1人で練習することができる。

　また、幼少においては礼節を身につけるため、青年においてはスポーツとして競い合うため、壮年・老年においては健康維持・増進のためとライフステージに応じて、さらに車いすや障がいがある方でも、老若男女を問わず、誰しもが楽しむことができる。

3 空手道の礼法

　他武道と同じく、空手道でも技術とともに、礼法が重視されている。礼法には、座礼と立礼があり、相手に敬意を表すとともに、万が一相手が攻撃を仕掛けてきたときの護身も念頭においている。

4 空手道の試合方法

　空手道には様々なルールが存在するが、WKFルールはオリンピック、ワールドゲームズ、国民体育大会、高校総合体育大会などにおいて採用されている。
　試合は1辺の8mの試合場内で行われる（図1）。
　競技には大きく「形」と「組手」がある。形は、仮

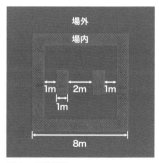

図1　競技場

想の敵との攻防を一連の流れとして組み合わせた演武である。1人で行う個人形と3人で行う団体形がある。7名の審判による点数判定で勝敗を決する。組手は、2人の選手が1対1で対戦し、自由に攻防する。試合時間は男女とも3分である。「突き」「打ち」「蹴り」の3種類の攻撃を、決められた部位に対して行い、適切にコントロールされた技がポイントとなる。ポイントは「突き」と「打ち」の手による攻撃は「有効」（1ポイント）、中段（腹部・腰部）への「蹴り」は「技あり」（2ポイント）、上段（頭部・顔面）への「蹴り」や、倒れた相手への「突き」は「一本」（3ポイント）となる（図2～5）。「一本」を取っても勝敗は決せず、競技時間内に8ポイント差がついたとき、競技時間終了時にポイントが多い選手が勝者となる。なお、相手に過度のダメージを与える技、コントロールされていない技は反則となる。

図2　突き　　　　　　　図3　中段蹴り

図4　上段蹴り　　　　　図5　倒しの突き

5　空手道の基本動作

空手道は全身の部位を使用する。主な部位は以下である。

上肢：正拳・裏拳・鉄槌・背刀・手刀・抜手・一本拳・掌底・猿臂（肘）など（図6～8）。

下肢：虎趾（上足底）・足刀・踵・背足・脛・膝

空手道の立ち方も多様である。主な立ち方は以下である。

図6　正拳　　　図7　手刀　　　図8　抜手

閉足立ち・結び立ち・平行立ち・騎馬立ち、四股立ち・三戦立ち・レの字立ち・猫足立ち・前屈立ち・後屈立ちなど（図9～13）。

図9　四股立ち　図10　騎馬立ち　図11　前屈立ち

図12　後屈立ち　図13　猫足立ち

6　空手道の練習

空手道の一般的な練習の流れは以下である。

基本：基本的な突き、打ち、蹴り、受けの動作を反復して行う。移動をしないその場基本と移動を伴う移動基本がある。

形：仮想の敵との一連の攻防を行う。WKFは102種類の形を認めている。代表的な形に基本形、平安、ジオン、セーパイ、バッサイダイ、チントウなどがある。

打ち込み：ミット打ち、対人打ち込み、決められた攻防を行うパターン打ち込みなどがある。

組手：状況や攻防、技を制限した約束組手と自由に攻防する自由組手がある。

【参考文献】
・公益財団法人全日本空手道連盟「中学校武道必修化推進プラン2021-2023」、2021年

（谷木龍男）

13 剣道
KENDO

1 剣道の歴史

　剣道は、10世紀後半に出現した日本刀を使って、相手と真剣勝負をする技術を源としながら発展してきた伝統的運動文化である。

　特に現代剣道に繋がる発展をしたのは、世の中に平和が訪れた江戸時代である。実践の場を失った武術は芸道化し、「型（形）」や「伝書」を中心として継承した時代を経て、防具と竹刀が考案され「竹刀打ち込み稽古」を主体とした「撃剣」が盛んになった。

　学校教育では、1911（明治44）年に中学校の正科として認められ、1926（大正15）年に「撃剣」の名称は「剣道」と改められ、さらに1931（昭和6）年には中学校の必修として認められた。

　戦後、学校武道は全面禁止されたが、1950（昭和25）年に全日本撓競技連盟が結成され、その後、諸制度が整備されて、剣道は復活することとなった。

　戦後の剣道普及の大きな特徴は、女性の進出、幼少年層の拡大、海外への普及などである。1962（昭和37）年には第1回女子剣道選手権大会が開催され、その他子どもたちの大会も多く実施されるようになった。また、1970（昭和45）年に国際剣道連盟（IKF）が創設され、第1回世界剣道選手権大会が日本で開催されており、現在も3年おきに世界各地で催されている。また、国際剣道連盟には、当初17か国・地域が加盟していたが、2021年10月時点で、62の国と地域が加盟している。

2 剣道の特性

　剣道は、剣道具をつけた2名がお互いに定められた打突部位（面・小手・胴・突き）へ竹刀を用いて技を出し、有効打突を競い合うものである。有効打突になる条件として「充実した気勢、適正な姿勢をもって、竹刀の打突部（竹刀全長の1/4）で打突部位

剣道の施設・用具

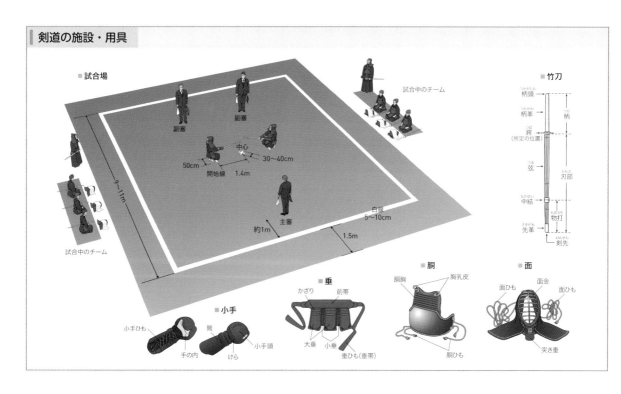

■試合場

副審　副審　中心　試合中のチーム
50cm　30～40cm
開始線　1.4m
9～11m
白線 5～10cm
主審
約1m　1.5m
試合中のチーム

■竹刀
柄頭　柄　柄革　鍔（所定の位置）　弦　刃部　中結　物打　先革　剣先

■小手
小手ひも　筒　小手頭　手の内　けら

■垂
かざり　前帯　大垂　小垂　垂ひも（垂帯）

■胴
胴胸　胸乳皮　胴ひも

■面
面ひも　面金　面ひも　突き垂

を刃筋正しく打突し、残心あるもの」とある。このことから、実際は「竹刀を持っての対人競技」であるが、竹刀を真剣と思って修練するところに特性が表れている。

また、安定した素早い動作が必要となるため、身体面では正しい姿勢・敏捷性・巧緻性・集中力・瞬発力・耐久性・柔軟性などが育成される。さらに、幼少から高齢者まで、老若男女を問わず一緒に稽古することが可能なため、自分の体力に合わせて無理なく生涯を通じて楽しむことができる。

3 剣道の礼法

1 立礼

立った姿勢で、首を曲げたり腰を折らずに上体を約30度（神前・上座・上席への立礼）または約15度（相互の立礼）前傾させて行う。

・正面などへの礼　　・相互の礼

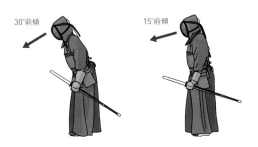

2 座礼

正座の姿勢から、首を曲げたり腰を上げたりせずに上体を前傾させる。両手は同時に静かに置き、同時に床から離す。礼をした時には下図＊印の方向に鼻先が向くようにする。

なお、立礼・座礼ともに前傾姿勢は一呼吸程度保つようにする。

4 剣道の楽しみ方

試合は1辺が9mないし11mの試合場内で行われ試合時間は4〜5分、試合方法は3本勝負を原則

としており、試合時間内に有効打突を2本先取すれば勝ちとなる。ただし、双方に有効打突がない場合や1本ずつ有効打突がある場合は延長戦となり、先に1本取った方が勝ちとなる（団体戦の場合は延長戦または引き分けとなる）。また、反則行為（場外に出る・自分の竹刀を落とす・不当な鍔ぜり合いをする等）があれば「宣告」が行われ、2回で相手に1本が与えられる。

試合では、相手に対して礼を欠く行為があった場合、有効打突が「取り消し」となる場合や「反則」を取られる場合もある。競う者同士が規則を遵守しながら、お互いを尊重する精神を築いていくことや、自己の感情をコントロールし、公明正大に試合をする中で「勝つこと」より「勝ち方」に意義を見出すことを大切としている。このような精神性が剣道の楽しみを感じられるところでもある。

5 剣道の基本動作

1 姿勢（自然体）

剣道の「構え」のもととなる体勢であり、起立の姿勢でどこにも無理のない安定感のある姿勢。

2 構え

剣道の構えには、中段・上段・下段・八相・脇構えがあるが、現代剣道では中段の構えが最も多く用いられている。

① 竹刀の持ち方

竹刀の弦を上にし、左小指を柄頭いっぱいにかけて上から握り、小指、薬指を締め、中指を軽く締め、人差し指と親指は軽く握る。右手も同様に握り、鍔よりわずかに離す。両手とも人差し指と親指の中間が竹刀の弦の延長線上にあるようにする。

② 中段の構え

自然体より右足をやや前に出す。両足のつま先は前方を向き、左右の開きは足幅ひとつとする。前後の開きは、右足の踵の線に沿って左足のつま先を置き、左足の踵をわずかに浮かせて体重を両足に均等にかける。左拳は臍より約ひと握り前に出し、剣先の延長が相手の両目の中央、または左目の方向を向くようにする。

③ 構え方と納め方

① 構え方

　帯刀姿勢から、右足をわずかに前に出しながら、右手で柄の鍔元を握り、竹刀を斜め上に持ち上げ、左手で柄頭を握って中段の構えになる。

② 納め方

　中段の構えから、左手を離し、右手で剣先を上から斜め後方に回しながら竹刀を左腰にとり、左手で竹刀を握り右足を引きながら帯刀姿勢となる。

③ 蹲踞（そんきょ）

　右足をやや前に出し、両足のつま先を外側に開き、両踵をあげて両膝を90度ぐらいまで開きながら曲げ、臀部を両踵の上にのせる。

④ 稽古および試合における礼法

　「始め」の場合は、立会の間合（約9歩の距離）で堤刀のまま立礼をする。帯刀して、右足から歩み足で2歩前進し、3歩目で剣先が触れない程度の間合で竹刀を抜き合わせ、左足を引きつけて蹲踞をする。「終わり」の場合は、始めた位置に戻り双方中段の構えとなり、蹲踞をして竹刀を左腰に納める。立ち上がり、帯刀のまま左足から歩み足で小さく5歩後退し、堤刀となって立礼をする。

＊提刀姿勢（さげとう）…竹刀を持つ左手を自然に提げ、弦を下にし、親指は鍔にかけない。

＊帯刀姿勢（たいとう）…竹刀を持つ左手を腰につけ、剣先は後ろ下がり約45度とし、親指を鍔にかける。

④ 足さばき

　足さばきとは、相手を打突したり、かわしたりするための「足の使い方」である。

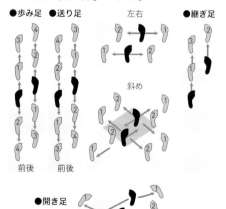

① 歩み足：前後に遠い距離を素早く移動する場合や、遠い間合いから打突する場合の足さばき。

② 送り足：前後・左右・斜め方向に近距離を素早く移動する場合や、一足一刀の間合いから打突する場合の足さばき。

③ 開き足：左右に体を開きながら相手を打突したり防いだりする場合の足さばき。

④ 継ぎ足：主として遠い間合いから素早く攻め込んで打突する場合の足さばき。

⑤ 素振り

① 上下振り：中段の構えから竹刀を大きく振りかぶり、両腕を伸ばし剣先を膝頭下まで振り下ろす。

② 斜め振り：中段の構えから竹刀を大きく振りかぶり、竹刀は右（左）斜め上から約45度の角度で、剣先を左（右）膝頭下まで振り下ろす。

③ 空間打突：相手の目標（面・小手・胴・突き）を仮想して、その目標（空間）に向かって打突する。

④ 跳躍素振り（早素振り）：前進後退の跳躍動作で空間打突による正面打ちを行う。

⑥ 打突の仕方・打たせ方

① 打突部位（中段の構えに対する打突部位）

中段の構えに対する打突部位

② 打ち方

・面打ち：両腕の間から相手の面が見える程度まで竹刀を頭上に振りかぶり、右足から踏み込んで相

手の面を打つ。

・**小手打ち**：両腕の間から相手の右小手が見える程度まで竹刀を頭上に振りかぶり、右足から踏み込んで相手の右小手を打つ。

・**胴打ち**：竹刀を頭上に振りかぶり、頭上で手を返し、右足から踏み込んで相手の右胴を打つ。

③ 打たせ方

・**面打ち**：剣先をやや右に開いて面部を打たせる。

・**小手打ち**：剣先をやや上げて小手部を打たせる。

・**胴打ち**：手元を上げて胴部を打たせる。

6 剣道の応用動作（対人的技能）

応用動作（対人的技能）は、「しかけ技」と「応じ技」に分類することができる。

1 しかけ技

攻める気持ちがいろいろな形になってあらわれた技であり、一本打ちの技、連続技（二・三段の技）、払い技、巻き技、出ばな技、引き技、かつぎ技、片手技、上段技、二刀の構えからの技がある。

〈例〉

① **連続技（小手→面）**…前進して相手の右小手を打つ。相手が引いて剣先を下げるか、横に開いて防ごうとするところを、さらに前進して面を打つ。

② **引き技（引き面）**…鍔ぜり合いから相手の体勢を崩して攻撃の機会をつくり、後方へ引きながら面を打つ。

2 応じ技

相手の力を利用して打突する技であり、抜き技、すり上げ技、返し技、打ち落とし技がある。

① 抜き技

相手の打突に対して、間合いをとったり体を開いてかわしたりして相手に空を打たせ、技や体の尽きたところを打つ技。

② すり上げ技

打突してきた相手の竹刀を、自分の竹刀の左側（表）または右側（裏）ですり上げ、相手の竹刀の方向や体勢の崩れたところを打つ技。

③ 返し技

相手の打突に対して体をさばきながら、自分の竹刀で相手の竹刀を迎えるようにして応じ、応じた側の反対側の部位を手を返して打つ技。

④ 打ち落とし技

打突してきた相手の竹刀をいったん打ち落とし、すかさず打つ場合と、右下あるいは左下に打ち落としながらそのまま打つ場合の二通りがある。

【参考文献】
・『剣道試合・審判・運営要領の手引き』全日本剣道連盟、2007年
・『剣道指導要領』全日本剣道連盟、2008年
・『剣道社会体育教本 改訂版』全日本剣道連盟、2009年
・『アクティブスポーツ』大修館書店、2018年
・『イラストでみる最新スポーツルール』大修館書店、2018年

（笹木春光・天野　聡）

Column 女性と剣道

　戦前は、女性の武道といえば「なぎなた」が主流であり、剣道は男性を中心に継承され発展してきました。第二次大戦以後、社会において男女平等が認識され始め、女性の社会における役割が変化したり、社会的地位が向上したり、女性を取り巻く環境が変化したことにより、女性とスポーツのかかわりは変化しました。このような社会の変化は、女性による生涯剣道の実践にも影響を与えました。

　1962（昭和37）年に第1回全日本女子剣道選手権大会が開催されたのを機に、女性を対象とした剣道大会（試合）が数多く開催されるようになり、「競技」を中心に普及しました。現在では、全日本剣道連盟の有段者登録数の約3割を女性剣士が占めています。「競技」を中心に普及・発展してきた女性剣道においては、大会出場の機会減少や就職・結婚・出産等のライフスタイルの変化により剣道活動を中止するのは当たり前でした。

　平成の時代になり、剣道修錬の目標の1つとして高段位（受審資格⇒六段：28歳〜、七段：34歳〜、八段：46歳〜）を受審する女性剣士が増加しました。七段位女性剣士は、昭和の時代は1名で、2人目は1991（平成3）年に誕生しました。2019（令和元）年現在、七段位女性剣士は400名を超えるまでになりました。「合格率約1％」、性別の区別なく実施されている八段審査にも挑戦する女性剣士がみられるようになり、「八段位女性剣士」の誕生が大いに期待されています。日本の伝統的な文化の1つである「剣道」は、健康で心豊かな人生を送るための「生涯武道」として、これからも老若男女に愛好され続けるでしょう。

（大塚真由美）

14 陸上競技 ①トラック
TRACK and FIELD

1 歴史

　「走る」という運動が競技として最初に行われたのは、古代オリンピックの第 1 回大会（紀元前 776 年）におけるスタディオン走（約 180 m）からだ。その後、近代オリンピック種目として発展し、現在では種目も増え、トラック競技だけでも 12 種目（オリンピック種目）となった。人類最速への挑戦の歴史を 100 年前にさかのぼると 10 秒 6 だった 100 m の世界記録が、現在はジャマイカのウサイン・ボルト選手によって 9 秒 58 まで短縮されてきた。瞬間の速度は時速に換算すると実に 44 km を超えている。

2 トラック種目の特性

1 短距離走

① 100m・200m

　100 m 走はシンプルだが、その分一瞬の失敗も許されない。特にスタートの技術や最大スピードが勝敗に大きく影響する種目で、勝者には「最速スプリンター」という称号がつけられる。

　また 200 m は 100 m 同様スピードが求められるが、スタート技術よりもコーナー走でいかにスピードに乗るか、さらに後半の減速を少なくすることも勝つために必要なポイントとなる。

② 400m

　100 m や 200 m に比べると全速力より少しペースは落ちるが、トップレベルの選手になると前半を 100 m あたり 10 秒中盤のスピードで駆け抜けていく。前半リラックスしながらも高いスピードを持続し、後半の疲労からくる苦痛に耐えながらスプリントで押し切る過酷な競技である。

2 中・長距離走

① 800m・1500m

　400 m のスプリント力から 5000 m の持久力までが求められる競技。記録を狙うには最初からハイペースで走らなければならない。しかし、ペースを間違えると後半一気に疲労してしまうため、勝負に徹する場合には後半までは余裕を持って走り、残りの 300 m〜200 m で一気にスピードを上げ逃げ切るあるいは抜き去るという戦法もある。

② 5000m・10000m

　400 m トラックを 5000 m は 12 周半、10000 m は 25 周走る。その間、先頭集団によってペースが作られるが、ハイペースで展開されると、記録が期待され、スローペースになるとそれぞれの選手が戦略的にペースをコントロールして勝機を伺う勝負優先のレースとなる。スローペースになるとラストスパートが効くスプリントのある選手が有利とされ、スプリントに自信がない選手は中盤から逃げ切る作戦に出なければならない。

3 ハードル走

① 男子110mH/女子100mH

　走路間にハードルなど障害物を置き、それを跳び越えながら競う種目。男子の 110 mH の高さは 106.7 cm にもなり、スピードだけではなく、巧緻性、柔軟性、パワー、ハードルに向かう勇気、リズム感など、ハードルには多くの専門的な技能が必要とされると言われている。

② 400mH

　400 m の走力にプラスして、35 m 間隔に置かれたハードルを跳び越えて行かなければならない。男子ではインターバル間を 15 歩で走るのがまずは目標となり、女子ではプラス 1〜2 歩となる。更に記録を狙うためには歩数を減らすことが求められ、日本のトップ選手の多くは 14 歩か 13 歩で前半走り、後半 15 歩に戻してフィニッシュまで減速を抑えるようにしている。

③ 3000m障害走

　トラック上にある高さ 91.4 cm（男子）、76.2 cm（女子）の障害を 1 周 4 台、水濠が 1 台の計 5 つの障害

を約80mおきに跳び越えなければならないため、持久力に加え、ある程度のスピードとバネが求められ、ハードリングの技能と持久力の両方が求められる競技である。

4 リレー競走

① 4×100mリレー

　陸上競技は基本的には個人競技であるが、多くの競技会では、大会の最後を飾る種目としてリレー競技を実施している。最大速度で疾走中に精度の高いバトンパスが求められる4×100mリレーは、オリンピックなどで男子は400mトラック1周を37～38秒間で4人がバトンをつなぎフィニッシュする。スピード感とスリルに満ち溢れた種目とされる。

② 4×400mリレー

　短距離界の格闘技とも言われる4×400mリレーは大会のフィナーレを飾ることも多く、400mトラックを第2走者の残り300mからオープンレーンで壮絶な順位争いが行われ、時に転倒やバトンの落下などのアクシデントにも見まわれ、走者だけではなく応援側も熱くなる種目である。

3 トラック種目の楽しみ方

1 短距離走・リレー競走

　短距離走は、「スタートの構えからの加速していく局面」「最高速度に到達する局面」「スピードを持続する局面」「減速に耐えながらフィニッシュする局面」の4つの局面がある。それぞれの局面ごとの課題を個々に確認してみよう。また、自分の疾走中の1歩のストライド長とステップ数（ピッチ）との関係を調べてみるのも面白い。自分の目標となるストライドやピッチを設定し、それに向けて走り方を工夫しながら記録の向上を目指すのもよいだろう。

　また、リレーを組んでバトンパスの技術を磨くと、4人の走力で負けていてもチームワークとバトンの技術で逆転できる可能性がある。日本代表チームも北京オリンピックでは銅メダルを獲得したが、まさしくバトンパス技術とチームワークの賜物である。

2 ハードル走

　ハードル走は、「インターバルからハードルに向かって踏み切る局面」「リード脚を振り上げハード

ルを越える局面」「ハードルを越え、抜き足を前に引き戻し接地に向かう局面」「接地し、次のインターバルに移行する局面」「ハードル間のインターバル局面」など多くの局面がある。自己の課題をビデオなどで確認し、1つ1つ克服していくことによって確実に記録の向上につながる。技能の習熟とスピードの強化が一致すれば一気に記録が向上することがある。

3 中・長距離走

　中・長距離走は酸素を多く体内に取り込み、脂肪や炭水化物を効率良く燃やすことによって、「より速く」「より長く」走ることが可能となる。普段運動をしていない状態で長距離走をいきなり実施すると、すぐに呼吸が苦しくなったり、足が重く感じられたりするだろう。しかし、徐々に練習を積み上げていくと一定のペースであれば気持よく、そして長時間走れるようになっていく。ゆっくりと長く走れるようになってきたら、次の段階としてペースを決めてみる。例えば1km6分ペースで20～30分ほど走ってみる。このペースが楽になってきたら、徐々にペースを上げてみよう。最終的には得意な距離とペースが分かってくるので、記録会や競技会に出場して順位を競ってみよう。

4 トラック種目の基本技能

1 短距離走

① スタートの構えと加速

- 膝立ちの状態で前膝をスタートラインの手前に合わせ、後ろ足を前足のすねの真ん中ぐらいに引く。
- そのままお尻を踵の上に下ろす。
- 両手をスタートラインすれすれに置き、手から肩までが垂直になるように構える。
- 「用意」の合図で腰を上げ、前足の膝の角度は90～100度。肩はスタートラインよりも少し前に出る。
- ピストルの音を聞いたら一気に飛び出す。
- 10～15m程度前傾を意識して走り、スピードに乗ってきたところで徐々に上体を起こす。

② 中間疾走とフィニッシュ
- 中間疾走では腿を上げるという意識よりも、膝を
たたむように意識して前に出す。腕は肩甲骨と肘
に意識を持って前後にしっかり振る。
- 地面に接地する時は脚を伸ばしながらしっかり体
重を乗せて踏み下ろす。
- 接地時、支持脚で後ろにキックする意識は持たず、
遊離脚（反対脚）を素早くたたんで引き付けるよ
うにする。
- ゴール1〜2歩前になったら胸を突き出し前傾し
てフィニッシュする。

2 ハードル走

① 3歩のリズムで踏み切る練習
- まずは「いち・にー・さんー・しー！」の四拍子
半で踏み切る感覚を身につける。
- リズムが分かったら、マイクロハードルなど低い
障害物を2台セットで並べて跳んでみる。2台の
間隔を1.5mにし、インターバルを6〜7mにし、
慣れてきたら正規の距離に近づけていく。

② 抜き足の技術練習
- ハードル技能においては、踏み切った脚を素早く
横からたたんで前方に持ってくる「抜き足」の技
術が重要となる。
- 最初はハードルの横を跳び越え抜き足を意識して
練習する。踏み切りのタイミングをはかるために
ハードルの横にマイクロハードルを置くとよい。

- 慣れてきたら、横に低
くセットしたハードル
を並べ、振り上げ足の
タイミングと合わせて
練習する。

- 抜き足の動的柔軟性を高めるために、写真の様に、
ハードルを使って柔軟運動をすると股関節の可動
域が拡大する。

③ 振り上げ脚の技術練習
- ハードルを跳び越える時に、上に跳ねずできるだ
け水平に跳び越えるためには、振り上げ脚をハー
ドルに向かって真っすぐ伸ばし、上体を前に屈曲
させて踏み切る。
- 最初は振り上げ足だけを意識するために、ハード
ルの横半分を使って練習する。

- 慣れてきたら低いハー
ドルを横に置き、抜き足
のタイミングと合わせ
て練習する。

3 リレー競走

① 4×100mリレーのバトン技術
- 400mトラックを4人の走者でバトンをつないで
競う競技であり、個々の走力とともにバトンパス
の技術が重要となる。
- 第一走者は右手にバトンを持ち、クラウチングス
タートの構えから出発し、第二走者の左手に渡し、
第二走者は第三走者の右手、第三走者は第四走者
の左手にバトンを渡す。

- バトンパスの形としては通常上から相手の手の平にバトンを渡す「オーバーハンドパス」が主流。

- 最初は4人で並び、その場で腕を振りながらバトンの受け渡し練習を行う。

- 慣れてきたらジョギングペースで渡し、更にスピードを上げて正確に渡す練習に移行する。
- 実戦練習として、受け手の走者はテイクオーバーゾーン内の端に立ち、そこからダッシュマークを置き、走者がダッシュマークを通過したタイミングで受け手はダッシュし、テイクオーバーゾーン内でバトンが渡るよう、試合をイメージして練習する。

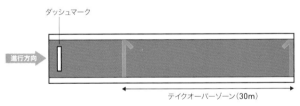

ダッシュマーク

進行方向

テイクオーバーゾーン(30m)

4 長距離走

① 長距離走のフォーム

- 基本は短距離走と一緒である。その中でも長距離走ではよりリラックスしたフォームを意識する。

- 腰が落ちて重心が低くなりすぎないよう意識し、体の真下に自然に足を下ろすように接地する。
- 胸を張り、肘を軽く曲げてリズムを取るように軽く腕を振る。この時、特に強く大きく振る意識は必要ない。

② 長距離走の練習メニュー案

- 長距離走で記録を伸ばすためには、持久力を向上させる練習が基本となる。

- スピードや、距離、コース等に変化をつけ、トラック以外も走ることがある。
- 主な練習メニューとしては一定のペースで決められた距離を走る距離ペース走や段階的にペースを上げていくビルドアップ走、ジョギングとランニングを繰り返すインターバル走、オールアウトまで追い込むレペティショントレーニングなどがある。

5 トラック競技の主なルール

① 服装のルール

- 全国的な大会ではリレー競技の同一チームの選手は同じ服装、国や地域の陸上競技連盟で定められているユニフォームを着用しなければならない。
- 競技中は胸と背にナンバーカードの着用が義務付けられている。

② レース中のルール

- 100m〜400mまでの競技においてはスターティングブロックを使用し、クラウチングスタートで行う。「位置について」「用意」の合図の後、ピストルの号砲で走り出す。800m以上の距離ではスタンディングスタートとなり、「位置について」の合図の後スタートが切られる。
- WA（世界陸連）では2010年からフライング（不正スタート）のルールを改正し、1回目のフライングから直ちに失格とすることとなったが、国内においては旧ルールを採用している大会もある。
- 他の走者を妨害してはならず、レーンに分かれて行うレースでは、走者は決められたレーンを走らなければならない。肘で突いたり、走路をふさぐなど他の競技者の妨害をした場合失格となる。
- 100m走、200m走、110mH（100mH）走は、風速が秒速2mまでであれば公認記録となるが、2mを超えると順位は認められるものの、記録は追い風参考記録となる。

【引用・参考文献】
- 髙野進監修『出来る！スポーツテクニック⑨　陸上競技』ポプラ社、2010年
- 髙野進『陸上　短距離走　パーフェクトマスター』新星出版社、2008年

（髙野　進・両角　速）

15 陸上競技 ②フィールド
TRACK and FIELD

1 フィールド種目の歴史

陸上競技フィールド種目は、人間の基本的な生活動作と切り離せない走・跳・投をスポーツ化したものであり、そこに起源を求められる。古代オリンピックから近代オリンピックへと、施設・用具・技術は進化をとげてきた。例えば、古代オリンピックの走り幅跳びでは、金属または石でつくられた重りを、両手に持って跳んでいたという記録がある。

近代オリンピックでの日本人の活躍をみると、第9回アムステルダムオリンピック大会（1928年）で、織田幹雄が三段跳びで優勝した。この優勝は、日本のオリンピック史上初の金メダルであり、旧東京国立競技場にはこれを称える記念ポール（織田ポール）が建てられていた。その後、第10回ロサンゼルス大会の三段跳びで南部忠平が世界新記録で優勝、続く第11回ベルリン大会の三段跳びで田島直人が世界新記録で優勝し、三段跳びが「日本のお家芸」とも呼ばれた時代があった。最近では、2004年の第28回アテネ大会において、室伏広治がハンマー投げで優勝した。

2 フィールド種目の特性

フィールド種目は、跳躍種目と投擲種目とに分けられる。跳躍種目には、走り高跳び、走り幅跳び、三段跳び、そして唯一器具を用いて跳ぶ棒高跳びの4種目があり、投擲種目には、砲丸投げ、円盤投げ、やり投げ、そしてハンマー投げの4種目がある。

決められた範囲内で勢い（助走、グライド）をつけて試技を行い、跳んだ距離あるいは投げた距離を計測器で測り、その距離を競い合うスポーツである。

3 フィールド種目の楽しみ方

記録には、助走のスピード、回転のスピード、フォーム、気持ちの盛り上がりなどが影響するため、よいフォームや瞬発力、集中力を身につけたり、用器具の特徴を生かした操作を工夫したりすることが記録の向上につながる。そうした努力や工夫を行って自分の記録を高めたり、他人と記録を競い合うところに楽しさや喜びがある。

4 フィールド種目の基本技術

1 走り高跳び

走り高跳びの跳び方には、現在主流となっている背面跳びと、かつて主流であったベリーロールがある。バーを越えるときの姿勢（クリアランスフォーム）に、それぞれ大きな特徴がある。

① 背面跳び

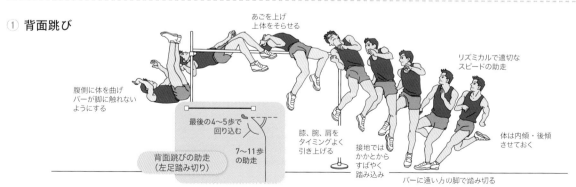

あごを上げ上体をそらせる

腹側に体を曲げバーが脚に触れないようにする

最後の4～5歩で回り込む

背面跳びの助走（左足踏み切り）

7～11歩の助走

膝、腕、肩をタイミングよく引き上げる

接地ではかかとからすばやく踏み込み

リズミカルで適切なスピードの助走

体は内傾・後傾させておく

バーに速い方の脚で踏み切る

● 背面跳びはむやみに試みると危険なので、授業では先生の許可があったときのみ試みるようにする。

技術ポイント

- **クリアランスフォーム**：踏み切りで背中をバーに向け、バー上で体をアーチ状態にして跳ぶ。
- **助走**：スピードを利用して跳ぶため、助走後半でカーブを描くようにしてリズムよく走る。カーブを描く際、遠心力が働くので体を内側に倒し、内傾をつくる。
- **踏み切り**：助走のラスト1歩は、歩幅をやや狭くして踏み切りに入る。踏み切りでは、助走でつくられた内傾と後傾による起こし回転を利用する。踏み切りと同時に体を半転して、背中をバーに向ける。離陸するとき、振り上げ脚と肩を力強く引き上げる。
- **マットへの着地**：首を曲げて背中から着地する。腕は、胸の前で軽く曲げた状態で保持する。

② ベリーロール

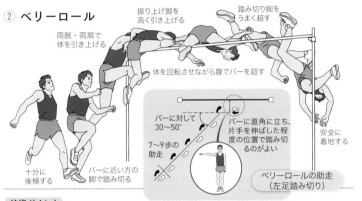

振り上げ脚を高く引き上げる
踏み切り脚をうまく超す
両腕・両肩で体を引き上げる
体を回転させながら腹でバーを超す
バーに対して30〜50°
バーに直角に立ち、片手を伸ばした程度の位置で踏み切るのがよい
7〜9歩の助走
安全に着地する
十分に後傾する
バーに近い方の脚で踏み切る
ベリーロールの助走（左足踏み切り）

技術ポイント

- **クリアランスフォーム**：踏み切りで振り上げ脚を大きく振り上げ、体がバーにかぶさるように跳び、バーと体が平行になり、バーを巻くように体をローリングする。
- **助走**：直線的でリズミカルに走り、最後の3歩はすばやく走る。
- **踏み切り**：上体を後方に反らせ、かかとから入り力強く踏み切る。踏み切るとき、腕と肩を引き上げると同時に、振り上げ脚を大きく振り上げる。離陸したら体を前に倒しバーにかぶさるようにする。
- **マットへの着地**：バーを巻くように体をローリングして、肩または背中からひっくり返るように着地する。

留意事項

- マットに着地するときに手をつかない。手が体の下に入り、脱臼や骨折をする恐れがあるからである。

競技ルール

- 片足で踏み切る。
- 3回連続して失敗するまで、跳び続けることができる。
- 順位は、①跳んだ高さ、②それを何回目に跳んだか、③無効試技数で決まる。

2 走り幅跳び

走り幅跳びは、助走で生み出された水平速度と踏み切りでつくられた垂直方向への力が組み合わさった運動である。助走スピードをいかに無駄なく利用するか、ランニングから踏み切りへの入りが跳躍距離に大きく影響する種目である。助走スピードと跳躍距離の関係は、かなり高い。

技術ポイント

走り幅跳びは、助走、踏み切り、空中動作、そして着地動作の4つの技術局面からなる。空中動

■そり跳び

上体を起こしておく
腕を後方に引いて胸を反らす
腕は前方に振り出してから後方に強く引き戻す
しっかりキックして伸び上がる
振り上げた脚を前方に振り出す
膝から下を伸ばして着地に移る
上体を前に倒しながら膝を胸につけるように引き上げる

■はさみ跳び

体全体を伸ばす
前方回転を抑えて着地の準備をする
振り上げた脚を伸ばしながら振りおろす
走るように空中で脚をまわす
早くから上体を前傾させない
両足を投げ出して距離をかせぐ

作のフォームは、踏み切ったあと空中で体を反るそり跳びと、脚を交差するはさみ跳びとがある。

- **助走**：出だしから踏み切り地点に向け、徐々に加速して走る。助走は一般的に、加速、余裕のある疾走、踏み切り準備の3つに分かれる。踏み切り準備は、リズムを上げて踏み切りに入る。助走距離は走力によるが、14歩から20歩前後である。
- **踏み切り**：助走最後の歩幅は狭くし、かかとから踏み切りに入る。振り上げ脚を前方にすばやく引き上げ、上体が前にかぶさらないよう垂直に保つと同時に腕・肩を引き上げる。
- **反り跳びの空中動作**：空中で体を反り、腕を後方から大きく回し、上体が早く前にかがまないようにする。そのあと反った体の反動を利用して脚を前方に振り出す着地態勢に入る。

- **はさみ跳びの空中動作**：振り上げた脚と踏み切った脚を前後に入れ替え、腕を上方に保って上体をほぼ垂直に保つ。そのあと膝を胸につけるようにして、脚を前方に振り出し着地態勢に入る。
- **着地動作**：空中で雲をつかむように腕を大きく回し、膝を胸につけるようにして足を前方に出す。その足に手を合わせるような態勢をとる。砂場への着地と同時に膝を緩めて、尻を穴の中に滑り込ませる。

競技ルール

- **計測**：砂場に触れた体のいかなる部分で、踏み切り板に最も近い位置から、踏み切り線と直角になるよう計測する。
- **ファウル（無効試技）**：踏み切り板から足が出た場合、無効試技となる。

3 三段跳び

リズミカルな助走から踏み切り・ホップ、ステップ、ジャンプ・着地の連続した3つの跳躍を行い、跳躍距離を競う種目である。助走スピードを落とさずバランスよく跳躍することが難しい種目だが、慣れてくると飛躍的に距離が伸びて楽しめる。

技術ポイント

三段跳びは助走、踏み切り・ホップ、ステップ、ジャンプ・着地の4つの技術局面からなる。踏み切った足でもう1回跳び、次は逆の足でジャンプして着地する。つまり、踏み切りが右足とすると右・右・左・着地となる。ホップ・ステップ・ジャンプの跳躍の割合は35・30・35%が理想的で、連続した跳躍で体のバランスをとることが大切である。

- **踏み切り・ホップ**：踏み切った直後に踏み切り足

■ホップのポイント

かかとを
ひきつける

のかかとを尻の下に引きつけて前に出す。

- **ホップ〜ステップ**：踏み切り足を前から振り下ろすと同時に逆の足を振り込む。着地時の衝撃に負けないよう積極的な接地を心掛ける。
- **ステップ〜ジャンプ**：上体が前方に突っ込んでしまわないよう気をつけて、ジャンプでは振り上げ足を斜め前方高く振り上げて着地態勢に入る。

競技ルール

- **計測**：砂場に触れた体のいかなる部分で、踏み切り板に最も近い位置から、踏み切り線と直角になるよう計測する。

■ホップ・ステップ・ジャンプ

ホップ・ステップ・ジャンプの割合は7：6：7が理想である。
3回の跳躍の踏み切り足は、左→左→右か、右→右→左になる。

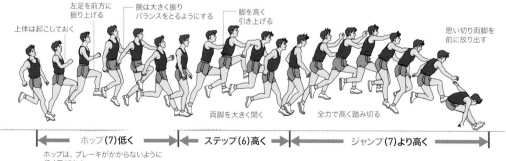

上体は起こしておく

左足を前方に
振り上げる

腕は大きく振り
バランスをとるようにする

脚を高く
引き上げる

思い切り両脚を
前に放り出す

両脚を大きく開く

全力で高く踏み切る

← ホップ（7）低く → ← ステップ（6）高く → ← ジャンプ（7）より高く →

ホップは、ブレーキがかからないように
低く飛び出す

- **ファウル（無効試技）**：踏み切り板から足が出た場合、無効試技となる。

- **その他**：跳躍中に使わない方の足が地面に触れても、無効試技にはならない。

4 棒高跳び

跳躍種目の中で唯一道具を使って跳躍する種目である。棒高跳びは、助走のスピードをポールによって上昇スピードに変えて、バーをクリアする種目である。

技術ポイント

棒高跳びは助走、突っ込み・踏み切り、スイング・振り上げ動作、クリアランスという技術局面がある。スピードあるリズミカルな助走から、ポールを突っ込み、踏み切ってポールを立て、ポールの弾性を利用して跳躍する。自分の体力や技術レベルにあったポールの選択も大切となる。

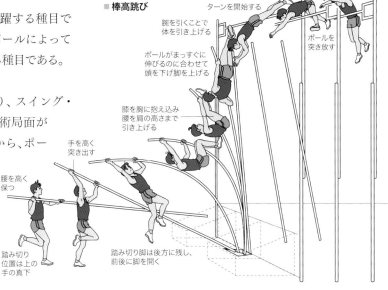

■ 棒高跳び

ターンを開始する
腕を引くことで体を引き上げる
ポールを突き放す
ポールがまっすぐに伸びるのに合わせて頭を下げ脚を上げる
膝を胸に抱え込み腰を肩の高さまで引き上げる
手を高く突き出す
腰を高く保つ
踏み切り位置は上の手の真下
踏み切り脚は後方に残し、前後に脚を開く

- **突っ込み・踏み切り**：ポールを斜め上方に押し出すように突っ込む。踏み切りは上体をまっすぐにして、振り上げ足を振り上げ、踏み切り足は後方に残す。

- **スイング・振り上げ**：踏み切ったあと、下肢をスイングしてポールに沿って振り上げ、バーを越す態勢にもっていく。

- **クリアランス**：振り上げた足をバーの上に出し、体を反転させバーに当たらないようクリアする。

- **着地**：足から降りるようにして、背中から安全に着地する。

競技ルール

- 3回連続して失敗するまで跳び続けることができる。

- 順位は①跳んだ高さ、②それを何回目に跳んだか、③無効試技数で決まる。

5 砲丸投げ

砲丸は人差し指と中指の付け根あたりに乗せ、あごの下につけて軽くわきをあけた姿勢をとる

砲丸投げは、グライドや回転などの準備動作で生まれた勢いを利用して砲丸を突き出し、その投距離を競う種目である。直径2.135mのサークル内でいかにリズミカルでスピードのある準備動作をするか、ステップや上体のひねり戻し動作、突き出しの角度とタイミングが重要である。砲丸投げをはじめとする投擲種目は、安全面に特に注意を払う必要がある。

技術ポイント

砲丸投げの投法には、準備動作のグライドの方法が異なるものがある。ここでは、ホップ投法とオブライエン投法を紹介する。

- **砲丸のもち方**：人差し指と中指の付け根あたりに乗せ、あごの下につける。

- **ホップ投法のグライド**：投げる方向に対し横向きで構え、サイドステップして砲丸を突き出す。

■ ホップ投法

上体をひねった姿勢を保ちながら移動動作に移る
左脚を投射方向に振り出し、右足で地面をけって前に進む
足の運び
投射方向に対して横向きに立つ
右足→左足の順に足をつく
■右足　□左足

- オブライエン投法のグラ
イド：投げる方向に後ろ向
きで構え、後方にキック
し、着地後上体をひねり戻
しながら起こして突き出
す。
- 突き出し：胸を張るよう
にして砲丸を前方に突き
出す。突き出す腕の手のひ
らは外側を向いた状態となる。反対の腕は肘を曲
げ、脇をしめる。
- リバース：砲丸を突き出した勢いでサークルか
ら跳び出してしまわないよう足を踏み替える。

留意事項
- 投擲場の安全を確認する。投げるときには声をか

■オブライエン投法

投射方向に対して
後ろ向きに立つ

右脚の膝を曲げ
上体をかぶせる

上体を十分
にひねった
姿勢を保つ

左脚を低く突き出し
右脚を伸ばしながら、
地面をける

右脚をすばやく引きつけ
砲丸の下に接地する

上体をひねり戻し
ながら起こす

右手を力強く
突き出す

突き出し後、
前後の足を
入れかえて、
ファールを防ぐ

足の運び

けて、安全を確認した上で投げる。

競技ルール
- 突き出すまで砲丸をあごの下に保持する。
- 投射し終わったあと、一度静止する。
- 投距離の計測は、サークルから、砲丸が落下した
サークル側の跡までの距離を測る。

6 円盤投げ

円盤投げはターンを利用して円盤を振り切り、そ
の投距離を競う種目である。直径2.5mのサークル
内でターンによって生まれた遠心力を利用して、円
盤を振り切ることが重要である。

技術ポイント
円盤投げは、体を回転させて遠心力を生み出す
ターンが重要な技術のポイントである。円盤に揚力
が得られるよう、円盤に外回転を加え、わずかに上
向き加減で投げる。
- ターン（足の運び）：投げる方向に後ろ向きで構え、
上体を一度ターンする方向とは逆にひねり、その反
動を利用してターンを始める。ターンの1歩目は大き
くステップし2歩目は小さくシャープに行う。
- 振り切り：下半身を先行させ、円盤を後方に残し
た状態から振り切る。揚力を得るため円盤を親指
で下に抑えながら、わずかに上向かせて投げる。

リラックスした大きな動作を心がける

上体を反対側に
ひねり、回転の
エネルギーをた
くわえる

ターン中に膝を
伸ばしてしまわない

下半身を先行させ
円盤を後方に残す

円盤が肩の
真横にきた
時に振り切る

回転は足先を
中心に行う

右脚接地後すばやく
左脚を回して接地させる

円盤の持ち方

第一関節にかける
ように持つ

足の運び

円盤に外回転のスピンがかかるよう投げる。

競技ルール
- サークル内で静止した状態からターンを始める。
- 投距離の計測は、サークルから円盤が落下した
サークル側の跡までの距離を測る。

7 やり投げ

助走のスピードを生かしてオーバーハンドスロー
により、やりを投げ出し、その投距離を競う種目で
ある。助走後半でクロスステップして、スピードを
減速することなく投げ動作に入ることが重要であ
る。ボールを投げるのと違い、投げ方を工夫する必

要がある。

技術ポイント
やり投げは、助走の最後でクロスステップをいれ、
投げるタイミングを取ることが大切である。クロス
ステップをしながら後方に引いたやりを、顔の近く
を通しまっすぐ投げる。

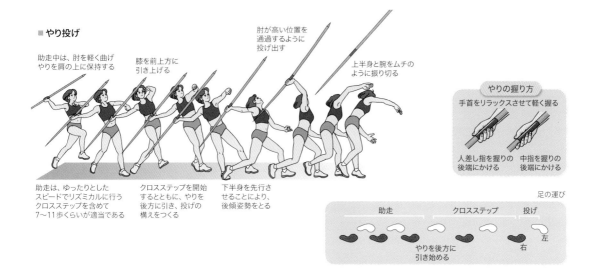

■ やり投げ

助走中は、肘を軽く曲げやりを肩の上に保持する

膝を前上方に引き上げる

肘が高い位置を通過するように投げ出す

上半身と腕をムチのように振り切る

助走は、ゆったりとしたスピードでリズミカルに行うクロスステップを含めて7〜11歩くらいが適当である

クロスステップを開始するとともに、やりを後方に引き、投げの構えをつくる

下半身を先行させることにより、後傾姿勢をとる

やりの握り方

手首をリラックスさせて軽く握る

人差し指を握りの後端にかける　中指を握りの後端にかける

足の運び

助走　クロスステップ　投げ

やりを後方に引き始める　右　左

- **やりの握り方**：グリップの後ろ側に指を掛けるように、手首をリラックスして握る。
- **やりの投げ方**：リズミカルな助走を行い、クロスステップと同時にやりを後方に引く。ステップ最

後の着地時に、後ろに引いていたやりをまっすぐ前方に引き出す。投射の際、ひじの位置が肩より低くならないようにし、やりに外回転のスピンがかかるように投げる。

8 ハンマー投げ

ハンマー投げはハンマーのスイングとターンを利用してハンマーを振り切って投げ、その投距離を競う種目である。ターンするとき、バランスを保って振り切ることが重要である。

技術ポイント

ハンマー投げのターンは2回転が基本で、レベルの向上に応じて3回転、4回転投げに増やしていく。ターンを安定させるために、ハンマーの軌道は大きく、足の動きは小さくすばやく行う。

- **ハンマーの持ち方**：左手の親指以外の4本で引っ掛けるようにして握り、その上に右手を重ねる。
- **スイングとターン**：投げる方向に背を向けて構え、腕だけで2回ほどスイングしてターンに入る。ハンマーの振り下ろしにターンと足の着地のタイミングを合わせる。
- **振り切り**：最後のターンの着地から上体をひねり戻し、下肢の伸展にあわせてハンマーを振り切る。

競技ルール

- サークル内で静止した状態からターンを始める。

■ ハンマー投げ

最後のターンですばやく右足を接地させ、振り切りに入る

左脚に体重をのせておく

左脚に体重をのせ重心をスムーズに移動させる

ハンマーの持ち方

左手の親指以外の4本（第1関節と第2関節の間）で握り、その上に右手を重ねる

足の運び

1回転 2回転 3回転

右足は左足が90°くらい回転したところで動かし始める

かかとで回転する　つまさきで回転する

- 投距離の計測は、サークルからハンマーが落下したサークル側の跡までの距離を測る。

【引用・参考文献】
- 『アクティブスポーツ』大修館書店、2018年
- 『イラストでみる最新スポーツルール』大修館書店、2018年

（植田恭史・與名本　稔）

16 スイミング
SWIMMING

1 スイミング（水泳）の歴史

　水泳の発展は人類の生活文化の発展とともにある。すなわち食料の調達に始まり、交通、軍事、教育、健康、医療等の手段として開発され続けてきた。水泳が余暇活動として海浜で行われるようになってきたのは18世紀頃から、競技として行われるようになったのは19世紀頃からである。競技としての水泳は、イギリスの上流階級の子弟による学校対抗の水泳競技が始まったのをきっかけに、1838年プロのイギリス水泳協会が結成され賞金レースが行われたことに端を発する。日本では1856年に講武所の上覧水泳（約545mの競泳）が越中島で開かれたという記録がある。近代オリンピック種目としては、1896年の第1回アテネ大会より正式種目となっており、現在まで数多くの日本人選手が活躍している。

2 スイミングの特性

　水泳は陸上と異なる非日常の環境で行われる運動であるため、水が身体に与える物理的特性を、体験を通して理解することが重要となる。

① 呼吸ができない

　水中で鼻から息を吐き、水上で口から吸うという水泳独自の呼吸法の習得が重要である。

② 抵抗がある

　水中を進む際の抵抗は速度のほぼ2乗に比例する。この抵抗を避けたり、抵抗を利用して推進力を得たりする技術が重要となる。

　抵抗には次のような種類がある。

・形状抵抗：身体にぶつかる水の反作用。
・造波抵抗：波を造る力に進む力が使われる。
・粘性抵抗：水の粘性による摩擦や圧迫。
・渦抵抗：身体の後方にできる渦に引き戻される。

③ 浮力を受ける

　水中では浮力によって支持点を失い、身体は不安定になるため、浮力の作用点（浮心）と重力の作用点(重心)のバランスをとることによって水面と平行になる抵抗の少ない姿勢をとることが重要になる。

④ 競泳において解決すべき課題

　競泳では、上記のような特性を理解した上で、さらに次のような課題の解決が求められる。

```
技術的課題                    体力的課題
合理的な動作により泳ぎ          泳ぎに必要な筋力・持久力・
の効率性を高める。             柔軟性などを高める。

           相互に関連

           心理的課題
      パフォーマンスを最大限
      に発揮しようとする意
      思・意欲などを高める。
```

3 スイミングの楽しみ方

1 特性に触れる楽しさ

　水泳の楽しさは「できなかったことができるようになる」「記録（距離・速さ）を求める」「競い合う」など多様であり、自己の技能レベルや体力、志向に応じて選択が可能である。また、個人だけでなく、リレーや対抗戦などチームで楽しむこともできる。さらに、身に付けた水中での動きや泳力を基礎として、飛込・アーティスティックスイミング・水球・オープンウォータースイミング（海などで行う長距離競泳）・日本泳法などの競技としての水泳はもとより、健康のための水泳やマリンスポーツ、ライフセービングなどの生涯スポーツへと選択肢を広げることにも繋がる。

2 主なルール（競泳）

① 競技種目（長水路：50mプールの例）

　自由形は50・100・200・400・800・1500m、平泳ぎ・背泳ぎ・バタフライは50・100・200m、個人メドレーは200・400m、リレーは400・800m、メドレーリレーは400mの種目がある。

② スタート

背泳ぎとメドレーリレーのスタートは水中から、それ以外の泳法はスタート台からの飛込みで行う。スタートの違反は1回で失格となる。

③ 泳法

自由形は泳ぎに制限はないが、メドレーリレー・個人メドレーの自由形は、平泳ぎ、バタフライ、背泳ぎ以外でなければならない。背泳ぎは、折返し動作を除いて常に仰向けの姿勢でなければならない。平泳ぎのかきと蹴りの動作は、左右対称、左右同時でなければならない。バタフライの動作は、腕は前後同時、脚は上下同時でなければならない。個人メドレーはバタフライ、背泳ぎ、平泳ぎ、自由形、メドレーリレーは背泳ぎ、平泳ぎ、バタフライ、自由形の順でなければならない。平泳ぎ以外は壁から15mまでに頭が浮上していなければならない。

④ 折返し及びゴールタッチ

自由形・背泳ぎは体の一部が触れれば良いが、平泳ぎ、バタフライは両手同時でなければならない。

4 スイミングの基本技術

1 各泳法に共通する技術

前述の抵抗を避ける、抵抗を利用して推進力を得る技術で、代表的なものを次に挙げる。

① ストリームライン：流線型の姿勢のこと。スタート時は手先から足先まで進行方向に一直線に伸ばす。

② ハイエルボー：水中で水をかく時に肘を高い位置に保ち、腕全体で水をとらえる技術のこと。

③ インピーダンス整合：水の状態に合わせて効率的に手足を動かし、推進力を得ること。動作の初期では確実に水をとらえ、徐々に動きを加速させる。

2 クロール (Crawl Stroke)

両腕脚を絶えず動かして推進力を得る最速の泳ぎであり、自由形ではほぼこの泳ぎが選択される。

① 腕と呼吸の動作

・エントリー（入水）：進行方向、肩の延長線上の遠くの水に、指先から入水する。

・グライド〜キャッチ：入水後、進行方向の水面下

20cmくらい先へ、手に体重を乗せるように前方に伸ばし、肘を曲げて腕全体で水をとらえる。

・プル〜プッシュ：肩のローリング動作に合わせ、肘を高く保ちながら曲げていき、肩の位置までかく。その後、肘を伸ばして後方へ押す。

・フィニッシュ〜リカバリー：太腿近くまでかいた後、肩のローリング動作に合わせて腕を抜き上げ、リラックスして前方に運ぶ（呼吸の際は、この動作中に行う）。

ポイント

頭・背骨を軸にした肩のローリング動作に合わせたストロークや呼吸動作を行うことで、抵抗を減らすことが大切。

② 脚の動作

・蹴り下ろし：足の甲で水をとらえ、脚全体をしなやかに使って膝が伸びるまでムチのように蹴る。

・蹴り上げ：蹴り終わりと同時に膝を伸ばしたまま脚全体を持ち上げる。

③ 腕と脚のコンビネーション

左右の腕を1回ずつかく間に6回キックを行う6ビートが基本となる。

③ 平泳ぎ（Brest Stroke）

呼吸動作や手足のリカバリー動作などの抵抗が最も大きく、この抵抗を避ける技術が要求される。

① 腕と呼吸の動作

- **グライド〜キャッチ**：伸ばした手を斜め外側に向けて肩幅よりやや広めに開き、肘を高く保ちながら肘を曲げていき、腕全体で水をとらえる。
- **インサイドスカル**：手のひらを内側に向けて加速させながら内側にかき込む。
- **フィニッシュ**：脇を締めるような動きで、手のひらが顔の前にくるまで強くかく（この時、あごを上げずに顔を水面上に出して息を吸う）。
- **リカバリー**：肘を締めたまま、手のひらを下に向けつつ前方へ伸ばし、グライド姿勢に戻る。

② 脚の動作

- **リカバリー**：膝、太腿の付け根、足首を曲げて踵を腰に引き付ける。
- **足首の返し**：引き付けた爪先を外側に向け、足首を最大限に曲げて足裏で水をとらえる。この時の太腿部と体幹の角度は約120°となる。
- **キック**：足裏で円を描くように力強く水を後方へ蹴り、最後に足首を伸ばして両足を揃える。

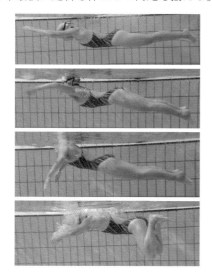

③ 腕・脚のコンビネーション

- グライド姿勢から、最初に腕をかき始め、かき終わりに近づいたら脚を引き付け始める。
- 素早い腕のリカバリー動作の後に続くようにキックを打つ。

ポイント

抵抗が大きい手足のリカバリー動作は、まとめて短時間にする。推進力の高いキックを行う際には、流線形の姿勢をしっかりつくっておくことが大切。

④ 背泳ぎ（Back Stroke）

4泳法の中で唯一、背面姿勢の泳法である。常に顔が水面上にあり、楽に呼吸ができる利点がある。

① 腕と呼吸の動作

- **エントリー（入水）**：手のひらを外側に向けて腕を伸ばしたまま進行方向、肩の延長線上に入水する。
- **グライド〜キャッチ**：水面下20cmくらいのところに伸ばし、肩のローリングに合わせて手のひらを下に向け、肘を曲げて腕全体で水をとらえる。
- **プル〜プッシュ**：肘を高く保ち、曲げながら肩の位置までかく。その後、肘を伸ばしながら後方へ水を押す（呼吸はこの時に鼻から息を吐く）。
- **フィニッシュ〜リカバリー**：肘が伸び切るまでかき、その反動を使って親指から垂直に腕を挙げ、手のひらを返しながら前方に運ぶ（この時に息を吸う）。

② 脚の動作

- **蹴り上げ**：ムチのように膝と足首を柔らかく使い、足の甲で膝が伸びるまで蹴る。
- **蹴り下ろし**：膝を伸ばしたまま、脚全体を下げる。

頭・背骨を軸にした肩のローリ
ング動作に合わせてストローク
を行うこと、安定したリズミカ
ルなキックで軸がぶれないよう
にすることが大切。

③ **腕・脚のコンビネーション**

左右の腕を1回ずつかく間に、脚を6回蹴る6
ビートが基本となる。

5 バタフライ（Butterfly Stroke）

全身のうねり動作に合わせて腕・脚をダイナミッ
クに動かすパワフルな泳ぎである。

① **腕と呼吸の動作**

・**エントリー（入水）**：手のひらをやや外側に向け、
肩の延長線上に入水し、同時に頭を水に入れる。

・**グライド〜キャッチ**：手は前方に伸ばしつつ肩は
沈み込むようにする。肘を高い位置に保ちながら
曲げていき、腕全体で水をとらえる。

・**プル〜プッシュ**：肘を曲げながら胸のあたりまで
かき、その後肘を伸ばしながら強く後方へ水を押
す（この時顔を水面上に出して息を吸う）。

・**フィニッシュ〜リカバリー**：かき終えた後の腕は
水面上に出し、力を抜いて肩から大きく回して前
に運ぶ。

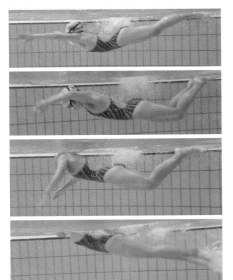

② **体幹・脚の動作（ドルフィンキック）**

・**蹴り上げ**：蹴り込んだ反動を利用して膝を伸ばし

たまま、両脚を揃えて持ち上げる。

・**蹴り下ろし**：全身のうねり動作と連動するように
膝を曲げ、直ちに膝が伸びきるまで足の甲で後方
に水を蹴る。

③ **腕と脚のコンビネーション**

・手のエントリーと同時に第1キックを行い、前方
にグライドする。

・プッシュ〜フィニッシュ局面で第2キックを行う。

慣れてきたら、全身のうねり動作や呼吸動作、キッ
ク動作などの上下動を伴う動きは、必要最小限に
抑えることが大切。

6 スタートとターン

① **スタート**

・**クロール・平泳ぎ・バタフライのスタート**

低く鋭く前方に跳ぶ（水深が浅い場合は行わない）。

・**背泳ぎスタート**

進行方向を向いてから強く蹴り、アーチをつくって鋭く入水する。

② **ターン**

・**クイックターン（クロール・背泳ぎ）**

回転後、すぐにストリームラインがつくれる姿勢となる。
※写真はクロールのターン。背泳ぎは背面姿勢から一度伏臥の姿勢
になってターンを行う。

・**オープンターン（平泳ぎ・バタフライ）**

両手タッチの後膝を抱えるようにし、横回転をして抵抗を減らす。

【参考文献】

・日本水泳連盟『水泳指導教本 改訂第二版』大修館書店、2012年

（大越正大）

17 ニュースポーツ
NEW SPORTS

1 歴史

ニュースポーツという表記が国内で使われ始めたのは、1979年とされており、アメリカ社会を特徴づけたニュー・カルチャーの思潮や、旧西ドイツの健康体力づくり運動であるトリム運動の方法論に影響を受けたとされている[1]。過去の学校体育や競技スポーツ重視から、生涯スポーツを楽しむことに焦点が当てられるようになり、多くのニュースポーツが生まれることとなった。

ニュースポーツは「新しいスポーツ」というだけでなく、多種多様なスポーツが含まれている。『改訂ニュースポーツ事典』では、特徴別に以下のように分けられている。[2]

- 日本では、あまりメジャーになっていないスポーツ
- メジャーなスポーツのルールや用具をアレンジしたスポーツ
- メジャーなスポーツにつなげるリードアップゲーム
- 古くからの遊びが発展したもの
- 新しい発想、理念のもとに考案されたもの

2 特性

ニュースポーツの特性は、「いつでも、どこでも、誰でも、手軽に、安全に、楽しく、生涯にわたって行えるスポーツである」[3]とされている。

種目の分類は書籍によっても異なるが、『改訂ニュースポーツ事典』には、全86種目が掲載されている（表1）。その分類方法に沿って、どのような種目があるかを挙げていくと、屋外での種目をまとめた分類の「アウトドア系」には、ウォーキングなど身近な健康運動から、以前から若者を中心に親しまれているスノーボードやアルティメット、2020年の東京オリンピック種目認定の影響もあり人気がでて

きたボルダリングなども含まれている。一人から仲間とともに楽しむこともできる。大人数がチーム対抗で楽しむ「チーム・ボール系」としては、クリケットやドッジボール、大学の部活動やサークルにもあるラクロスやフットサルも含まれる。大学生も身近に感じるスポーツもニュースポーツの中に含まれている種目があるため、ぜひ身近に感じて実践してほしい。

3 楽しみ方

ニュースポーツの楽しみ方は、誰もが気軽に楽しめるスポーツとして、自分たちの経験や環境によって種目やルール、道具を変えながら取り入れていくことが大切である。「ニュースポーツは、楽しむことを主眼としたスポーツであり、生涯スポーツとして、またレクリエーション・スポーツとして活用さ

表1　『改訂ニュースポーツ事典』に掲載されている種目

分類	種目例
アウトドア系	ウォーキング、アルティメット、ボルダリング、スノーボード
ウォータースポーツ系	カヌー、ボディーボード、フィンスイミング
ダンス・体操系	トランポリン、フォークダンス、リズム縄跳び
ターゲット系	ダーツ、カーリング、ペタンク、ボッチャー
チーム・ボール系	ラクロス、フットサル、ドッジボール、クリケット
ゴルフ系	グラウンドゴルフ、パークゴルフ、ターゲットバードゴルフ
テニス系	パドルテニス、バウンドテニス、バスケットテニス
バレーボール系	ビーチバレー、インディアカ、セパタクロー
ウォールゲーム系	スカッシュ、ラケットボール、フラッシュボール
ホイール系	マウンテンバイク、スケートボード、一輪車
格闘技系	スポーツチャンバラ、カバディ、綱引き

図1　様々な大きさのボール

図2　用途によって使い分けるフライングディスク

れるもの」[3] だと考えられている。健康志向が高まる中で、メンタルヘルスや社会的な健康を高めるためにも、まずはどのようなニュースポーツがあるのかを知り、触れる機会を持って、楽しんでみることが大切ではないだろうか。現在、国内のどのような場所で、どのような種目が盛んに行われているのか、日本レクリエーション協会に加盟している団体や、都道府県レクリエーション協会、日本ワールドゲームズ協会の加盟団体を調べてみると色々な情報が得られる。

4 基本技術

　ニュースポーツには様々な種目があり、楽しみ方も多様である。たとえば、使用されるボールには様々な種類があり、それによって色々なニュースポーツに触れることができる。1つ大きめのボールがあれば、ドッジボールやフットサル、バレーボール系の種目、小さなボールが複数あれば、ペタンクやボッチャーのように的をめがけて転がす遊びにすることもできる（図1）。また、フライングディスクにも様々な種類があり、アルティメットやディスクゴルフ、ドッチビーなどが楽しめる（図2）。授業の空き時間やサークル活動、ゼミやサークルの合宿、日常の中で少しの時間に芝生や公園で遊んだり、バーベキューなどの機会に遊ぶことができ、身近なスポーツであると言えよう。わずかな時間でも体を動かす時間を増やしていくことが、健康の保持・増進に必要といわれる現代の健康意識の中で、手軽にニュースポーツを取り入れて、心身共に健康な体つくりをしてほしい。

　最後に、ニュースポーツに触れることができる機会として、東京都と神奈川県の一部の施設について紹介する。東京都立川市にある国営昭和記念公園のスポーツエリアでは、ディスクゴルフ、ペタンク、クロッケーなどがレンタルできるため、広い公園の中で思う存分、体を動かしてほしい。詳細は昭和記念公園HP内のスポーツエリアのページを参照されたい。

　また、湘南校舎の近隣である神奈川県平塚市教育委員会スポーツ課では、グラウンドゴルフやパークゴルフ、ボッチャーなどの多くのニュースポーツ用具の貸し出しを行っている。自分たちが利用しやすい場所での利用やイベントの時にうまく活用してほしい。詳細は平塚市HP内のスポーツ課貸し出し用具一覧ページを参照されたい。

【引用・参考文献】
1）野々宮徹『ニュースポーツ用語事典』遊戯社、2000年
2）北川勇人・日本レクリエーション協会編著『改訂 ニュースポーツ事典』遊戯社、2000年
3）石川幸生『クロリティーの研究：生涯スポーツとしてのニュースポーツ』唯学書房、2010年
・長谷川健太郎『「ニュースポーツ」の形成―日本におけるカテゴリー化の過程―』早稲田大学大学院文学研究科紀要、第4分冊57、2011年
・国営昭和記念公園HP（http://www.showakinen-koen.jp/）
・神奈川県平塚市HP（http://www.city.hiratsuka.kanagawa.jp/index.html）

（西垣景太）

18 グラウンド・ゴルフ
GROUND GOLF

1 グラウンド・ゴルフの歴史

グラウンド・ゴルフは、1982年に鳥取県泊村（現在は湯梨浜町）で創案された。その発祥の地（泊村）であることを後世に残すため、「ホールポストの中にボールが静止した状態をトマリという」がルールに明記された。ルールもごく簡単なことから、子どもから大人まで誰もが楽しめるスポーツで、愛好者数は全国で300万人以上である（笹川スポーツ財団調べ）。

2 グラウンド・ゴルフの特性

地域に密着している学校などの屋外運動場（グラウンド）でできるスポーツをイメージし、「いつでも」「どこでも」「だれでも」できるスポーツを目指している。高度な技術を必要とせず、誰でも同じ条件でプレーすることができるため、性別や年齢を問わず、高齢者も子どもも車椅子利用者も一緒にできるスポーツである。

1 どこでもできる

規格化されたコースを必要としないため、目的、環境、技能などに応じて、運動場、河川敷、公園、庭など、その場に合わせて自由にコースを設定することができる。

2 準備は簡単

スタートマットとホールポストを設置するだけで準備は完了する。

3 ルールは簡単

ルールが簡単で一度プレーすれば覚えられる。

4 時間の制限がない

ゲームの時間が決まっていないので、時間に制約されることなく、技能の水準や仲間の数、コースの特性に応じて、プレーを楽しむことができる。

5 プレーヤーの数に制限がない

場所さえあれば1〜100人以上でプレーを楽しめる。ボールが空中を飛ぶことはなく、ホールの設置場所を工夫すれば、各ホールから同時にスタートしても、安全にプレーすることができる。

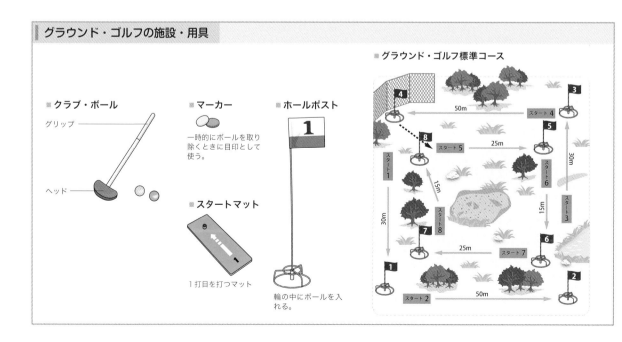

■ グラウンド・ゴルフの施設・用具

■クラブ・ボール
グリップ
ヘッド

■マーカー
一時的にボールを取り除くときに目印として使う。

■スタートマット
1打目を打つマット

■ホールポスト
1
輪の中にボールを入れる。

■グラウンド・ゴルフ標準コース

6 審判員はプレーヤー自身

　ゲーム中の審判はプレーヤー自身が行う。判定が困難な場合には、同伴プレーヤーに同意を求める。

7 高度な技術がなくてもできる

　ゲームを楽しむには必ずしも高度な技術を必要とせず、子どもから高齢者までファミリースポーツとして楽しむ条件を備えたスポーツである。

3 グラウンド・ゴルフの楽しみ方

1 グラウンド・ゴルフの理念

① 人間を重視するスポーツ

　「スポーツに人を合わせるのではなく、プレーする人にスポーツを合わせる」という考え方である。他のスポーツのように複雑なルールに縛られることなく、わずか16条の簡単なルールで、しかも高度な技術を必要としない。楽しみながら、生涯を通じて行うことのできるスポーツである。

② 結果を含めた過程を重視するスポーツ

　プレーの結果として勝つことに楽しさを感じることは当然であるが、それ以上に、結果に至る過程が大切にされ、プレーヤー同士の交流や触れ合いなどが重視される。

　グラウンド・ゴルフには誰が勝つか負けるかわからないという結果の未確定性があり、ホールインワンを達成するとマイナス3打となる。スポーツ経験の少ない人でもホールインワンを達成した時に成績が上位になる可能性があり、そのことでスポーツの楽しさや喜びを味わうことができ、スポーツを継続してやろうとする意欲や関心が高まる。「マイナス3」の考え方は今後とも堅持されなければならない基本的な考え方である。

③ 自律的な行動を重視するスポーツ

　プレーヤーの自律性が重視され、自分自身を審判する公平性や公正さが求められる。グラウンド・ゴルフにはルール違反をする人はいないという前提で成り立っており、誤魔化す人がいてはグラウンド・ゴルフにはならない。自らをいかに律することができるかがとても大切なことである。

2 プレー方法

　専用のクラブ、ボール、ホールポスト、スタートマットを使用して、ゴルフのようにボールをクラブで打ち、ホールポストにホールインするまでの打数を数える。

　プレーヤーの打順を決め、その順序に従ってスタートする。また、第2打以降も決められた順序で打たなければならない。同伴プレーヤー全員がホールポストにボールを打ち入れるとそのホールポストが終了となり、次のホールポストへと移動する。以後、同様にしてコースを回る。

3 グラウンド・ゴルフのルール

　グラウンド・ゴルフには第1章エチケット（第1～3条）、第2章ゲームに関するルール（第4～16条）がある（ルールの詳細は協会HP参照）。

4 グラウンド・ゴルフの標準コース

　標準コースは、50m、30m、25m、15m 各2ホールの合計8ホールで構成する。

4 グラウンド・ゴルフの基本技術

1 技能と練習

　グラウンド・ゴルフは高度な技能も強靭な体力も必要としないスポーツである。したがって、特別な技術等の練習は必要ないが、方向と距離を考えて打つ練習は必要である。

　コース設定の条件が一定していないため、コースの場所の他、天候や風の強弱、湿度までもがプレーを左右する条件となる。

2 エチケットと留意点

　審判がいないグラウンド・ゴルフは、プレーヤーの良心とエチケットによって成り立っている。フェアプレーやグッドマナーを心掛け、楽しく気持ちの良いプレーをしたいものである。

【引用・参考文献】
・（公社）日本グラウンド・ゴルフ協会HP（https://www.groundgolf.or.jp）
・清水良隆・紺野晃／編 『ニュー・スポーツ百科（新訂版）』大修館書店，2002年

（北濱幹士）

19 ボッチャ
BOCCIA

1 ボッチャの歴史

　ボッチャは、古代ギリシャの球投げをもとに、6世紀のイタリアで現在の競技の原型が生まれている。ボッチャ（boccia）の語源は、ラテン語の「bottia」（球、ボールの意味）に由来している[1]。その後、20世紀にヨーロッパで重度の脳性麻痺のある人や重度障がいが四肢にある人でも楽しめるスポーツとしてルールが改良され、障がい者スポーツとして盛んに行われることになる[2]。

　1984年の第7回ニューヨークパラリンピックで、ボッチャは競技スポーツとして、初めて導入された。パラリンピックで行われるスポーツの多くは、オリンピックでも行われている。しかし、ボッチャには、オリンピックに対応する競技がない。このようなスポーツは、ボッチャとゴールボール（視覚障がいのある人たちのスポーツ）の2つしかない。

2 ボッチャの特性

　ボッチャはジャックボール（目標球）の白いボールに、赤、青、それぞれ6球ずつのボールをいかに近づけるかを競うスポーツである。相手のボールを弾いて自分のボールを目標に近づけたり、優位な位置取りをしたりすることからカーリングに似ていると言われることもある。しかし、ジャックボールも弾いて動かせることから、将棋やチェスのように、先を読んで投球する魅力がボッチャの大きな特徴である。

　また、ボッチャは、平らな場所に設置されたコートで行う。競技コートの大きさは、12.5 m×6 mでバドミントンのコートと近いが、ルールは大きく異なる。

3 ボッチャの楽しみ方

　ボッチャはボールを的（白のジャックボール）に近づけることができるかを競う、シンプルなスポーツである。すべてのボールを投じ終わるまでの一区切りを「エンド」と呼ぶ。

1 ゲームの進め方
① 個人戦、ペア戦、チーム戦とあり、チーム戦は3人対3人で行う。

ボッチャの施設・用具

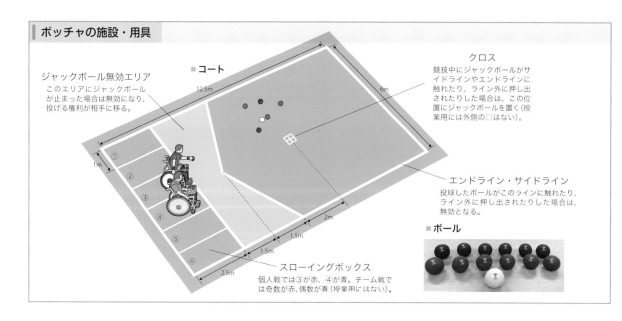

■コート

ジャックボール無効エリア
このエリアにジャックボールが止まった場合は無効になり、投げる権利が相手に移る。

12.5m

6m

1m
① ② ③ ④ ⑤ ⑥
2.5m　1.5m　1.5m　2m

スローイングボックス
個人戦では③が赤、④が青。チーム戦では奇数が赤、偶数が青（授業用にはない）。

クロス
競技中にジャックボールがサイドラインやエンドラインに触れたり、ライン外に押し出されたりした場合は、この位置にジャックボールを置く（授業用には外側の□はない）。

エンドライン・サイドライン
投球したボールがこのラインに触れたり、ライン外に押し出されたりした場合は、無効となる。

■ボール

---

② 個人戦とペア戦は４エンド、チーム戦は６エンドを行う。

③ 先攻・後攻を決め、先攻は赤ボールを使用する。

④ 先攻は、的となる白のジャックボールを最初に投げる。

⑤ 続けて、先攻はボール（赤）を投げる。

⑥ 次に、後攻がボール（青）を投げる。

⑦ 以降は、白のジャックボールから遠い位置に投げた側が、その次の投球を行う（図１の場合は、赤が近く青が遠いため、青が投げる）。

⑧ 青、赤ともに６球ずつ投じた時点で得点を計算し、エンド終了となる（図２の場合は、白のジャックボールに最も近いのは青となる。その上での最も近い赤ボール〔矢印〕の内側に青が３つあるため３点となる）。※等距離の場合は、互いに同じ点数が入る。

⑨ 第２エンドは先攻が交代となり、青が白のジャックボールを投じゲームを始める。

2 スコアとゲームの勝敗

エンドの合計点数で勝敗を決める。先攻・後攻が

図１　１投目終了後の例

図２　エンド終了時の例

あるため必ずエンド数は「偶数」となる。

4 基本技術と戦術

1 正確な投球

ボッチャの投げ方に決まりはなく、どのような投げ方でもよい（手が使えない場合には蹴ってもよい）。投じることが難しい場合には、「ランプ」（図３）という滑り台を使用し競技が可能である。どのような投じ方であっても重要な基本技術は、狙った位置にボールを止める「正確な投球」である。

図３　ランプ

2 ジャックボールの位置

的となる白いジャックボールの位置が変わることは、ボッチャの基本的な戦術として重要である。ジャックボールをコートのどこに置くのかを考え、自身の投球を有利に進めることが、ボッチャの正確な投球を生かした基本的な戦術となる。

【引用文献】
１）中村敏雄他『21世紀スポーツ大事典』ボッチャ、pp.1254-1255、大修館書店、2015年
２）日本障がい者スポーツ協会『パラリンピック大百科』ボッチャ、p72、清水書院、2017年
【参考文献】
・INTERNATIONAL PARALYMPIC COMMITTEE "BOCCIA" / https://www.paralympic.org/boccia/about（2022年8月31日）
・かんたん　ボッチャガイド/日本パラスポーツ協会/ https://www.parasports.or.jp/about/referenceroom_data/competition-guide_10.pdf （2022年8月31日）

（内田匡輔）

Column　共生社会とスポーツ

ボッチャの歴史を読んで、「1984年ニューヨークパラリンピック」と聞いたときに「あれ？」と思う人は、オリンピックに詳しい人でしょう。1984年の第23回夏季オリンピックは、ロサンゼルスで開かれています。東京2020大会でもオリンピックとパラリンピックは同じ場所で開かれていますが、同一会場での開催となったのは、1988年のソウル大会からになります。なぜでしょうか？

実は、パラリンピック（paralympic）という名称が認められたのは、1985年なのです。それまでパラリンピックは、脊髄損傷者のオリンピックとして「paraplegic Olympic」という名称で行われていました。この「Olympic」という名称の使用を、国際オリンピック委員会（IOC）は認めなかったという経緯があります。そのため1984年のニューヨークパラリンピックは、今のパラリピックになる前、「最後のパラリンピック」とも言えます。

その後パラリンピックは、オリンピック大会と連携して行われる公式競技会となり、1964年東京オリンピックの後に行われた、「国際身体障がい者スポーツ大会」は、第２回パラリンピック大会と呼ばれるようになるのです。

障がいのある人とない人が共に歩む社会は、今の皆さんにとっては当たり前に感じるかもしれません。ですが、共に歩む社会の実現には、共に歩めなかった歴史を知っておくことも大切です。それは、互いに興味を持ち、共感を育む第一歩になるからです。

（内田匡輔）

20 ダンス
DANCE

1 ダンスの歴史

　人間は、その存在したあらゆる時代において、思想や生活、感情を身体で表現しながら、いろいろなダンスの形式をつくり、広げ、壊し、新生し、絶えず微妙に変化させてきた。

　原始、古代の宗教舞踊、狩猟舞踊、戦闘舞踊から、中世のコートダンス、民族ダンス、ルネッサンス期のバレエ、キャラクターダンス、近世におけるバレエの発展を経て、現代では形式主義を否定したイサドラ・ダンカン（アメリカ、1878〜1927）に始まるモダンダンスまで、各種の舞踊が芸術として、また生活を楽しむものとして広がりを見せている。

　日本におけるダンスとしては、舞楽や能、歌舞伎、日本舞踊などの固有の舞踊文化と、大正時代以降に洋舞の影響を大きく受けて発展してきた様々な舞踊の領域がある。特に最近では、芸術としてのダンスの発展とともに、健康と快適な生活を楽しむためのリズミカルな運動に対する欲求が高まり、ダンス・フォア・オール（みんなのダンス）の世界が広がっている。

　学校教育においては、2008年の学習指導要領改訂においてダンス教育史上初めて、中学1・2年生での必修化が実現した。長きにわたって「女子種目」と位置づけられた偏りが是正され、性別に関わりなく学び合う時代がようやくスタートした。

舞踊文化の広がり

歌舞伎

芸術的形成
完成された舞台芸術
洗練された動き
高度な表現技法

モダンダンス

バレエ

感動

能狂言
歌舞伎舞踊

モダンダンス
バレエ

目覚め

自文化

伝承

踊る

創造

異文化

盆踊
民俗芸能

フォークダンス
ジャズ

社交ダンス

酔い

楽しみ

盆踊り

人々が集い交流
リズミカルな動きの
反復と変化

民俗的発生

フォークダンス

鹿踊

2 ダンスの特性

　自己を表現する方法として言語を用いることが多いが、時として「言葉を介さない」表現方法が強いメッセージ性を持つことは、誰しも経験があるだろう。例えば、美術（絵画や彫刻など）・音楽・演劇、建築や工芸、映画や写真などは、時を経てもなお多くの人々に感動を与えている。ダンスも、それらと同様に、ノンバーバルな（非言語的な）表現方法の1つである。身体は、そこにあるだけで様々なことを物語る。そして、ダイナミックな身体表現は、日常生活での様々な感動を身体の動きで表現するなど、私たちの内なる声を発信する大事な方法である。

　ダンスの特性を挙げると以下のことである。

① リズミカルに踊る喜びや楽しさを味わうことができる。

② 個人や集団でダンスを踊るときに、自己を解放して他者と関わる（表現し合う・他者の表現を認め合う・共有し合う・見合う）楽しさを味わうことができる。

③ ダンスを踊り、まとまった作品を創る過程で、協力して創り上げる喜びを感じることができる。

④ 個性的で、質の高い表現を鑑賞することにより、美的感覚を高めることができる。

3 ダンスの楽しみ方

　ダンスにはいろいろなジャンルがあるが、どのジャンルのダンスでも、練習して技能を高め「上手に」「きちんと」踊ることよりも、まずは「それらしい雰囲気」で踊ること、「自分らしさ」を出すことを楽しむところから始めたい。創意工夫を生かしたダンスではもちろん、民俗的なダンスでも、リズミカルなダンスでも、初めは「ダイナミックに」「ユニークに」「アバウトに」チャレンジしてみよう。どんなダンスも、メリハリの効いたダイナミックな動きが基本となる。したがって、踊り始めたら止まって考えるのではなく、動きながら「心や感覚を拓き」「仲間、空間、時間の変化」を身体で感じとっていこう。

1 オリジナルな作品を創って踊って観て楽しむ

　日本文化では能や狂言、歌舞伎で異国の文化ではバレエ、モダンダンス・コンテンポラリーダンスの作品で、「創り上げられた世界」を楽しむことができる。これらに独自のダンステクニックを学ぶには、かなりの時間を必要とする。しかし、身体や動きで遊びながら、創るための要素を少し学べば、誰でもオリジナルダンスを創って、踊って、見合う楽しさを味わうことができる。動き、音楽、表現したいテーマも自由に選べる世界で、自分らしさが発揮できたり、仲間の思わぬ表現や個性に出逢うこともある。音楽（選曲や編集）、衣装、小道具、装置などを工夫すれば、ドラマチックな演出を楽しむこともできる。

2 民俗の味わいを知り、集い踊り楽しむ

① 自文化から

　日本には、各県や地域に伝わるたくさんの民謡や郷土芸能がある。仲間と集い踊るという点でフォークダンスと共通するが、低い重心で踏みしめるような足どりといった日本独特の振り、動きの間などを味わうことができる。

② 異文化から

　世界各国・各地域にも同様に、日常生活の必要から自然発生的に生まれ、伝承されていく過程で地域の風土や民俗性を反映した踊り（フォークダンス）がある。仲間と一緒に踊る楽しさを味わい、地域の文化を理解することも意味深い。

3 リズムに乗って、他者と関わりながら楽しむ

　ロックやサンバ、ジャズ、ヒップホップなど、音楽のジャンルの数と同じだけダンスがある。それぞれの文化が生まれ育ってきた過程で、決められた動きや名称のついたステップや踊り方もあるが、それらの「振り付け」を機械のように正確に覚えて"順列組み合わせ"を間違えずに踊っても、楽しさは味わえない。自分の内なるエネルギーをリズムの中に発信し、他者と交流しあうことで楽しむことができるのである。

【引用・参考文献】
・松本千代栄『ダンスの教育学』徳間書房、2002年
・『イラストでみる最新スポーツルール』大修館書店、2016年
（中村なおみ）

21 ラート
RHÖNRAD

1 ラートの歴史

ラートは、1925年ドイツ人オットー・ファイク（Otto Feick）によって考案された。ドイツ語圏ではRhönrad（ルーンラート）と呼ばれ、バイエルン州のルーン（Rhön）地方で作られた輪（Rad）であることを意味している。日本では、その発音の難しさから現在は「ラート」と呼ばれている。

日本でのラートは、1927（昭和2）年に遊具として特許申請がなされたことに始まる。第二次世界大戦中は航空操縦士養成課程において平衡感覚養成器具としても利用されていた。

敗戦に伴い、軍事目的と直接結びついたラートは日本から姿を消すことになる。その後、ドイツから東海大学に導入されたことをきっかけに、日本ラート協会が1989（平成元）年に設立され、日本における「ラート」の普及活動が始められた。

ラートの器具

ラートは、ラバーでコーティングされた2本のリングが6本のバーで固定された構造になっている。ステップにはベルトを取り付ける。

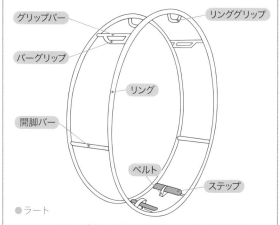

グリップバー
リンググリップ
バーグリップ
リング
開脚バー
ベルト
ステップ

●ラート

ラートのサイズは5cm間隔で用意されている。通常は身長に35～40cmを加え、その大きさに近いサイズを使用する。例えば身長が161cmであれば、195・200・205cmからサイズを選択する。
161cm＋（35cm～40cm）＝196cm～201cm

2 ラートの特性

ラートは、回転や宙返りの感覚を容易に体験することができるスポーツである。その回転には速さではなく、優雅さが求められる。バランス感覚を養えるだけではなく、逆さまの姿勢になったり身体を引き締めたりすることで、正しい姿勢づくりの効果も期待できる。

3 ラートの楽しみ方

基本回転であっても運動を組み合わせたり、仲間とシンクロさせたりすることによって、ラートを楽しむことができる。また、1台のラートを複数で使うことも可能である。さらに、技能の高まりとともに高難度の技へと挑戦する楽しみもある。

1 ラートの装着と補助

① グリップの握り方：基本回転において、グリップは下から握る。

② ベルトへの足の入れ方：ベルトは足の甲の位置まで深く入れる。技の発展性の観点から、足首を曲げてベルトに足を引っかける方法（引っかけ技術）よりも、「土踏まず」でステップを押すようにする方法（押しつけ技術）での練習が推奨される。

③ 足の技術と補助方法：回転中にベルトから足が抜けて落ちないよう、必ず補助者と共に練習を行う。足の技術に応じた補助方法は以下の通りである。

押しつけ技術と補助法　　　引っかけ技術と補助法

2 ラートの基本技術

① 側方回転

横向きの姿勢で立ち、バーグリップを下から握って側方に回転する。回転方向の腕を伸ばし、逆の腕

は曲げる。頭が下の姿勢のときに左右の腕を切り替えることによって、体重移動を行う。

ポイント 両腕に力を入れるのではなく、伸ばした腕で体重を支えるようにする。常に正面を向いて行うと、左右の体重移動を意識できる。

② シュピンデル前後回転

両足は同じ向き（縦向きの姿勢）で立ち、上体をひねった姿勢でバーグリップを下から握る（前足と逆の手で前方のバーグリップを握る）。前方への回転と、後方への回転ができる。回転時の腕の使い方（体重移動）は、側方回転と同様に行う。

ポイント 両足が同じ方向を向いているので、後方回転の前半、前方回転の起き上がり時に足が抜けやすくなるので注意する。

③ 前後回転

両足は同じ向き（縦向きの姿勢）で立ち、前方にあるバーグリップを下から両手で握る。前方への回転と、後方への回転ができる。

ポイント 両腕をしっかり伸ばして体重を支える。腕や足への負担が大きいので注意する。

④ シーソー回転

ラートの内側から、二人が向かい合った姿勢で開脚バーに腰掛け、上体のバランスと手の握り替えを行いながら回転する。バランスのとり方は周辺系運動技術へと発展する。二人以上の補助者とともに練習を行う。

ポイント 上体のバランスを保つためには、脚は水平に、上体は垂直の姿勢をとることが大切。握り替えは片手ずつ行うとバランスをとりやすい。指を挟まれないように十分注意する。

3 ラートの種目

① 直転

両輪を使って回転する。その運動は、身体重心がラートの中央に位置する「中心系運動」と、周辺部位に位置する「周辺系運動」に分けられる。

② 斜転

どちらかの一輪を使って回転する。大きな軌跡を描きながら回転する「大斜転」と、その場で小さく回転する「小斜転」に分けられる。

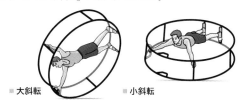

③ 跳躍

回転しているラートに助走から跳び乗り、ジャンプや宙返りなどで跳び越える。

【引用・参考文献】
・日本ラート協会編『ラート用語集2011』、2011年

（大塚　隆）

22 ゴルフ
GOLF

1 ゴルフの歴史

「ゴルフ」という言葉が記載されている現存する最古の文献として、1457年スコットランド議会によって発布された「ゴルフ禁止令」が有名であり、15世紀中頃には盛んにプレーされていたことがうかがえる。19世紀末にはアメリカで普及され始め、20世紀に入ると日本にもゴルフコースが建設された。1901（明治34）年、神戸の六甲山に4ホールのゴルフコースが建設され、1903年に9ホールに拡大し日本最古のゴルフクラブ「神戸ゴルフクラブ」を同時に発足させた。現在では2248コースを有し、約895万人がプレーしている。

2 ゴルフの特性

ゴルフは1つのボールをゴルフクラブでティイングエリアから打ち出し、ゴルフ規則に従ってより少ない打数でホール（カップ）に入れ、それまでにかかった打数（スコア）で勝敗を競うスポーツである。

ゴルフはスピードや激しい全身運動が必要とされないため、老若男女問わず楽しむことができ、生涯にわたってプレーすることができる。

3 ゴルフの楽しみ方

1 ゲームの進め方とマナー

① 通常、2～4人1組でプレーする。

② 打つ順番は、1ホール目はくじ引きなどで決め、その後は準備のできたプレーヤーからプレーしていく。

③ 次のホールからは、前のホールで打数の少なかった者から打つ。

④ プレーヤーがボールを打つ時、他のプレーヤーは静止すると同時に、打つプレーヤーの後方線上および前方に立たない。

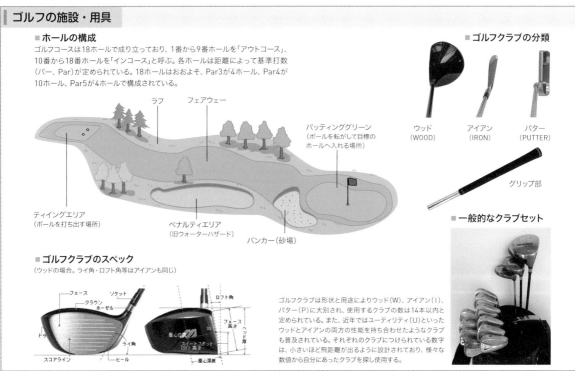

ゴルフの施設・用具

■ ホールの構成

ゴルフコースは18ホールで成り立っており、1番から9番ホールを「アウトコース」、10番から18番ホールを「インコース」と呼ぶ。各ホールは距離によって基準打数（パー、Par）が定められている。18ホールはおおよそ、Par3が4ホール、Par4が10ホール、Par5が4ホールで構成されている。

ラフ
フェアウェー
パッティンググリーン（ボールを転がして目標のホールへ入れる場所）
ティイングエリア（ボールを打ち出す場所）
ペナルティエリア（旧ウォーターハザード）
バンカー（砂場）

■ ゴルフクラブのスペック
（ウッドの場合。ライ角・ロフト角等はアイアンも同じ）

フェース
ソケット
クラウン
ホーゼル
トゥ
ライ角
スコアライン
ヒール
ロフト角
フェース高さ
ヘッド高さ
重心高さ
スイートスポット
重心深度
重心距離

■ ゴルフクラブの分類

ウッド（WOOD）
アイアン（IRON）
パター（PUTTER）

グリップ部

■ 一般的なクラブセット

ゴルフクラブは形状と用途によりウッド（W）、アイアン（I）、パター（P）に大別され、使用するクラブの数は14本以内と定められている。また、近年ではユーティリティ（U）といったウッドとアイアンの両方の性能を持ち合わせたようなクラブも普及されている。それぞれのクラブにつけられている数字は、小さいほど飛距離が出るように設計されており、様々な数値から自分にあったクラブを探し使用する。

⑤ ゴルフクラブによって削り取られた芝（ターフ）は元の位置に戻しておく。またバンカーからプレーした後は、レーキで砂をならしておく。

2 スコア

各ホールに定められた基準打数を「パー（par）」といい、この「パー」との差によって以下のように表現する。

−3打：アルバトロス（Albatross）
−2打：イーグル（Eagle）
−1打：バーディ（Birdie）
±0：パー（Par）
＋1打：ボギー（Bogey）
＋2打：ダブルボギー（Double Bogey）
＋3打：トリプルボギー（Triple Bogey）

3 ゲームの勝敗

① ストロークプレー

全ホールの合計スコアで勝敗を競う。最も少ないスコアで終了したプレーヤーの勝利となる。現在、多くの競技会はこの形式によって競われている。

② マッチプレー

1ホールごとに勝敗を決め、少ない打数でホールに入れた方がそのホールの勝ちとなる。最終的に勝ったホールの数で勝敗を決める。

4 ハンディキャップ

ゴルフでは年齢・性別・技量の異なる者同士が対等に競技を楽しめるように、あらかじめ差をつけてゲームを始めることがある。この差を「ハンディキャップ」という。ハンディキャップを用いて競技する場合、ゲームにかかった総打数を「グロス（GROSS）スコア」といい、グロススコアからハンディキャップを引いたスコアを「ネット（NET）スコア」という。現在、公認のハンディキャップは「ハンディキャップインデックス」といい、各ゴルフコースの難易度によって数値が変動する仕組みである。

4 基本技術

1 グリップ

グリップは身体とゴルフクラブが直接触れる唯一の部分であり、重要な役割を持つ。握り方は、左手人差し指と中指の間に右手の小指を重ねる「オーバーラッピング・グリップ」と、左手人差し指と右

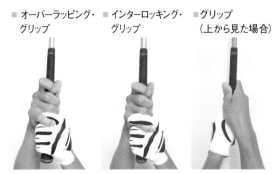

■ オーバーラッピング・グリップ　■ インターロッキング・グリップ　■ グリップ（上から見た場合）

写真は右打ちの場合。左打ちの場合は左右の手を逆にすること。

手小指を絡ませる「インターロッキング・グリップ」の2通りに分けられる。

2 スウィング

ボールを打つためのスウィング動作は、アドレス⇒バックスウィング⇒トップオブスウィング⇒ダウンスウィング⇒インパクト⇒フォロースルー⇒フィニッシュで構成される。また、インパクト付近でのゴルフクラブの動き（スウィング軌道）とインパクト時におけるクラブフェースの向きにより、ボールは様々な方向に飛び出し、曲がっていくことがある。ボールの行方と曲がり方から自分のスウィング軌道とクラブフェースの向きをフィードバックし、次のショットを修正することが重要である。

■ スウィング軌道とフェースの向きによる飛球方向

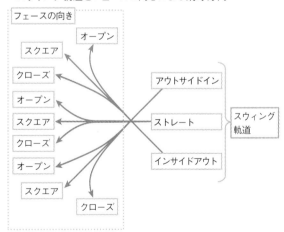

【引用・参考文献】
・日本ゴルフ場経営者協会HP（http://www.golf-ngk.or.jp/news/index.html）
・日本ゴルフ協会HP（http://www.jga.or.jp/）
・統計局HP・平成28年社会生活基本調査（https://www.stat.go.jp/data/shakai/2016/index.html）

（了海　諭）

23 キャンプ
CAMP

1 キャンプの歴史

Camp（キャンプ）という言葉は幅広い意味で使われている。例えば、登山家が山の頂を目指す際の拠点となる「ベース・キャンプ」、プロスポーツの選手が試合の調整のために行う「キャンプ（合宿）」、友人・知人、あるいは個人で山辺や水辺で寝泊まりする「キャンプ」など様々である。

「Camp」は、「（軍隊・登山隊・旅行者などの）野営地、キャンプ場、野営、キャンプ、野営テント、仮設小屋、野営隊、キャンプする人たち、（難民・貧者などの）収容（仮泊）施設、（主に政治的・宗教的な）同志たち、仲間、支持者など」[1) と辞書では述べられている。

2 キャンプの特性

キャンプは「考える場」と「心を育て・癒す場」を与えてくれる。キャンプを計画する時には、どのようなキャンプを実施するのかを想像し、事前準備・学習をする。もしかすると準備したものは天候によって無用の長物になることもあるだろう。しかし、非日常で不便を満喫し、新たな発見や体験を得る事がキャンプの楽しみである。

1 組織、教育、個人キャンプ

キャンプは「ある目的」を持って計画・実施する事が多くある。ディレクター（指導者）によって何等かの教育的意図をもって行われるのが「組織キャンプ」、社会性を身につける狙いがあるのが「教育的キャンプ」、そして自由に気軽に気のままにする「個人キャンプ」と大別される。

2 楽しみは個へ

キャンプの楽しみ方は多種多様であり、できるだけ優雅なキャンプ（グランピング*1）、自動車で移動しながらのキャンプ（オートキャンプ*2）、あるいは、できるだけ質素で必要最小限の装備でのキャ

ンプ（サバイバル・キャンプ）がある。キャンプにおける便利さや実用性を求めれば求めるほど、野外での生活スタイルから遠ざかる傾向にある。

自然の中での生活は遊びに密着しており、生活準備そのもの（水汲み、炊事、薪集め等）が遊びであり、それらの活動の中で自然発生的な遊びが創られていく。個であれ、集団であれ、自由な時間の中で考え自由に遊ぶことがキャンプを行う最大の楽しみではないだろうか。

*1 グランピング（Glamping）：グラマラス（魅力的な）とキャンピングを掛け合わせた造語。
*2 オートキャンプ（Auto-Camp）：自動車を利用してキャンプをすることの和製英語。

3 防災

昨今、キャンプ用品は防災用品としても重要視されている。キャンプ用品の用途は、雄大な自然の中で過ごすためだけでなく、有事の際における必須用品でもある。世の中で便利に活用されている物は、有事の際には無力となる事が多い。つまり、自然災害だけでなく、ブラックアウト等にも備え、自己の身を守る意識を常に持つことが当たり前の時代である。勿論、キャンプ用品は保持するだけでなく、使用方法も含め、野外生活を理解し、体験的に野外生活を学習しておくことが必要である。また、個人・家庭でも、通常の防災グッズの他、マット、寝袋（毛布）、フラッシュライト、乾電池（充電池）は常備しておく事を勧める。

■ドーム型テント

■ロッジ型テント

3 キャンプの楽しみ方

キャンプの楽しみ方はキャンプを行う人の「ねらいや目的」によって変化する。参加者が「いつ、どこで、何を、誰と、どのように」経験したいのかで、様々な楽しみ方が生まれる。例えば、都会の喧騒や日常の便利な生活から離れて、雄大な自然の中でゆっくりと時間の流れを静かに味わいたいと考えてみよう。「夜（いつ）、自然が広がる草原の上で（どこで）、星空を（何を）、一緒に（誰と）、ゆっくりと静かに観察したい（どのように）」という内容を含んだキャンプが考えられる。ただしこれは一場面であるため、日帰りか宿泊を伴うのか、泊まる場所はバンガローまたはテントなのか、少人数（2〜3人）か大人数（10人以上）か、これらのように日数や宿泊スタイル、規模などによってもキャンプの楽しみ方は大きく変わる。

楽しむ時間は24時間の中でも早朝（夜明け前）、日中、夕方、夜間がある。楽しむ場所は山、森の中、川、湖や池、海、雪上、草原、キャンプ場、自然の家などがある。活動は時間や場所に合わせて、登山、散策、虫取り、木の実集め、自然観察、野鳥観察、川遊び、釣り、泳ぐこと、カヌーやカヤック、磯遊び、シーカヤック、ヨット、シュノーケリング、雪遊び、スキー、そり、野外炊事、キャンプファイアー、星空観察、ナイトハイクなどがある。これらの時間や場所、活動を組み合わせ、どのように体験・経験したいかによって何通りもの楽しみ方が生み出される。

4 キャンプの基本技術

キャンプは自然の中で生活をしながら様々な活動をする。よって基本技術は自然の中で暮らす生活技術と身支度となる。ここでは「寝ること」「食べること」「屋外での活動」を取り上げる。

「寝る」ためには、まずテント（設営時の道具を含む）やバンガローなど、寝るための場所や道具を準備しよう。テントには主にドーム型とロッジ型がある。テント設営には本体（寝る空間）、フライシート、ペグ、張り綱、自在（自在鉤）、ポールが必要となる。設営場所は安眠できる環境と安全が第一である。テント内で使用する道具は寝袋、テントマット（地面からの冷たさや湿気の防止）、ランタン（明かり）などがあると良い。

「食べる」ためには、道具と材料を準備しよう。まず水と火の確保が大切となる。水場はあるのか、水道（飲料水）はあるのか、排水はどうなっているのか、薪はあるのか、なければどこで火おこしの燃料を確保するかなどである。飯盒や鍋などの調理器具はレンタルできるのか、持参するのか、何があるのかを確認し、それらを用いてどのようなメニューを作れるか考えよう。食材の確保についても十分に下調べしておこう。次に調理である。かまどの大きさや設置場所によって工夫が必要な場合もある。かまどで薪に火をつけることを「火つけ」という。その時、どんな種類や太さの薪を用意しておくかで火加減が異なる。

「屋外での活動」には、活動時の天候にあった服装を準備するのがよい。天気の急変に備えて雨具、速乾性のある素材の服や寒さ対策としての防寒着などを用意してほしい。活動内容によっては、帽子や手袋、水着、サングラスなどもあると快適になる。また服装だけでなく、緊急時に備えて懐中電灯、ラジオ、ロープ、救急用具なども準備しておくとよい。天気予報や天候を確認するためのスマートフォン（携帯電話）や充電器なども持っておこう。

【引用・参考文献】
1)『ジーニアス英和辞典第3版』大修館書店、2005年
・星野敏男『キャンプ指導者入門』日本キャンプ協会、2016年
（吉原さちえ・北濱幹士）

24 スキー
SKI

1 スキーの歴史

　スキーは紀元前2500年頃から積雪期の交通手段や狩猟のための移動道具として使用され、広範囲で古代スキーと思われる物が発見されている。近代スキーの始まりは1870年頃ノルウェーにおいて軍隊にスキー部隊が結成された。1888年には、フリチョフ・ナンセン（NOR）が、スキーでグリーンランド横断を成し遂げた。1896年には、チームの一員であったマチアス・ツダルスキー（AUT）が、シュテム技術と一本杖の制動回転『山岳スキー術』を発表した。その後、ゲオルグ・ビルゲリ（AUT）がテレマークと山岳スキー術の長所を取り入れ、2本杖のシュテム技術を発表。これが近代アルペンスキーの基礎となり、世界初のスキー教師ハンネス・シュナイダ（AUT）らによって受け継がれた。日本では、1911(明治44)年1月12日にオーストリー帝国のレルヒ少佐が新潟県高田（現上越市）第13師団に着任し、各地でスキー指導を行い、普及に貢献した。こうしてスキー競技は近代スポーツとして認められ、1924年開催の第1回冬季五輪シャモニー（FRA）大会で、ノルディック種目が開催された。アルペン種目が正式採用になったのは第4回ガルミッシュ（GER）大会からである。

2 スキーの特性

① スキーは重力を利用した落下運動

　スキー技術の習得にあたり「スキーはなぜ滑走するのか？」を考えるのは、意味がある。斜面に立ったスキーヤーは、重力（地球の引力）によって斜面真下に向かって滑り出す。従って、スキーというのは「重力を利用した落下運動」と言える。

② スキーは自然環境の中で行うスポーツ

　スキーは様々な自然環境の下で実施されるため、技術的には地形（整地・不整地）、斜度（緩・中・急斜面）、雪質（新雪・硬雪）、斜面の状態（圧雪あり・なし）、コースの幅（長さ、斜面変化）などの状況の把握と、その変化を予測し対応する能力が求められる。

③ 用具を利用するスポーツ

　スキーは、スキーヤーが用具を操作することによって、ターン運動が起きる。従って、用具の性能によって大きく影響されるスポーツである。スキー板の特性は、フレックス（柔軟性）、トーション（ねじれ強度）、サイドカーブ（スキー幅の曲線）によって規定される。

　1990年代以降に普及した「カービングスキー」は、サイドカーブが深く、「ノーマルスキー」より回転半径（R）が小さくなったことから回転が容易になり、スキー技術に影響を与えた。

3 スキーの楽しみ方

1 初心者の基礎動作

① 用具の確認

　用具の選択にあたっては、スキーやストックの長さ、ブーツ、バインディングが自分に合っているかを確認しなければならない。また、用具の取り扱い方を覚え、早く雪と用具になじむことが大切である。

② 歩く、滑る

　ストックを利用して歩くことは、身体の重心移動と荷重移動を

学ぶ上で重要である。片足スキーで歩くなどの歩行動作を覚え、前進できるようにする。基本的な滑走ポジションを身に付けるために、両ストックで推進して前に滑る。これにより、両スキーに身体を乗せて滑走する際に必要なバランス感覚が養われる。

③ **方向転換、登行**

初心者は、内回りと外回りの踏み替え動作を習得して、身体の向きを変えることができるようにする。また、緩斜面で階段登行や開脚登行を習得する。

④ **転び方、立ち上がり方**

スキーには転倒がつきものであるので、なるべく山側にお尻から倒れるようにする。また、立ち上がるときは、スキーを斜面に対して真横にしてから起き上がる。

② 中・緩斜面での楽しみ方

① **ポジションの保持**

初心者が斜面を滑ると後傾になりやすく、重心が後ろにいく。そこで、体勢を保持することを覚えることが求められる。重要なことは、平行なスキーポジションと左右スキーへの荷重配分である。体重の乗せ方や調節が可能になると、ワイドスタンスを意識することができ、左右前後の動きと上下の運動との同調が可能となる。

② **止まる（制動のかけ方）**

実際の斜面を滑走する際には、安全の上からも制動（減速）や停止を必要とする場面が常にある。スキー操作では、これが最も重要な技術要素と言える。図は、スキーをハの字形にする技法（プルークによるテールコントロール）である。

③ **プルークボーゲン**

スキーをハの字形にし、左右交互に外側の足に荷

重をして、連続回転ができるようにする。

④ **シュテムターン**

シュテムターンは、プルークボーゲンの発展形で、回転と回転の間の動作において、内スキーへの荷重操作により、スキーが平行（パラレル）になる滑り方である。

⑤ **パラレルターン**

パラレルターンは、常にスキーを平行にして回転する滑り方である。スキーヤーは、このパラレルターンが最終的な目標となる。大回りと小回りが習得できれば、スキーの楽しさは十分味わうことができ、より高度な技術習得に発展していくことが可能となる。

③ 歩くスキー（クロスカントリースキー）

歩くスキーは、自分のペースで森林の雪上をトレッキングして、自然とのふれあいを楽しむスポーツである。経験がなくても、小さい子どもから高齢者まで誰でも気軽に楽しむことができる。ストレスや運動不足の解消にもなり、生涯スポーツとしても適している。

④ スキーを安全に楽しむ

スキーの楽しさは自然の中で安全・安心が守られることが大前提であり、そのためには、スキー場でのマナーや事故を防ぐ方法、自然環境（気象や雪崩）に関する知識を身につけることが重要である。

【引用・参考文献】
- 全日本スキー連盟『日本スキー教程』山と渓谷社、2018年
- 日本職業スキー教師協会（SIA）監修『最新オーストリアスキー教程日本語版』実業之日本社、2007年
- 『アクティブスポーツ』大修館書店、2016年

（相原博之）

25 スノーボード
SNOWBOARD

1 スノーボードの歴史

スノーボードは、1960年代にアメリカのミシガン州で生まれたとされ、"雪の上を一枚の板の上に立って滑る"という単純なものであった。雪上のサーフィン＝スノーサーフィンとして開発が進み、1990年代に入ると若者を中心に爆発的なブームとなり、1998年長野冬季オリンピックではパラレル大回転、ハーフパイプが正式種目となり、2018年平昌オリンピックでは前出の2種目に加え、スノーボードクロス、スロープスタイル、ビッグエアの5種目が行われた。

2 スノーボードの特性

一枚の板に足を固定して立つ姿勢から、どちらかの脚が前脚となり、一方が後ろ脚となるスタンスとなる。またつま先側（トゥサイド）、かかと側（ヒールサイド）の身体の前後面への荷重やボードの立て具合によりターンを実現できやすくなる。さらに、特に下半身の関節の曲げ伸ばしを利用し、身体を上下に動かし、ターンの切り替えのきっかけを作り、ターンに入りやすくなる。このように、左脚と右脚、つま先側とかかと側、上と下の3種類のバランスをとり、体軸を中心とした上半身の回旋運動を融合させながら、斜面に応じて、ボードを調整して滑り降りる。

3 スノーボードの楽しみ方

雪質、斜度、起伏などの変化を感じながら、様々な斜面を滑る。また使用しているボード、バインディング、ブーツの性能を活かし、安全に滑降する。深雪（新雪）では、スノーボード特有の浮遊感を強く感じることができる。圧雪では、ボードの性能を引き出し、風を切りながら滑ることができる。発展として、グラウンドトリックとして、滑降中にノーリー、オーリーなどの技を入れながら、滑ることも

できる。上級者になると、人工的に造られたパークで、ジャンプ台でワンメイクをしたり、ボックスや平均台を滑ったりする楽しみ方もある。さらに、指定された林のなかを滑るツリーランも魅力的である。

4 スノーボードの基本技術

1 滑る前の準備
① スタンス

左右のどちらの足を前足にするかを決める。ボールを蹴る時の軸足を前足にする方法などがある。決まった方法があるわけではないため、滑りやすいスタンスを選ぶと良い。左足が前になるのをレギュラースタンス、右足が前になるのをグーフィースタンスと呼ぶ。

② ボードの装着方法

ボードを自分より山側に置き、後ろ足でボードを押さえるように踏み、ボードが滑り落ちないようにし、前足から装着する。まず流れ留めを付け、ブーツをバインディングに入れる。アンクルストラップ、トゥストラップの順に締める。後ろ足も前足と同様に固定する。

③ 基本姿勢

膝を軽く曲げ、両足に均等に体重がかかるようにする。目線は進行方向に向け、上体は前足のつま先方向に向けて立つ。

④ 転び方

前に転ぶ時は、顔面を上げて、両手を頭より高く広げて転ぶ。後ろに転ぶ時は、後頭部を打たないように柔道の後受け身をイメージして転ぶ。

⑤ **リフトの乗り降り**

　乗る時は、ボードのノーズをリフトの進行方向に向けて、乗車位置に立って待つ。リフトが来たら、後ろ足の臀部から深く座り、ボードが浮くまで姿勢を維持する。ボードが浮いたら、リフトにしっかりと座り直す。降りる時は、リフトに座った状態で後ろ足の臀部を中心に座り直し、ボードのノーズ（前側先端）を進行方向に向け、リフトの降車位置まで待つ。降車位置が近づいてきたら、雪面にボードを付けて、降車位置で前足に体重をかけ、ボードの進行方向の斜め上へ立ち上がり、後ろ足をボードに軽く乗せて、リフトから滑り降りる。

2 滑る手順

① **スケーティング**

　前脚に体重をあずけて真上からボードを押さえて、雪面を軽く蹴って移動する。

② **サイドスリップ（横滑り）**

　フォールラインに対してボードを横向きのままで滑り降りる。ボードを起こす量を調整する。ヒールサイドでは両足のかかとに、トゥサイドでは両足のつま先にしっかりと体重を乗せ、立ち上がった状態から少しずつボードを斜面に倒していく。すると、ボードは少しずつ斜面を下りていく。前足、後ろ足均等にボードを倒していくことがポイントとなる。トゥサイドの習得度がターンの安定に繋がりやすい。

③ **トラバース**

　コースを横切るように滑る。ボードのノーズを少し斜面の下方向へ下げ、ボードが動き出したらボードの向きを固定する。止まるには、乗っているサイドにしっかりと体重を乗せる。すると、ボードが横向きになるので、ボードをゆっくり起こすと止まることができる。

④ **ペンジュラム（木の葉落とし）**

　ノーズまたはテール（ボードの後ろ側先端）を少し斜面の下方向へ下げ、トラバースし、ボードを横向きにし、止める。次に逆側へトラバースして止まる。ボードを起こす量とボードの向きを調整する。

⑤ **スイング**

　ペンジュラムの要領で滑り、徐々にボードを斜面の下方向へ近づけていくと、滑り降りるスピードが上がる。

⑥ **トランジション**

　スイングをしながら斜面を駆け上がるように滑ると、ボードはフォールラインを向く。そしてボードがフォールラインを向いて滑り始めたら、サイドを入れ替えて、スイングをする。前脚がフォールラインを向いて滑る時に、サイドを入れ替える。

⑦ **ノーズドロップ**

　トラバースから、ノーズを斜面下方向へ下げる。ボードへの荷重を抜き、乗り替えたい前足のトゥサイドもしくはヒールサイドに徐々に体重を乗せて、ボードを斜面に対してフラットになるようにする。

⑧ **連続ターン**

　初歩のターンでは、コの字を描くようにトラバース、ノーズドロップとサイド入れ替え、サイドスリップ、トラバースという感じでよい。

【引用・参考文献】

・ JSBA・SAJ・SIA共著『全日本スノーボード教程』山と渓谷社、2001年
・ 日本オリンピック委員会HP（https://www.joc.or.jp/）
・ 全日本スキー連盟『TOTAL SNOWBOARING 日本スノーボード教程』スキージャーナル、2016年

（加藤　譲）

26 ダイビング
DIVING

1 ダイビングの歴史

　大がかりな呼吸装置を使用しない素潜りの時代には、主にダイビングは水の中からの食糧調達の方法として利用されていた。その後、サンゴや貝などの宝飾の材料を採取するなど、ニーズとともに目的に変化が現れた。次の段階では、戦争によって、水中に長く、あるいは深く潜る必要性が生まれた。より大きな人類の欲望を満たすためにダイビングは発展を遂げた。ダイビングに限らず、スポーツの原型には、このような生活に密接した交通や運搬、調達の手段といった、現在とは違う利用がされているケースがある。

　スポーツとしての最大の転機は、1942年にフランスのクストーらによって開発されたSCUBA(Self-Contained-Underwater-Breathing-Apparatus)、つまり自給気式水中呼吸器の登場と考えられる。また、他給気式の潜水だけでなく、閉息潜水によるフリーダイビングのニーズにも変化が生まれた。1960年代にはブルーオリンピックという閉息潜水で行うスピアーフィシングの大会が始まり、日本の選手も世界大会で活躍をしていた。近年では2018年7月、フリーダイビングの国際大会において女子の種目で日本人の世界記録保持者も誕生している。

2 ダイビングの特性

　ダイビングには閉息式と呼吸式と2通りがあり、それぞれに魅力がある。スポーツの観点からすれば、フリーダイビング（閉息式）には国際大会があり、競技者やプロが存在する。水中に滞在できる時間は、スクーバに比べて短いが、重い器材から解放されていることで、より機敏な行動ができる利点がある。一方、スクーバダイビング（呼吸式）は、競技性は低いが、レジャーや商業潜水の利用があり、多目的な活用が考えられる。水深や持っていく空気の量によ

るが、長時間の潜水が可能になるため、生物の観察や撮影、研究などの分野でも活用されている。

3 ダイビングの種別と基本技術

1 種別

① フリーダイビング（アプネア）

　海やプールなどの場所において閉息状態で行うスポーツやレジャーを指す。装備品は競技や種目によって様々なパターンがあり、バイフィンやモノフィン、マスク装着や専用ゴーグルコンタクトにノーズクリップなど、使用器材の組み合わせは種目や個人の指向性が反映されている。これに対し、閉息をしないでスノーケルから呼吸して、水中を観察する方法をスノーケリングという。フリーダイビングやスノーケリングは、指導する団体や指導者がいるため、始める際は我流ではなく、適切な指導をしていただけるインストラクターに依頼するべきである。

●水面スキンダイバー

② スクーバダイビング

　高圧タンクに呼吸ガスを充填して、その限られた中で潜水をするスクーバダイビングは、常にガスの残量に気を付けなければならない。また、水中の圧力下では、深度や潜水時間に比例して窒素等の不活性ガスが体内に蓄積するため、このガスを適切にコントロールしないと、減圧症に罹患する恐れがある。しかしながら、正しい知識と技術を習得しルールを守って潜ることで、快適なダイビングライフが約束される。スクーバダイビングには、様々な指導団体があり、その選択は容易ではない。経験者に相談するか、あるいは団体ではなく、誰に指導を受けるの

が良いのかを検討すべきである。また講習修了すると付与されるCカード（Certificate-card）は認定証であり、ライセンス（免許）とは異なる。

●プール講習風景

2 基本技術

① スノーケルクリア

スノーケルとはJ型のパイプの名称であり、水面に顔を浸けた状態で呼吸ができる便利な器材である。水中に没すると、中に水が入ってくるため、水を吸い込まないように注意して、水を遠くに飛ばす感じで、「プッ」と吹き出すと呼吸が再開できる。排水弁が付いている機種の方が水の抜けが良い。

② マスククリア

マスク内の水を排出する方法で、水面であればマスク下部を少し持ち上げれば、水は簡単に流れ出るが、水中の場合はマスク上部を押さえて、鼻から息を出さなければ排水されない。また、固定しているストラップを締め過ぎていると、水が出にくくなるので、適度な調整が必要である。

●スノーケルクリアとマスククリア

③ ジャックナイフ

上半身を潜る角度に合わせて、腰から深くお辞儀をするように振り下げ、その反動を利用して倒立をするように下半身を振り上げる動作の呼称である。

主にフリーダイビングやスキンダイビング等に使われている方法であるが、スクーバダイビングにおいてもヘッドファースト潜降として用いられる。

●ジャックナイフ

4 ダイビングの楽しみ方

日本はダイビングを行うエリアとして、唯一無二の環境を有している。例えば、寒さの厳しい冬の時期には、知床半島周辺に流氷が接岸し、小笠原や沖縄・奄美群島にはザトウクジラが子育てに来る。そのような海域は、日本以外には考えられない。これほど多様性に富んだフィールドがあるのだから利用しない手は無い。また国外に目を向けると、更に魅力的なダイビングスポットは何千ヶ所と点在している。海洋生物の観察や撮影において、対象とする種によっては、スクーバを用いることができない場合もあるので、その際はフリーダイビングの技術が役立つ。つまりダイビングによって享受できる楽しみの範囲を最大限に広げるとしたら、スクーバダイビングだけに留まらず、フリーダイビングの技術も習得されることをお勧めしたい。

（鉄　多加志）

27 サーフィン
SURFING

1 サーフィンの歴史

　波に乗るという行為がいつから始まったのかは定かではない。しかし、西暦400年頃には古代ポリネシア人が、片側に浮きが取り付けられたアウトリガーカヌーによる移動や漁において、波に乗っていたと言われている。その後、波に乗る行為が楽しみ（遊び）として発展し、現在のサーフィンになったと考えられている。

　この波に乗る遊びは、イギリス人のジェームス・クックの航海において、タヒチやハワイで目撃されヨーロッパに伝えられた。しかし、大航海時代に普及した宗教により禁止されることになる。あまりの楽しさから、サーフィンに興じる人々を懸念したと考えられている。しかし、20世紀に入り、ハワイ出身のデューク・カハナモクが、水泳のオリンピック金メダリストとしてサーフィンを紹介し、サーフィ

ンは世界中で普及・愛好されるようになった。

　日本においては、1960年頃、湘南や千葉において、アメリカから持ち込まれたサーフボードによって、始められたと言われている。

　近年、SUP（スタンドアップパドル）が世界的に普及している。SUPは、1960年代にハワイのワイキキビーチでビーチボーイが行ったのが最初だと言われ、日本でも全国の海、川、湖などで多くの人々が愛好している。

2 サーフィンの特性

　波は、低気圧や台風などにより発生する風浪から作り出される「うねり」によって引き起こされる。サーフィンの特性と魅力は、この自然が作り出す波を1枚のサーフボード上に立ち上がり乗ることである。鏡のような波の面を滑る感覚は、魅力的であり、浮遊感やスピード感は、日常でのストレスを解消させてくれる。また、SUPには、SUPサーフィン、SUPヨガ、SUPクルージングなど数多くの楽しみ方があり、様々な目的で愛好することができる。

　現在は、生涯スポーツとして親しまれ、海辺に住み、ライフスタイルの一部としてサーフィンを愛好する人々も増えている。

サーフボードの種類

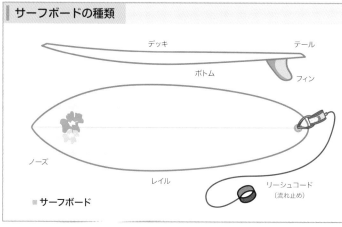

デッキ　　　　　テール
ボトム　　　　フィン
ノーズ
レイル　　　リーシュコード
（流れ止め）

■サーフボード

　サーフボードは、行う人の嗜好によって種類があり、長さや形状が異なる。

①**ショートボード**：長さ約5フィート後半から約6フィート後半（約1m60cmから約1m90cm）をショートボードという。中級者から上級者向き、スピードがあり鋭いターンが可能である。乗るまでに練習を要する。

②**ファンボード**：長さ約6フィートから8フィート後半（約1m80cmから約2m40cm）のボードをファンボードという。パドリングがしやすく、安定し波に乗りやすく、初心者や筋力の少ない女性にも使いやすく人気がある。

③**ロングボード**：長さ約9フィート以上（約2m70cm以上）のボードをロングボードという。小さい波から大きな波まで乗ることができる。初心者から上級者まで楽しむことができるボードとして古くから使用されている。

●SUP

3 サーフィンの基本技術

1 パドリング (Paddling)

パドリング（漕ぐ）は、波に乗る・沖に出るための重要な技術である。サーフボードの重心と体の重心（臍あたり）を合わせた位置にうつ伏せに乗り、前方を見ながら、左右の手の平を前から後ろに交互にかき進む。

重心
●パドリング

2 ゲッティングアウト (Getting out)

波が崩れる場所は、海の下が珊瑚礁や岩などで構成されるポイントブレイクと、砂の場合のビーチブレイクがある。日本の海の場合、ビーチブレイクの場所が多い。このような場所で波に乗るためには、沖合から来る波を越える、くぐり抜ける技術が必要である。越える技術としてプッシングスルー、シッティングスルー、くぐる技術として、ドルフィンスルー（ボードを沈め波の下を抜ける）、ローリングスルー（ボードを裏返し波の下を抜ける）がある。

●プッシングスルー

●ドルフィンスルー

3 テイクオフ (Take off)

テイクオフは、波の上に立ち上がる技術である。沖合から来るうねりにあわせてパドリングをし、ボードのスピードがうねりのスピードに合うとボードが押される感覚になる。その時、両手をボードの

●テイクオフ

デッキに腕立て伏せの要領でつき、ボードの上に一気に立ち上がる。その後、バランスよくボードをコントロールしてライディングする。テイクオフが安定してできるようになると、ライディングの技術も向上する。テイクオフを確実に行うには、沖合においてセットと呼ばれる周期的に来る大きくまとまったうねりを待ち、波が崩れる場所に素早く移動することが大切である。

4 サーフィンを安全に楽しむ

自然環境において行うスポーツは、海の状況を正確に判断し、安全に実施することが求められる。時には、海に入ることを止めることも必要である。特にサーフィンは、自分の力量にあったコンディションで実践することが望ましく、たとえ天候が良くても潮の干満や潮流などの影響や大きなうねりによって命を落とすこともある。

また、環境に適した用具（ウエットスーツ・サーフボードなど）を使用することも忘れてはならない。ウエットスーツは、浮力の確保や体温の維持、紫外線やクラゲなどの海洋生物の毒から身体を守る役目を果たしている。

そして、波に乗るにはルールが存在する。波が崩れる（ブレイク）ピークにいるサーファーに優先権があり、決して前乗りと言われる、前からテイクオフをしてはならない。もし、前乗り（ドロップイン）をしてしまった場合には、すぐに波から降り（プルアウト）なければならない。また、SUPをする場合は、必ず、そのポイントのローカルルールを確認して行うようにする必要がある。

このように自然の中でスポーツをするには、単なるサーフィン技術の習得ではなく、海に関する様々な知識を持ち、安全に楽しむことが重要である。

（松本秀夫）

28 セーリング
SAILING

1 セーリングの歴史

　セーリングとは、自然エネルギーである「風」を利用して行われるスポーツであり、代表的なものとして、ヨットやウィンドサーフィンがある。

　ヨットは、17世紀にオランダの貴族たちの間で始まったとされている。その後、イギリス国王のチャールズⅡ世が王位継承時に、オランダから一隻のヨットが贈られ、イギリスの貴族や富豪たちにヨットが伝えられたことから、やがてヨットはイギリスから普及していくこととなる。

　日本では、1886年横浜に最初のヨットクラブが創設され、その後、1932年には「日本ヨット協会」が発足し、1936年にはベルリンオリンピック・ヨット競技に初参加している。1967年にはサーフボードの上に、小型ヨットのセールを取り付けたウィンドサーフィンがアメリカで発明され、その後、1984年にヨット競技の一つとしてオリンピックの正式種目となる。

　こうした船以外にも、セールの両面を流れる風により生み出される「揚力」を推進力とし、水上を帆走する道具の出現などにより、ヨットレース全般を司る国際機関は1996年に、それまでの「国際ヨット競技連盟」という名称を「国際セーリング連盟」と改名した。こうした流れを受け、日本にも1999年に「日本セーリング連盟」が発足する。これにより今日では、風を利用して行われるスポーツを示す用語として「セーリング」が使用されている。

●ウインドサーフィン用フォイル

　また近年では、既存の道具に水中翼（hydrofoil）を使用したものもあらわれ、セーリングギアは多様化している。

2 セーリングの特性

　セーリングの魅力は、風を利用し、セールを操りながら、水上を疾走することにある。それは、仲間

セーリングの種類

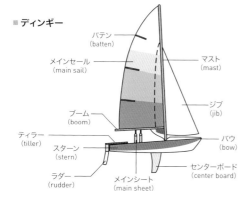

■ディンギー

- バテン（batten）
- メインセール（main sail）
- マスト（mast）
- ジブ（jib）
- ブーム（boom）
- ティラー（tiller）
- スターン（stern）
- ラダー（rudder）
- メインシート（main sheet）
- バウ（bow）
- センターボード（center board）

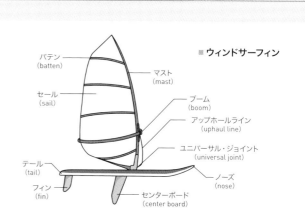

■ウィンドサーフィン

- バテン（batten）
- マスト（mast）
- セール（sail）
- ブーム（boom）
- アップホールライン（uphaul line）
- ユニバーサル・ジョイント（universal joint）
- テール（tail）
- フィン（fin）
- ノーズ（nose）
- センターボード（center board）

● セーリングは、セールの枚数、艇やボードの大きさにより、いくつかの種類に分けられる。

①ディンギー
居住設備のない小型ヨットのことで、転覆しても自力で復元できる。オリンピック種目にも多く採用されており、日本国内においても学生ヨットや国体競技などにも多く取り入れられている。

②クルーザー
居住設備のある比較的大型のヨットのことで、船体の水面下にバラスト（錘）が装備されている。このことにより転覆しても、自然に復元する性能を持っている。主に外洋での連続航海に用いられる。

③ウィンドサーフィン
ボードの上に1枚セールを取り付けただけのものである。ディンギーやクルーザーと大きく異なるのは、ボードとセールを繋ぐ部分に360度動くユニバーサルジョイントがあること、またブームを直接乗り手が持ち操作するという点である。

と速さを競い合うことだけにとどまらず、ウィンドサーフィンのボードに乗って、仲間とツーリングに出かけたり、波を利用して空高くジャンプすることなども魅力の一つである。また、居住設備が装備されているセーリングクルーザーでは、泊まりがけで遠方へ出かけたり、食料を持ち込んで仲間と食事を楽しんだりするなど楽しみ方は無限に広がる。

3 セーリングの基本技術

1 どうして走るのか

セーリングの推進力は、セールの両面を流れる風により生み出される「揚力」である。

セールに風をはらませない状態（シバーの状態）では、揚力は発生しない。しかし風をはらみ良いカーブ状になったセールには、セール両面に気圧差が生じ揚力が発生する。したがって、うまく帆走するためには、セールを良いカーブ状に保つ必要がある。

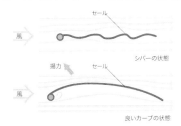

1 ウィンドサーフィンの走らせ方

① 帆走

まず、ボード上のジョイントを挟むようにして立つ。次にアップホールラインを持ちセールを起こし、セールをボード上にまっすぐ立て、ブームを両手で握る。この時、バランスを崩しやすいので、下半身でバランスをとるよう意識するとよい。最後に、ブームを引きつけセールに風を入れるとボードは走り始める。

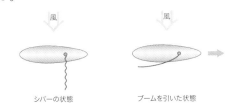

② 直進・進路変更

ボードが走り始めた後に、直進する場合はブーム

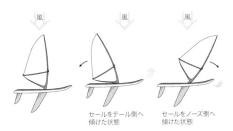

とボードが平行の位置にあるとよい。ボードを風上方向へ進路変更する場合は、セールをテール側（ボード後方）へ傾ける。また風下方向へ進路変更する場合は、セールをノーズ側（ボード前方）へ傾ける。

4 セーリングを安全に楽しむ

セーリングを安全に楽しむためには、気象や海象の変化に十分注意しなければならない。特に、「風」について理解を深める必要がある。風は一日を通して、その向きや強さを絶えず変化させている。そして、この変化は時として初心者には向かないコンディションとなり、事故の一因となる。例えば、海から陸へ吹く風（オンショア）では、陸へと押し戻されるため、初心者でも安心してセーリングを楽しめる。しかし、陸から海へと吹く風（オフショア）では、沖へ沖へと流されてしまい非常に危険である。また、たとえオンショアであっても、砂浜の砂が舞うような風では、初心者には危険が伴う。

セーリングを安全に楽しむためには、こうした変化を海に出る前に予測することがとても重要であり、そのためには、まずその日の天気予報を確認し、一日の変化を予測することである。自分で予測できなければ、現地に行った際に上級者に予測をしてもらうのも一つの方法である。いずれの方法にせよ、その日の風向や風速が自らのレベルに合うものか確認することが、セーリングを安全に楽しむ第一歩である。

【参考文献】
- 石井正行『ヨット入門』舵社、1995年
- 白崎謙太郎『日本ヨット史』舵社、1988年
- モーターボート用語辞典編纂委員会『ヨット、モーターボート用語辞典』舵社、2005年

（村山　勝）

29 カヌー
CANOE

1 カヌーの歴史

　カヌーは、スポーツ、レジャーとして広く世界中の水辺で親しまれている。カヌーの歴史は古く、人類が作った最初の乗り物と言われ、元来、漁猟や狩猟、移動や輸送の手段として人々の生活の中で使用され発達してきた。世界の地域によって使用方法が違い、島から島へ海を渡る為にできたポリネシア文化圏のヴァア（Va'a）と呼ばれるアウトリガーカヌーや、北アメリカの先住民により造られ湖や沼などで使用されていたカナディアンカヌー、川などの流れを利用し下る為にできたリバーカヤック、北方の寒く冷たい水温の地域でも漕ぐことができる動物の皮などを材料にしたカヤックなど様々なものがある。

　近代カヌーがスポーツとして行われるようになったのは、近代カヌーの祖といわれるスコットランドのジョン・マッグレガーが、1865年にヨーロッパ各地をカヌーで漕ぎ回ったことが始まりの一つとされている。その後、1936年に開催されたベルリンオリンピックでカヌー競技は正式種目となっている。

2 カヌーの特性

　カヌーの特性は、人の力を動力としパドルを使い自由に水面を移動できることである。これにより、陸路や大型の船では行くことができない浅瀬や、小さな入江や岩肌などにも近づくことができる。また、サーフィンのルーツであったとされるカヌーでは、

●島を渡るアウトリガーカヌー

カヌーサーフィンとして波乗りも楽しむことができる。水の流れやうねり、風などのわずかな自然のエネルギーをうまく利用することがカヌーを効率よく進める上で大切な要素である。

3 カヌーの種類

　一般的には、シングルブレードで水掻きが一つで漕ぐものをカヌーと呼び、ダブルブレードで漕ぐものをカヤックと呼ぶことが多い。

① アウトリガーカヌー

　6人乗りのアウトリガーカヌー（OC6）は、横にアウトリガーがあることで大きなうねりや強風に強く、細い船体により直進性もある。

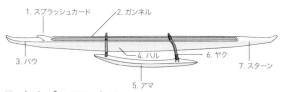

② カナディアンカヌー

　デッキのない「オープンデッキ」と呼ばれる構造のカヌーで、積載量が多く水の上を漕ぐようなゆったりとしたデザインである。

③ シットオンタンデムカヤック

　シットオンと呼ばれるこのカヤックの構造はオープンデッキの構造であり、転覆してもカヤックの内部に水が入らない構造になっている。

　比較的安定感があり、様々なフィールドで扱うことができる。

④ リバーカヤック

　代表的なシットインタイプのカヤックであり、舟の内部に体を入れ漕ぐ。船体は短く直進性より回転性があり機敏に狭い川などで操作し漕ぐことができる。

⑤ パドル

　パドルは、ブレードと呼ばれる水掻きが1つのシングルブレードと、両側についているダブルブレードのものがあり、カヌーの種類に応じて使い分けられている。

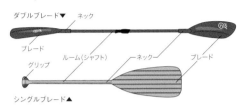

4　カヌーの基本技術

① フォワードストローク（前進）

　パドルを前に出し、水を捉えブレードを支点にし、体を使いカヌーを前に出す。腰のあたりまできたら力を抜き、水からブレードを出し再び前へ出す。これを繰り返すことをパドリングという。

② リバースストローク、バックパドル（後進）

　後ろに進む方法である。パドルの裏側を使って、後ろから前にも水を漕ぐ。

③ ストッピング、ホールド（停止）

　ブレードを水に押し当て抵抗を作り、カヌーを停止させる技術である。障害物など危険回避する上で重要な技術である。

④ ラダーストローク

　当て舵でありラダーの無いカヌーを操作する重要な技術である。カヌー本体にパドルを押し当て、ラダー（舵）にすることで方向を変える。アウトリガーカヌーではステアマンと呼ばれる1番後ろのシートに座る人が行う。

⑤ パドルステアリング、パワーステアリング

　寄せ舵であり角度をつけてパドルを行うことで、船の位置をずらし方向を操る技術。ラダーのないアウトリガーカヌーでは重要な技術である。

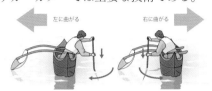

5　カヌーの楽しみ方

　カヌーの楽しみ方は様々である。歩いて行くことができない場所も、カヌーを漕ぐことができれば気軽に水面を散策することができる。元は生活の手段であったことから、競技としてスピードを競い合うだけではなく、長距離ツーリングやシュノーケリング、サーフィン、フィッシングのポイントまでの移動手段としても利用できる。また、アウトリガーカヌーは、6人で1つのカヌーを操る為、互いを信頼し、気持ち、パドルを合わせてカヌーを進めることのスピード感や一体感を感じられることも魅力の一つである。

　しかし、どのようなカヌーでも転覆する可能性があり、カヌーを楽しむ上でセルフレスキュー（自己救援）を確実に身につけておくことが大切である。そして、カヌーを漕ぐ環境や気象条件を十分に確認して楽しむことが求められる。ライフベストの着用や、カヌーの種類によっては水抜き（ベールバケツ・ビルジポンプ）、またはリーシュコードなども忘れないように装備しなくてはならない。

　世界には素晴らしい水辺が広がり、カヌーは、老若男女が楽しむことができる生涯スポーツとして広く楽しむことができる。

【参考文献】
・ 日本レクリエーショナルカヌー協会編『カヌー・スポーツ基礎』海文堂、2013年
・ Steve West『The art and skill of steering』Kanu Culture, 2003年

（小林　俊）

30 フィッシング
FISHING

1 フィッシングの歴史

　魚を釣るという行為は諸説あるが、旧石器時代の後期から始まったと考えられ、数多くの遺跡から釣り針が出土している。フィッシングは、生業として行われる漁業とレクリエーションとして行われるスポーツフィッシングがある。アマチュアの釣りに関する団体としては、IGFA（International Game Fishing Association）が1939年に設立されている。IGFAは、ルールに基づく釣魚の記録保全を行っている。他にも釣り方などの種別で多数の協会・振興会などが存在している。

　日本における趣味としてのフィッシングは、江戸時代に始まり、日本最古の専門書は陸奥国黒石3代当主津軽采女による「何羨録」である。そしてその後、フィッシングが急速に普及した理由として、半透明のテグスが開発されたことがあげられる。現在、フィッシングの道具はますます発達し、趣味として広く人々に親しまれている。

●江戸時代の釣りの様子

2 フィッシングの特徴

　フィッシングは、河、湖、海などの異なるフィールドで行うことができる。また、陸地や堤防などから釣る場合と手漕ぎボートから20トンを越えるク

ルーザーを利用して行うこともできる。このように異なるフィールドで行われるフィッシングの大きな特徴は、魚を釣るための竿・リール・仕掛け（リグ）などが魚の種類によって異なることが多いことである。また、餌には、擬似餌と生餌があり、擬似餌にはルアーやフライがありその種類は豊富で、愛好者によってはオリジナルを作成する人もいる。生餌にもエビ、貝、虫などがあり、大物を狙う場合には、魚に針をつけた、泳がせ釣りなどもある。

　そして、フィッシングの醍醐味は、なんと言っても、魚がヒットしたときの引きとその駆け引きである。TVの釣り番組で、大きなカジキマグロをトローリング（引縄釣り）で狙う数時間のバトルを見るとその醍醐味が伝わってくる。このようなスポーツフィッシングにおいては、ライン（釣り糸）の細さ、針の大きさによって、釣果となる記録が異なるなど、より難易度が高い用具の組み合わせでのフィッシングが楽しまれている。

　一方、小さな子どもでもできる、釣り堀や、氷上のワカサギ釣りなども、すべてレンタルで手軽に行えるレジャーである。

3 フィッシングの用具と技術

1 竿・リール・仕掛け

　竿は、大きく分けると道糸が下側にある主に投げ釣り用の竿と上側にくる竿がある。リールは、主に投げ釣りやライトタックル（軽く細い糸の釣り具）のトローリング用として使われるスピニングリールと太鼓型をしたトローリングリール、電動リール、フライフィッシング用のリールなどがあり、用途によって使い分けられている。

　仕掛けは、道糸につないだハリス（道糸の先の糸）に、天秤、コマセカゴ、オモリ、針・ルアーなどが組み合わせて構成されている。対象となる魚によって様々な仕掛けがあり、その数は、数えきれないほど

■竿の種類

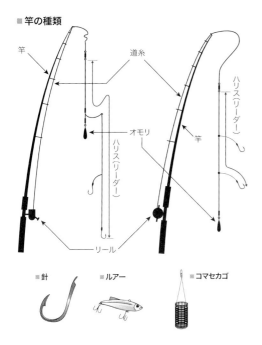

竿
道糸
ハリス（リーダー）
オモリ
竿
ハリス（リーダー）
リール

■針　■ルアー　■コマセカゴ

あり現在も考案されている。

2 ライフジャケット

　安全の確保としてのライフジャケットを着用することは重要である。ライフジャケットには、固形式（浮力材）と膨張式があり、膨張式の場合、保守点検が必要となる。特に船釣りの場合は、2018年の法令改正により適合タイプのライフジャケットの装着が義務づけられた。不慮の事故を避けるためにも釣り場に限らず、必ずライフジャケットを着用するべきである。

3 ウエア、帽子、サングラス、グローブ

　野外でのフィッシングは、太陽光や風などの影響を直接受ける。四季によって外気温も異なることから身につけるものにも工夫が必要である。

　ウエアは、防水性の高いレインウエアや体温を保つインナーウエアがある。外気温や釣り場に合わせ

●ライフジャケット：膨張式（ショルダー・ウエスト）

たものを選ぶことが望まれる。また、ブーツも同様に靴底が滑らない安全性の高いものが良いであろう。

　他には、視界の確保と紫外線から眼を守るサングラス（偏光レンズが良い）、熱中症、紫外線、風、雨などの対策としての帽子（ハット）、魚のヒレや手の悴み対策としての手袋がある。これらは、いずれも針や仕掛けなどから身を守る役割も持つことから必ず身につけることを勧める。

4 フィッシングの技術

　フィッシングの技術には、いくつかのポイントがある。ビギナーズラックと言われるように、初心者でも釣れることがあり、ベテランでも釣れないこともある。フィッシングは釣果がすべての結果となることから、魚がいなければ、どんなに竿やリールの性能が良く、仕掛けや餌、ルアーの性能が良くても魚は釣れない。しかし、魚はいても、潮の干満や餌・ルアーがフィットしていなければ釣れない。すなわち、対象となる魚の生態や海の海況と用具、餌など、すべての組合せが釣果に影響していると言って良く、このような総合的な技術が求められる。しかし、基本的なリールや竿の扱い方については、経験を積みスキルアップしておくことは重要である。

4 フィッシングを安全に楽しむ

　海水・淡水に接した水辺で行うフィッシングは、常に危険な状況が起こる可能性がある。したがって、ライフジャケットなどの安全装備の装着、天気予報などによる気象状況の確認、釣り場に関する適切な情報収集とフィッシングガイドや船長の指示に従うことがとても重要である。また、船釣りにおいては、うねりや風で揺れることから、船酔いの対策も必要である。

　老若男女を問わずに楽しめるフィッシングは、世界中に愛好者がいるレジャーである。その魅力は、用具の購買から、仕掛けの準備、釣りの最中の魚とのやりとりにある。そして、釣り上げた魚を食するのもまた一つの楽しさであり、格別なものである。

【参考文献】
・小田淳『「何羨録」を読む—日本最古の釣り専門書』つり人社、1997年

（松本秀夫）

さくいん

健康・フィットネスと生涯スポーツ　四訂版
© 東海大学スポーツプロモーションセンター・体育学部 2010, 2013, 2020, 2023
NDC780 ／ x, 157p ／ 26cm

初　版第1刷 ────	2010 年 4 月10日
改訂版第1刷 ────	2013 年 4 月 1 日
三訂版第1刷 ────	2020 年 4 月 1 日
四訂版第1刷 ────	2023 年 4 月 1 日

編者 ──────── 東海大学スポーツプロモーションセンター・
体育学部
発行者 ─────── 鈴木一行
発行所 ─────── 株式会社 大修館書店
〒 113-8541 東京都文京区湯島 2-1-1
電話 03-3868-2651（販売部）　03-3868-2298（編集部）
振替 00190-7-40504
［出版情報］ https://www.taishukan.co.jp

装丁者 ─────── CCK
本文デザイン・DTP ── CCK・広研印刷
イラスト ────── 卯坂亮子，CCK，西野宮千絵
写真提供 ────── アフロ，日本光電工業，ピーピーエス通信社，
フォート・キシモト
印刷所 ─────── 広研印刷
製本所 ─────── 難波製本

ISBN978-4-469-26953-6　Printed in Japan

Memo

科目名	担当教員	学生証番号	氏　　名	採点
健康・フィットネス 理論実習				

課題	

科目名	担当教員	学生証番号	氏　　　名	採点
健康・フィットネス 理論実習				

課題	

科目名	担当教員	学生証番号	氏　　　名	採点
生涯スポーツ 理論実習				

課題	

心肺蘇生法の行い方

●36ページ「5．運動中のケガと応急手当」参照

　倒れている人に反応がなければ、既に呼吸と心臓が止まっているか、これから止まる可能性が高いことを意味している。そこで、大声で人を集め、集まった人に**救急車**を呼んでもらうよう、また**AED**を持ってきてもらうよう指示するとともに、できるだけ早く**心肺蘇生法**を開始しなければならない。心肺蘇生法は、医学的な根拠にもとづき、その手順と方法が決められているので、正しく身につけることが必要である。

●どの段階でもAEDが到着したら、すぐに電源を入れる。電源を入れると、音声で使い方が指示されるので、それに従う。AEDは、自動的に心臓の状態を検査し、電気ショックが必要かどうかの判断もするので、だれでも安心して使うことができる。

> 胸とおなかが動いているかどうかをすばやくみる。普段通りの呼吸と違ったら「呼吸なし」と判断する。

反応を確認する	反応がない	助けを求める 大声で叫ぶ（119番・AED）	呼吸をみる（10秒以上かけない）	呼吸がない

呼吸がある

【気道確保のしかた】

●あごを上げ、頭部を後ろにそらせる

空気が通るようになる

①上図のような位置に体をおいて、頭側の手を額にあてる。
②もういっぽうの手の指先をあごの先端にあてる。
③額を下方向に押しながら、あごの先を持ちあげ、頭を後ろにそらせる。

様子をみながら応援・救急隊を待つ

●反応はないが普段通りの呼吸がある場合、可能であれば下図のように横向きの体勢にする。これを「回復体位」という。

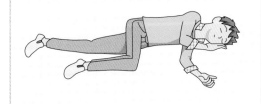